U0744681

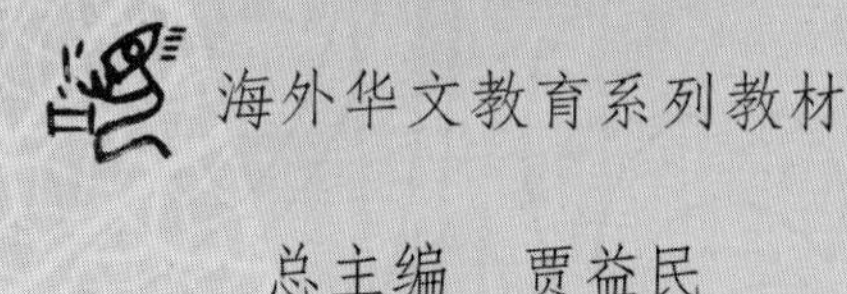

总主编　贾益民

华语语法

HUAYU YUFA

周　静　杨海明　编著

中国·广州

图书在版编目（CIP）数据

华语语法/周静，杨海明编著．—广州：暨南大学出版社，2012.7（2018.3 重印）
（海外华文教育系列教材/贾益民总主编）
ISBN 978－7－5668－0179－1

Ⅰ.①华…　Ⅱ.①周…②杨…　Ⅲ.①汉语—语法—对外汉语教学—教材
Ⅳ.①H195.4

中国版本图书馆 CIP 数据核字(2012)第 071110 号

华语语法
HUAYU YUFA
主　编：周　静　杨海明

出 版 人：徐义雄
策　　划：人　文
责任编辑：崔军亚　王琴
责任校对：周明恩
责任印制：汤慧君　周一丹

出版发行：暨南大学出版社（510630）
电　　话：总编室（8620）85221601
　　　　　营销部（8620）85225284　85228291　85228292（邮购）
传　　真：（8620）85221583（办公室）　85223774（营销部）
网　　址：http://www.jnupress.com
排　　版：广州市天河星辰文化发展部照排中心
印　　刷：佛山市浩文彩色印刷有限公司
开　　本：787mm×960mm　1/16
印　　张：16.75
字　　数：344 千
版　　次：2012 年 7 月第 1 版
印　　次：2018 年 3 月第 2 次
定　　价：38.00 元

总　序

改革开放以来的30多年，是中华民族走向复兴的历史时期，也是汉语大步走向国际、海外华文教育复兴的历史机遇期。曾几何时，在东南亚某些国家，华文书籍与毒品、枪支一起被列入海关查禁的范围，华人传承本民族的语言和文化，要冒巨大的生命危险。直到20世纪80年代末90年代初，随着中国经济的发展，经贸往来带动了语言的需求，汉语的国际交往价值显著提升。中国和平崛起的事实以及和谐外交、睦邻外交政策，使得汉语更为快速和稳健地在东南亚乃至全球得以传播。东南亚国家与中国的经济往来密切，地缘政治和文化上的关系紧密相连，东南亚又是华侨华人最为集中的区域。落地生根的华人一方面积极地融入居住国的主流文化、投身所在国的经济文化建设，一方面也对保留和传承自身的民族性十分重视，他们对华文教育的复兴和发展充满了期待，也投入了巨大的热情。从某种程度上来说，30多年来东南亚华文教育的复兴，在汉语的国际传播中是最为引人注目的。

海外华文教育的需求，极大地鼓舞了中国对外汉语教学院校、机构和专业人士的工作热情。仅在印度尼西亚，从20世纪90年代末暨南大学华文教育专家首度应邀进行大范围的师资培训，到如今已有全国众多高校，为印度尼西亚的汉语教学提供了多方面的支持，印度尼西亚的华文教育呈现出良好的发展势头。国际形势的不断发展，也对中国高校协助、支持有需要的国家开展华文教育和汉语教学提出了新要求，其中师资和教材的本土化是最为突出的问题。就师资而论，我们认为，要解决有关国家普遍存在的汉语师资紧缺问题，实现华文教育和汉语教学的可持续发展，本土化师资的培养是关键。海外华文教育和汉语国际教育对师资的需求是多方面的，在印度尼西亚和其他一些东南亚国家，华文教育被禁锢几十年之后的复苏时期，短期师资培训是解决师资燃眉之急最有效的方法。从长远看，开展各种学位层次的学历教育，则是师资培养专业化、规范化的必由之路。海外一部分有志于华文教育工作的华裔子弟，有条件到中国留学并接受全日制学历教育，而更多无法离开工作岗位的在职教师也迫切希望接受正规的华文教学、汉语国际教育的学历教育，希望中国高校能送教上门。正是在这样的背景下，我们提出了多层次、多类型培养海外华文教师的思路，并采取了一系列举措。

所谓多层次，就是学历教育与非学历教育并举。其中学历教育包括专科、本科、研究生等不同学历，学士、硕士、博士等不同学位层次的华文教育师资培养；非学历主要是时间长短不一的各种师资培训班教学。多类型是指既有科学学位又有专业学位教育，既有全日制又有业余兼读制办学，既有面授教学又有远程网络教学，多种形式结合的组织教学方式，师资培养既"请进来"也"走出去"。为此，暨南大学在2005年向中国教育部申请开设了大学招生目录外新专业——"华文教育"本科专业，并建立了全国首个华文教育系，每年招收一批海外华裔子弟，接受正规的四年本科师范性教育；在研究生教育层次，除了在语言学及应用语言学专业招收科学学位"对外汉语教学与华文教育"硕士研究生之外，又在全国首批招收了"汉语国际推广"方向科学学位硕士，并成为全国首批招收"汉语国际教育"专业学位硕士研究生的高校。在学士和硕士培养的基础上，目前正在筹划目录外自主设立"海外华语研究与华文教学"的二级学科博士生培养学位点。在走出去办学方面，除了开设孔子学院之外，暨南大学先后在新加坡、美国、印度尼西亚设立了研究生培养海外教学点，在印度尼西亚、泰国、菲律宾、德国、英国等国的20多个城市设立了华文教育本科教学点，在澳大利亚、德国、菲律宾等国建立了一批以推广教材教法为目的的海外实验学校。以这些海外教学点、实验学校为依托，暨南大学的海外华文教育工作在本世纪头十年得以在世界许多国家蓬勃开展。同时，我们也欣喜地看到，国内许多高校也纷纷与国外教育机构签署协议，在当地教育机构的协助下就地办学，为海外华文师资的培养提供了实实在在的支持，从而在一定程度上有效地缓解了世界上许多国家，特别是东南亚国家汉语教师不足的燃眉之急，并为海外华文教育的可持续发展打下了一定的基础。

海外办学的开展，对教材建设提出了新要求。由于教学对象、教学环境、学习方式具有特殊性，国内全日制办学使用的教材未必完全适合于海外教学点。我们除了组织编写像《中文》这样的学汉语教材、《海外华文师资培训教程》等短期师资培训教材之外，也迫切需要编写一套海外教学点适用的本科、研究生教材。暨南大学的海外教学点本科华文教育、对外汉语专业从2001年在印度尼西亚开始招生，到目前办学已有10年之久。10年前，为了满足教学需要，我们编写了相关专业的教学计划，并组织一批年轻教师编写了其中10多门核心课程和主干课程的讲义。这些讲义经过多年的试用，不断修订和完善，目前已基本达到出版要求，在暨南大学出版社的大力支持下，拟于近期以"海外华文教育系列教材"的形式陆续推出。首批出版的教材涵盖汉语言文字本体知识、华语运用、华语修辞、华语教学、华文教育学、语言心理学、计算机辅助华文教学等几个方面。考虑到海外华人，特别是东南亚华人的习惯，各册讲义原以"汉语"命名的均改称"华语"。

这套"海外华文教育系列教材"的适用对象是海外兼读制华文教育、对外汉语、汉语言文学、汉语言等专业的成人教育系列本科生。教材在内容上力求做到符合海外学习者的需要。海外学习者一方面需要学习汉语言及其教学的基础知识，需要掌握教育学、心理学、第二语言教学的基础理论和基本原理，更重要的是要能够学以致用。

为此，我们要求教材尽可能富有针对性和实用性。具体而言，在以下几个方面特别注意与国内全日制教材有所区别：第一，在教学内容上体现文化的包容性，尽可能避免政治文化、宗教文化、民俗文化等方面的冲突，淡化意识形态色彩。第二，在内容的深浅、难度把握上，在保证知识的完整性、常规性基础上，从海外教学对象的实际需要出发，做到难易适度。第三，强调教学内容的更新和创新。更新表现在及时吸收相关学科常规知识化了的新的研究成果，淘汰国内教材中陈旧过时了的内容，对尚属探索性、学界还未取得共识的内容，尽量不编入教材或者不作为教材传播的主体知识；创新主要表现在针对海外学习者的特殊性，编写一些适合他们需要的内容，以收到释疑解惑的效果。第四，在知识的表述方面，尽可能做到具体易懂。我们特别强调教材多用实例说明抽象的理论问题，多采用案例教学方式，使教学内容具体形象。第五，在教材语言上，尽可能避免晦涩难懂，同时在遵循现代汉语规范的基础上，适当吸收海外华语有生命力的语言成分，使学习者在学习学科专业知识的同时，也能受到标准汉语的熏陶，培养汉语语感。各册教材的编写者，经过多次讲授，在讲义的基础上修订完成这套教材，我们希望无论是教还是学，这套教材都能真正做到实用、合用，能尽可能符合海外华文教育师资培养的实际需要。

本套教材的出版，得到了暨南大学出版社的大力支持，责任编辑更是付出了许多辛勤的劳动，在此特致以由衷谢忱！我们也恳切希望教材的海内外使用者能及时反馈有关信息，多多给予批评指正，以便我们日后修订完善，不断提高。

是为序。

贾益民

2011 年 7 月 28 日

目　录

第一章　现代华语语法概说

第一节　语法和语法学

一、语法

（一）语法是什么

语法是语言的结构规则。它包括词法和句法。词法指词的构成及变化规则；句法指短语和句子的构成及变化规则。华语语法是华语的词、短语和句子的构成及变化规则。

语法有三种不同的含义。

第一，指语言中客观存在的语法规律，如“语法正确”。

第二，指人们研究语言归纳出来的语法规则，是人对语法的主观认识，如“学习华语语法”。

第三，指语法著作或语法教材，如《汉语语法研究》、《华语语法教程》。

（二）语法规则

1. 语法是语言的结构规则

语言由语音、词汇和语法三部分组成，语法是语言最重要的构成要素之一。语音是语言的物质外壳，词汇是语言的建筑材料，语法是语言的结构规则。文字是记录语言的书写符号系统。如：

（1）小王学习华文　小李打电话　小吕开汽车

例（1）“小王学习华文”中“小王”是主语，“学习华文”是谓语，合起来“小王学习华文”就是主谓结构，表达“小王做什么”。主谓结构的含义在语法上叫“指称与陈述”关系，“小王”是“指称”，“学习华文”是“陈述”。凡是有“指称与陈述”关系的结构都是主谓结构，“小李打电话”、“小吕开汽车”都有“指称与陈述”关系，因此都是主谓结构。它们可用符号表示为：

（1）小王学习华文　小李打电话　小吕开汽车

（2）学习华文　修理汽车　研究问题

例（2）“学习华文”中“学习”是述语，“华文”是宾语，合起来“学习华文”就是述宾结构。述宾结构在语法上叫“动作行为与对象”关系（“学习”是动作行为，“华文”是对象）。凡是具有“动作行为与对象”关系的结构都是述宾结构，“修理汽车”、“研究问题”都有“动作行为与对象”关系，因此都是述宾结构。它们可用符号表示为：

（2）学习华语　修理汽车　研究问题

（3）非常漂亮　努力学习　中国同学

例（3）“非常漂亮”中“非常”是修饰语，“漂亮”是中心语，合起来“非常漂亮”就是偏正结构。偏正结构在语法上叫“修饰与中心”关系（“非常”是修饰语，“漂亮”是中心语）。虽然具有“修饰与中心”关系的结构都是偏正结构，但其中还有一些不同。如“努力学习”中“努力”是说明“学习”的用力程度，而“中国同学”中的“中国”是指明“同学”的国籍，这是限制而不是修饰。另外，“非常漂亮”是以形容词为中心语，“努力学习”是以动词为中心语，“中国同学”是以名词为中心语。它们可用符号表示为：

（3）[非常] 漂亮　[努力] 学习　（中国）同学

（4）爸爸妈妈　指出说明　聪明美丽

例（4）“爸爸妈妈”中“爸爸”是中心语，“妈妈”也是中心语，合起来“爸爸妈妈”就是联合结构。联合结构在语法上叫“中心语与中心语”关系，即有两个中心语，且它们的地位相等。虽然具有“中心语与中心语”关系的结构都是联合结构，但其中还有一些不同，如“爸爸妈妈”中“爸爸”与“妈妈”都是名词，“指出说明”中“指出”与“说明”都是动词，“聪明美丽”中“聪明”与“美丽”都是形容词。

（5）打扫干净　亮起来　做得很好

例（5）“打扫干净”中“打扫”是中心语，“干净”是补充说明语，合起来“打扫干净”就是述补结构。述补结构在语法上叫“中心语与补充说明”关系（“打扫”是中心语，“干净”补充说明关系）。虽然具有“中心语与补充说明”关系的结构都是述补结构，但其中还有一些不同。如“打扫干净”中“打扫”是动词，“干净”是形容词，用来说明打扫的结果。“亮起来”中“亮”是形容词，“起来”是趋向动词，用来说明“亮”的状态。“做得很好”中“做”是动词，“得很好”中“得”是结构助词，用来帮助引导出结果“很好”，这是以动词为中心语的有助词的述补结构。它们可用符号表示为：

（5）打扫〈干净〉　亮〈起来〉　做得〈很好〉

因此可以说语法结构包括语素构成词、词构成词组、词组构成句子的结构，如：

（6）学　+　习 = 学习

语素 + 语素→词

(7) 学习＋华文＝学习华文

词　＋　词→短语

(8) 小王＋学习＋华文＋。＝小王学习华文。

词　＋　词＋词　＋　语气　→句子

因此，可以说语法是有规则的。说话必须符合大家共同遵守的规则。用词造句的规则潜存于每个人的脑子里，可以通过说话表现出来。

把人说的话进行分析归类，就可以发现句子都是有规则的。句子是词和词按照一定规则组合起来的，这类组合规则归纳起来就是“句型”；词类和词形变化则体现了语法的聚合规则。学习语法就是要学习这些组合规则和聚合规则。组合与聚合正是语法概括性的表现，也是语法最大的特点。

2. 语法规则有普遍性

普遍性是指以某种语言为母语的全社会成员共同遵守的约定俗成。语法的规则一般分为两类，一是词法，指词的构成，如说“黑板”不说“板黑”就是词法。二是句法，如说“见过小王的面”或“跟小王见过面”而不说“见面过小王”就属于句法。

我们讲的语法就是用词造句的规则，是客观上存在着的语法规则。“小王”、“学习”、“华语语法”按顺序排列共有六类，如：

(9) 小王学习华语语法。

(10) *小王华语语法学习。

(11) *华语语法小王学习。

(12) *华语语法学习小王。

(13) *学习华语语法小王。

(14) *学习小王华语语法。

(前面有*号表示不可接受)

例(9)至例(14)的六种排列中只有例(9)的“名＋动＋名”能够构成“主语＋谓语＋宾语”结构，其他的组合都不能。这表明，华语的语法是有规则的，而不是杂乱无章的。

华语的语法规则同时还表现在不同的排列序列都能接受这一方面，但表达语义的重点有所不同，如：

(15) 我吃完了饭。

(16) 我把饭吃完了。

(17) 饭被我吃完了。

例(15)是一般的陈述，“我做了什么”。例(16)是带有强调意味的陈述，“我怎么处置了饭”。例(17)也是带有强调意味的陈述，“饭被我怎样了”。这些都是华语中有特色的结构，属于华语语法的规则，同时也是华语语法要研究的问题。

还有重要的一点：普遍规则的特点在任何时候和任何环境中都没有例外，都能够类推。

3. 语法规则也有特殊情况

语法规则具有普遍性的同时也存在某些特殊情况。我们说“我学语法”不说“语法我学”，但“语法我学”放在一定的语言环境中也是能够说的，如：

（18）语法我学，但修辞我不学，因为那是下一步的事。

例（18）“语法我学”能够说是有条件的，条件就是后面的“但修辞我不学”。这是“学”与“不学”对比，一些不能单独说的在对比的时候也能说了。类似的情况再如：

（19）老师：下学期要学语法、词汇和修辞，你们每人只能选一门。小王学词汇，小吕学修辞，你呢？

小张：学语法，我要。

例（19）“学语法，我要”也是由语言环境因素决定了其在一般情况下不能说，而在特殊情况下就可以说。

此外，还有在普遍规则之外的特殊情况。比如说，名词不受副词修饰，特别是不受程度副词“很、最”等修饰，如：

（20）＊最人民、＊很桌子

例（20）在一般情况下是绝不能说的。但是，一些表方位的名词则可以说，如：

（21）最前面　很后面　最前线　很左边

例（21）中的组合都能说，这是因为方位距中心的距离可以有程度上的差异。这类特殊情况是可以类推的，如：

（22）最前边　最后边　最里面　最外面

特殊情况就是某些语法规则与普遍规则不一致，这些特殊的情况能够在一定范围内类推，但不能普遍类推。

4. 结构规则有个别例外

语法除了有普遍规则、特殊情况之外，还存在一些个别例外，即只有这种说法，且不能类推，如：

（23）小张是个说一不二的人。

（24）那人是个不三不四的人。

例（23）“说一不二”指说话算数，讲信用。这是固定的结构，不能改变，更不能作为规则去类推，所以不能类推出“说一不三”或“说二不一”等。例（24）也一样，“不三不四”指“不好”。这也是固定的结构，不能改变，更不能作为规则去类推，所以不能类推出“不一不二”或“不四不五”等。

个别例外的最大特点就是不能类推，最主要的原因就是这类搭配具有像词一样的固定性，不能随意替换其中的成分，更不能把例外视为规则去类推。这类例外绝不能像短语的组合那样，可以根据需要进行自由组合。因此，这种例外组合跟词的组合差不多。

二、语法学

（一）语法学的含义

语法学是语言学的一个分支，是研究人类语言结构规则的学科。它研究语言的语法单位、语法特性和应用中的变化规则，如：

（25）一本书　两本书　这本书

a book　two books　the book

例（25）汉语的名词“书”之前一定要有量词，而英语则没有；英语名词“书”前要有冠词而汉语根本没有冠词。因此，这些规则都是语言学中的语法学要研究的问题。

所以说，语法学是研究语言结构规则的科学，是语法学家研究语言结构规则的成果。

（二）语法学的分类

1. 从研究对象分类

语法学可以从不同的角度进行分类。按研究对象的不同，它可分为普通语言学与具体语言学。普通语言学又称做“一般语言学”或“理论语言学”。它是对人类语言的看法和研究结果的理论概括，是研究语言的本质、发展和起源以及语言的类型和分类的语言学分支学科。先看下例：

（26）小张是学生。

Xiao Zhang is a student.

例（26）华语“小张”是主语、“是”是述语、“学生”是宾语。英语“Xiao Zhang”是主语、“is”是谓语、“a student”是宾语。这就说明世界上人类的语言存在“主语（Subject）＋动词（Verb）＋宾语（Object）”这一顺序的结构模式。这类语言可统称为SVO语言。

普通语法学是普通语言学中的一个分支，研究人类语言中带有普遍性规则的语法。具体语法学就是研究某种语言的语法规则，也就是以某一种语言为对象，探讨其结构规则，如“汉语语法学”、“英语语法学”等。因为具体语言学是区别于普通语言学的，它所研究的只是一种特定的语言或者语系，所以具体语言学研究得出的规则仅对该语言或语系起作用。汉语的句法结构与英语的句法结构就是有差别的，如：

（27）爸爸妈妈　爸爸的妈妈　爸爸和妈妈

father mother　father's mother　father and mother

例（27）华语两个名词“爸爸”、“妈妈”直接组合在一起是联合结构；加上结构助词"的"就是偏正结构；加上连词"和"是联合结构。例（27）英语"father"、"mother"直接放在一起不能表达句法结构关系；要组成偏正结构须有表所有的标记"'s"；要组成联合结构须有连词"and"。这就是汉语语法学与英语语法学的不同。

2. 从研究目的分类

• 历史语法学

研究一种语言在历史上的发展变化，特别是句式的发展变化，是历史语法学研究的重要内容，如：

（28）陈胜者，阳城人也。吴广者，阳夏人也。（《史记》）

（29）陈胜是阳城县人。吴广是阳夏县人。

例（28）是2200多年前的西汉汉语，判断句不用"A是B"句式而用"A者，B也"句式。翻译成现代华语就是例（29），即"A是B"句式。

• 比较语法学

比较语法学，即比较具有亲属关系语言的异同。所谓的亲属关系是一种比喻的说法，就像是祖先与后代的关系，如华语、藏语、壮语、缅语等，它们都是由同一个祖先"原始汉藏语"繁衍下来的，所以它们在主谓宾结构、代词单复数表达、被动表达、强调表达等方面都有一定的相同点和不同点，这些内容都属于比较语法学研究的内容。另外，比较不同语言在表达相似语义时的不同句法结构，特别是不同语言在同一时代的句法结构，近来也是比较语法学研究涉及的内容。

亲属语言中关系比较密切的是华语与藏语。如以藏语为代表的语言是用格标记来标记名词的生命度的，而以彝语为代表的语言是用语序来表达生命度的。普米语与格助词的使用受到人称等级（person hierarchy）和生命度等级（animacy hierarchy）的制约。如：

	藏语族语言	汉语
（30）		
	我［有生命与格标记］水一点。	（给我点水）
	你［有生命与格标记］水一点。	（给你点水）
	水一点他［有生命与格标记］给。	（给他点水）
	水一点狗［有生命与格标记］给。	（给狗点水）
（31）	根树［非生命标记］水一点给。	（给树浇点水）
	肉牛［非生命标记］水一点加给。	（给牛肉加点水）

例（30）是有生命的人或动物充当宾语，用有生命助词标记。例（31）是无生命的植物"树"和"牛肉"充当宾语，用非生命助词标记。

由此可见，生命度强度不同，所用的助词标记就不一样。生命度序列为我 > 你 > 他 > 狗 > 树 > 牛肉。

研究结果表明，属于亲属语言的华语与中国一些少数民族语言是"主语 + 宾语 +

动词”（SOV）语序。状语位于 V 前，两个或多个名词短语（NP）位于 V 前，语序对 SO 的确定作用就相对有限，因此句法成分需要标记。汉语无标记，藏语、普米语和景颇语在类型上的标记则非常明显，格标记和语序的对应排列比较如表 1－1：

表 1－1　部分少数民族语言生命度标记比较表

汉	我打他	他写毛笔	他吃大碗	我去北京
藏	我［作格］他打	他［作格］毛笔［具格］写字［正在］	他［作格］碗大一［具格］饭吃［正在］	我［通格］北京［方向］去［将要］
普	我［施助］他打［1 单，将行］	他毛笔用［3 单］	他碗大用［3 单］	我北京去［将行］
景	我他［宾助］打［句助］	他毛笔［结助］写［句助］	他碗大［结助］吃［句助］	我北京［方助］上想［句助］

以上就是亲属语言进行语法比较的例子，也是比较语法学研究的主要内容。

除此以外，还有对没有亲属关系的语言进行的比较研究。将属于汉藏语系的华语与属于印欧语系的英语进行比较，如：

（32）小王很漂亮。

XiaoWang is beautiful very much.

例（32）华语表达中，副词与形容词组合可以直接充当谓语，其结构为“名＋副＋形”。英语表达中，形容词与副词不能直接充当表语，必须有系动词“to be”，其结构是“名＋系动词＋形＋副”。

● 描写语法学

描写语法学就是直接反映语言事实，有什么就反映什么，如：

（33）子曰：学而时习之，不亦说乎？有朋自远方来，不亦乐乎？人不知而不愠，不亦君子乎？（《论语·学而》）

（34）最使我难忘的是我小学时候的女教师蔡芸芝先生，现在回想起来，她那时十八九岁，右嘴角边有榆钱大小一块黑痣，在我的记忆里，她是一个温柔和美丽的人。（魏巍《我的老师》）

例（33）记录的是2500 年前左右中国圣人孔子的话语文本，对这些文言文本进行分析归纳得出的规则、倾向就是描写语法学的研究内容。例（34）是 20 世纪 50 年代的记叙文本，对这样的文本进行分析归纳就是对现代华语进行描写，这也是描写语法学研究的内容。

其实语言的文本在不同的历史时期、在不同国家都是客观存在的。历史语法学研究语法结构的历史变化，比较语法学研究亲属语言之间语法结构的关系，描写语法学研究某一语言在发展中一定时期的语法构造。它们各有侧重点，即研究对象相同但研究视角和理论依据不同。

3. 从研究的方法分类

• 传统语法学

传统语法学包括词法学和句法学两部分。词法学也叫形态学，它主要研究词的分类问题；句法学主要研究词和词之间的各种关系。传统语法学同时还研究词类和句子成分之间的关系问题，它立足于使用语言的规范，以提供用词造句的标准为主。

• 结构主义语法学

结构主义语法学主张语法是由一系列规则组成的，着重对语言结构的实际情况进行描写，用一系列方法分析语言材料，从而了解语言的结构。比如用替代法去辨认语素，用成分分析法（又称层次分析法）去切分语段，用分布分析法给语言单位分类等。

总的来说，历史语法学、比较语法学与描写语法学基本上属于传统语法学的范畴。这些研究的目的是描写语言结构，而不是说明用词造句的规范，如：

(35) 我吃〈完〉了饭。

例（35）“我”是主语，“吃”是述语，“完”是补语（Complement，简称 C），“饭”是宾语。

(36) 我［把饭］吃〈完〉了。

例（36）“我”是主语，“把饭”是状语，“吃”是谓语，“完”是补语。

(37) 饭［被我］吃〈完〉了。

例（37）“饭”是主语，“被我”是状语，“吃”是谓语，“完”是补语。

(38) 饭，我［已经］吃〈完〉了。

例（38）“饭”是主语，“我已经吃完了”是谓语，句子是主谓谓语句。

(39) 我，饭［已经］吃〈完〉了。

例（39）“我”是主语，“饭已经吃完了”是谓语。

(40) 我吃饭吃〈完〉了。

例（40）“我”是主语，第一个“吃”是述语，“饭”是宾语，第二个“吃”是谓语，“完”是补语。整个句子叫重动句，即动词“吃”重复出现句。

总之，例（35）到例（40）从传统的角度看，是不同的句子。语序不同，句法结构不同，主语和谓语不同。

• 转换生成语法学

转换生成语法学既不重在说明语法规范，又不重在描写语言结构，而重在解释语言现象。回答为什么人们能听懂或说出来从来没有听到过的语句，为什么同样一个句子可以有不同的理解等。如例（35）到例（40）共六句话，其深层结构都只有一个，如下所示：

（41）施事＋动作＋对象　动作＋结果

我——→吃——→饭＋饭——→完了

“施事”指动作行为的发出者，“对象”指动作行为涉及的对象或承担者，“结果”指对象因动作行为完成而发生的变化，即“我吃饭”与“饭”发生的变化“完了”。例（35）到例（40）只是转换到表层的形式不同而已。

这就是一个语义结构可以生成多个句法结构不同的例子。语义结构是深层结构，而句法结构是表层结构。乔姆斯基的生成语法就是要研究深层结构转换为表层结构的转换规则。

● 功能主义语法学

功能主义语法学认为，交际是语言最基本的功能，所以语言的分析与研究应该以语言的交际功能为基础。功能主义语法学主张从语言结构的外部去寻找解释，且首先着眼于语言的功能。语言的功能主要是交流信息，语言的结构是语言为了达到信息交流的目的而自我调适的结果，如：

（42）我吃完了饭。

施事→动作结果→对象

（43）我把饭吃完了。

施事→标记→对象→动作结果

（44）饭被我吃完了。

对象→标记→施事→动作结果

例（42）是反映施事处理事情顺序的一般反映。例（43）是强调施事处理对象的顺向反映。例（44）是强调对象被施事处理的逆向反映。这些都是人们对客观世界认识的反映。

● 认知语法学

认知语法学认为，认知是语言结构的出发点，所以语言的分析与研究应该从人的认知机制出发，如：

（45）我把饭吃完了。

（46）饭被我吃完了。

例（45）反映人的认知形式，“我”与“饭”之间的关系是处置与被处置关系，用“把”标记；物质“饭”消失“完”的动因是“吃”。所以说把字句的“S 把 OVC”（结果补语）结构是人认知“我饭吃完了”的形式化表达。例（46）“饭”与“完”之间的关系是对象与受损关系，用“被”标记受事，造成受损的动因是“吃”。被字句的“O 被 SVC”结构是人认知“饭”受损的形式表达。

这些都是人们认识客观世界的结果在语法上的反映。

思考与练习

1. 语法是什么？

2. 分析判断短语的结构类型。

（1）主谓（　）A. 我要看书　B. 我书看要　C. 书看我要　D. 看书要我

（2）述宾（　）A. 我去上学　B. 上我的学　C. 我的学上　D. 上学的我

（3）述补（　）A. 我完吃饭　B. 吃完了饭　C. 饭吃完了　D. 我饭吃完了

（4）联合（　）A. 爸爸的妈妈　B. 妈妈的妈妈　C. 爸爸的爸爸　D. 爸爸妈妈

（5）偏正（　）A. 经济计划　B. 经济教育　C. 经济政治　D. 经济军事

3. 判断结构类型。

（1）偏正（　）A. 最操场　B. 最妈妈　C. 最桌子　D. 最前方

（2）述补（　）A. 懒得不行　B. 懒得去　C. 懒得动　D. 懒得看书

（3）主谓（　）A. 哥嫂　B. 哥劝嫂　C. 哥的嫂　D. 哥和嫂

（4）述宾（　）A. 值得信赖　B. 吃得睡得　C. 乐得气得　D. 做得正确

（5）联合（　）A. 孔明灯罩　B. 孔子孟子　C. 孔子语录　D. 孔子门徒

4. 给虚词找出正确的位置。

（1）中国 A 大学 B 有 C 很 D 多。（的）（　）

（2）我送 A 他 B 一 C 本 D 书。（给）（　）

（3）外面 A 来 B 几个 C 人 D。（了）（　）

（4）他 A 走 B 很 C 快 D。（得）（　）

（5）这 A 道题 B 我 C 难住 D 了。（把）（　）

5. 分析判断定义的正误。（正确的打√，错的打×）

（1）语法是语言的规则。（　）

（2）语法是语音的规则。（　）

（3）语法是语言结构的规则。（　）

（4）语法是语言的法则。（　）

（5）语法就是说话的法律。（　）

第二节　语法的性质

一、语法的抽象性

（一）语法是规则

1. 规则的存在

语法讲的不是个别的词、个别的句子，而是具有相同特点的同类词或同类句子的共同的规则。语法规则不是由语法学家主观规定的，而是约定俗成的。因为句子无限而句法结构有限，用有限的规则生成无限的句子，语法规则必然是抽象的。

我们平时说话时出现的一些具体的语言现象，如：

（1）走—走走

（2）他昨天走了四个小时。　　＊他昨天走走了四个小时。

（3）这道题我研究了一整天。　＊这道题我研究研究了一整天。

语法学家研究考察了众多这类现象后得出一个结论：华语动词可以重叠，单音节动词的重叠形式是AA，双音节动词的重叠形式是ABAB，动词重叠表示的语法意义是“动作时间短暂”和“尝试”。这就是一条语法规则，掌握了这条规则后就能类推出：

（4）看—看看　想—想想

（5）研究—研究研究　调查—调查调查

2. 语法规则的概括性

语法规则具有概括性，这主要表现为两个方面：

第一，可以对数量巨大的具体词语进行分类，如：

（6）马路、篮球、老板、手机、传统、文化

（7）走、打、想、爱、有、变

（8）好、大、光滑、成熟、优秀

例（6）中的词能组成“马路篮球、老板手机、传统文化”，它们是定中结构而不是述宾结构，不能组成“很马路、极篮球”等状中结构，但能组成“好马路、大篮球”等定中结构，因而是名词。例（7）中的词能组成“走马路、打篮球、想老板”等述宾结构，但不能组成“很走、极打”等状中结构，因而是动词。例（8）中的词能组成“好马路、大篮球、优秀老板”等定中结构，也能组成“很好、极想”等状中结构，因而是形容词。

这就是语法的概括性在起作用，可以对华语众多的、无穷的短语进行分类。

第二，可以从无限多的具体的语法组合中抽象出语法结构格式，如：

(9) 喝水、吃西瓜、学华语、穿衣服、骑自行车

(10) 爸爸工作、妈妈管家、小鸟飞翔、草木生长

例（9）都是“动+名”结构，一般称之为述宾结构。例（10）都是“名+动”结构，一般称之为主谓结构。语法规则主要关心的是语法类和语法结构格式，而具体的词语和句子对语法规则来说则是次要的。

（二）规则的使用

能够重复使用是语法规则的一个重要特点，不仅不同的句子和短语可以使用同一条规则，即使在同一个句子或短语内部，同一条规则也可以反复使用，如：

(11) 喝完了、吃多了、学了三年、穿好了、骑倒了

(12) 爸爸妈妈、讨论通过、聪明漂亮、今年明年

例（11）等都是重复使用同一条规则“中补结构”造出来的。例（12）也是重复使用同一条规则“联合结构”造出来的。

此外，规则还能延伸使用，特别是用偏正结构规则造出来的词组，我们可以在此基础上反复使用这条联合结构规则或偏正结构规则，造出越来越复杂的结构，如：

(13) 一个人→一个人与两条狗→一个人与两条狗和一只猫→一个人与两条狗和一只猫跟一只鸟……

一个人→一个刚来的人→一个刚来的奇怪的人→一个刚来的奇怪的不说话的人……

凭借这样简单的有限的语法规则，我们可以对无限多的语法组合进行概括描写。

二、语法的稳固性

语法规则可长期不变。与词汇、语音相比，语法最不容易变化，具有较强的稳固性。稳固性是从发展的角度来说的，任何一种语法，把它的过去同现在相比，都可以看出变化不大，这就是语法的稳固性。最有说服力的是两千多年前已经存在的句子由“SVO”即“主语+谓语（Predicate，简称P）”构成的规则，如：

(14) 百姓 | 昭明，协和万邦。（孔子《尚书·尧典第一》）“百姓”=S+“昭明”=P→SP（约公元前500年，距今2 500多年）

(15) 庄公 | 寤生，惊姜氏，故名曰寤生，遂恶之。（左丘明《左传》）“庄公”=S+“寤生”=P→SP（约公元前400年，距今2 400多年）

(16) 陈涉 | 太息曰：“嗟乎，燕雀安知鸿鹄之志哉！”（司马迁《史记》）“陈涉”=S+“曰”=V+嗟乎，燕雀安知鸿鹄之志哉=O→SVO（约公元前100年，距今约2100年）

(17) 凡天下大事 | 合久必分，分久必合。（罗贯中《三国演义》）“凡天下大事”=S+“合久必分，分久必合”=P→SP（公元1400年，距今约600年）

（18）薄命女｜偏逢薄命郎　葫芦僧｜乱判葫芦案（曹雪芹《红楼梦》）“薄命女” = S + “偏逢” = V + “薄命郎” = O→SVO（公元 1710 年，距今约 300 年）

（19）我们这里要讲的｜不是骆驼而是祥子。（老舍《骆驼祥子》）“我们这里要讲的” = S + “不是骆驼而是祥子” = P→SP（公元 1936 年，距今约 76 年）

（20）我｜早已拒绝写序。但就在这个月，我的四十年前的老同学褚伯承先生突然寄来了一部研究沪剧的书稿。四十年不是一个短时间，坎坷岁月中的青春友情立即展现在眼前。我禁不住，破例写了一篇。（余秋雨《为老同学写序》）“我” = S + “［早已］拒绝” = V + “写序” = O→SVO（公元 2009 年，距今 3 年）

近 3000 年来，华语的“SVO”语序没有变化。这些主谓结构今天仍然存在。可见，稳固性是任何一种民族语言的语法都有的。

三、语法的民族性

民族性是从一种民族语言的语法同另一种民族语言的语法相比较的角度说的。各个民族的语言的语法具有不同的特点。华语跟英语相比，英语的动词有时、体的变化，现在时还有人称和数的不同，如：

（21）study（学习、研究）
studies（第三人称单数、一般现在时）
am studying（第一人称单数、现在进行时）
studied，studying，studies

华语动词则没有人称和数的变化，时的范畴也不显著，华语的“着”只表持续体，“了”只表完成体，“过”只表过去完成体。

民族性可以说是语法的特异性。正是由于有了民族性，才使语法能够同别的规则，例如数学规则、物理定律等区别开来。

四、语法的系统性

语法规则的系统性是从语法结构的相互制约和依存的角度来讲的，如词类系统、结构系统、句类系统等。主谓句与非主谓句、动词谓语句、名词谓语句、形容词谓语句、主谓谓语句等都是成系统的。

1. 语法规则的系统性

语法规则具有系统性，有主要规则和次要规则，次要规则要服从主要规则。如“名词 + 介词 + 名词 + 动词”结构在语义上可以对应为三部分“人 + 地点 + 行为”。如：

（22）小王在教室上课。

例（22）人“小王”、地点“教室”、行为“上课”。这种语序的规则是动作行为发生的地点要放在前面，动作行为要放在后面。

（23）书包放在教室里。

例（23）的结构是“名＋动＋介＋名”，这个结构在语义上可以分为三部分：东西“书包”、地点“在教室里”、动作“放”。规则是动作行为涉及对象所在的地点要在后面。

这两条规则从表面看来是矛盾的，但都要服从一个更主要的规则“时间顺序原则”，即发生的动作行为，时间在前的要在句子的前面，时间在后的要在句子的后面，如：

（24）小王在教室上课＝小王在教室＋小王上课

（25）书包放在教室里＝（人）放书包＋书包在教室里

例（24）“小王在教室”与“小王上课”两件事情不是同时发生的，是“小王在教室”先发生而“小王上课”后发生，但发生以后就同时存在了，因此在句子的顺序上就是“小王在教室＋小王上课”。例（25）“放书包”在前，“书包在教室里”在后，两件事情一前一后，第一件完成后就不再进行，而第二件可以一直存在，因此句子的顺序就是“书包放在教室里”。

不仅如此，一些细小的不同语法规则是紧密联系着的，而且各有各的使用范围和适用条件，在使用一条语法规则的同时，不能违反其他语法规则，如：

（26）小王昨天打了一个电话给小李。

（27）＊小王每天打了一个电话给小李。

（28）小王每天给小李打了电话以后再打给妈妈。

例（26）“了”表动作完成。例（27）因为有“每天”就不符合“了”表完成的语义，因为“每天”是从过去到现在，从现在到将来都要发生的，而“完成”的不能是将来的事，因此是错的。例（28）因为有“以后再”说明是每天做两件事，第一件事是“给小李打电话”，第二件事是“给妈妈打电话”，第一件事完成以后再做第二件事，因此可以用表完成的助词“了”，这样说是对的。

这表明华语表完成的助词不能用于没有结束的事件，但可以用于有先后顺序但没有发生的两个事件中的前一个事件，如：

（29）小王昨天下了课就去找小李。（完成）

（30）小王今天下了课就去找小李。（完成/打算）

（31）小王明天下了课就去找小李。（打算）

2. 组合与聚合

语法的系统性体现在组合规则与聚合规则上。语法单位一个接着一个组合起来的规则叫做语法的组合规则，如：

（32）一个人　哥哥和姐姐　吃了西瓜　非常好
　　数量名　名连名　动助名　副形

（33）＊了西瓜　＊和姐姐个一　＊吃非常　＊哥哥个好
　　助名　连名量数　动副　名量形

例（32）中的“数＋量＋名”、“名＋连＋名”、“动＋助＋名”、“副＋形”组合等就是组合规则，这些规则是可以类推的。而例（33）中的“助＋名”、“连＋名＋量＋数”、“动＋副”、“名＋量＋形”组合等就不是组合规则，根本谈不上类推不类推。

根据组合与聚合关系，通过替换和类推一方面可以找出语法单位，另一方面可以找到语法单位活动的位置，有了这两个立足点，就能逐步找出语法规则来。

语法单位归类的规则就是语法的聚合规则，如：

（34）五套房　教师和学生　做了作业　特别亮
　　三家人　律师和法官　打了酱油　极其高
　　几只鸟　桌子和椅子　做过报告　都漂亮
　　……
　　数量名　名连名　动助名　副形

例（34）通过替换，发现“数＋量＋名”、“名＋连＋名”、“动＋助＋名”、“副＋形”组合是一组可以按同一标准进行类推的词，类推出来的一类词也就是词类。

聚合规则是潜在的，它储存于人们的脑子中；组合规则是现实的，它存在于话语中。当然，储存在脑子中的聚合归根结底也是从话语中归纳出来的。说话时组合规则提出要求，聚合规则提供可能，对组合的各个位置上可能出现的词进行替换，就能造出新的句子。那么“数词”、“量词”、“名词”、“动词”、“形容词”、“助词”等也就是一类词的聚合。语法的组合规则和聚合规则构成一种语言的语法规则。这是从两个不同的角度去研究语言现象时总结出来的规则。这两类规则互相依存。语法的聚合犹如一座仓库，把能重复使用的最小的语法单位按照组合中的功用分门别类地储存在仓库中，只要交际需要，就可以到这个仓库中去选用合适的单位。从聚合中选出的单位如何组成句子，需要服从组合的规则，如：

（35）小　王　做　完　语　法　作　业　了
　　小王　做完　语法　作业　了
　　小王做完了语法作业。

五、语法的递归性

“递归性”借用于数学术语，指同样的语法结构可以一层一层地套在一起使用。语言中递归性的表现主要有四类。

1. 结构整体重复类

自始至终重复运用同一条语法规则构成句子，如：

(36) 小王吃苹果。

(37) 小王吃苹果；小李看书。

(38) 小王吃苹果；小李看书；小张喜欢跳舞。

例（36）是SVO结构："小王"是主语，"吃"是谓语，"苹果"是宾语。例(37)、(38) 都是同样的SVO结构。这类SVO结构在理论上可以无限制地使用下去，构成无限多的句子。这就是相同的结构重复使用，体现了递归性，即：

SVO；SVO；SVO……

a + b + c→d + e + f→g + h + i……

2. 局部扩展类

一个句子的某个部分扩展，使句子由简单变复杂，如：

(39) 小王看书。

(40) 小王在教室看书。

(41) 小王昨天在教室看书。

(42) 小王昨天在教室跟小李一起看书。

(43) 小王昨天在教室跟小李一起很认真地看书。

例（39）是SVO结构，"小王"是主语，"看"是述语，"书"是宾语。例（40）在同样的SVO结构中增加了地点状语"在教室"。例（41）增加了时间状语"昨天"。例（42）增加了对象状语"跟小李一起"。例（43）增加了程度状语"很认真地"。但总体结构还是SVO。这是局部增加成分的递归，即：

a + b + c→a + X + b + c→a + X + Y + b + c→a + X + Y + Z + b + c……

3. 层层相套类

由大层套中层，中层套小层，层层套在一起，如：

(44) 小王知道小李知道。

(45) 小王知道小李知道小张知道。

(46) 小王知道小李知道小张知道小何知道……

例（44）是SVO结构中O是SV结构，这是SVO结构套了一次。例（45）是SVO结构中O又是SVO结构，其中O又是一个SV结构，这是SVO结构套了两次。例（46）是SVO结构套SVO结构，套了三次。

这一结构层层相套的结构形式如下：

A　　+　　{B　　+　　[　C　　+　(D)]}

小王知道 +　　{小李知道 +　　[小张知道 +　（小何知道）]}

这样由大套小形成递归。

4. 层层相接、首尾重复类

这主要体现在语篇中。它主要由几个结构相同的小句构成，而且前一小句的最后与后一小句的开头所用词语相同，如：

（47）一见面就问好。

（48）一见面就问好，问好之后说我“胖了”。

（49）一见面就问好，问好之后说我“胖了”，说我“胖了”之后就说小王的事情。

例（47）、（48）、（49）不太一样，用的是“一 X 就 VP1，VP1 之后就 VP2，VP2 之后就 VP3”前后相接的结构形成递归。例（47）用了“动词 + 宾语”规则构成述宾结构（问好）。例（48）句首套用前一小句最末尾的结构并加“之后”（问好之后）。例（49）句首套用第二小句末尾的结构（说我“胖了”之后）。从而使三个小句形成递归性。这一递归形式可归纳如下：

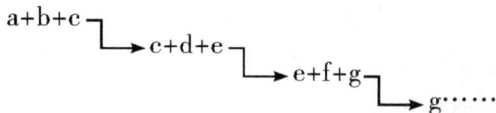

a+b+c → c+d+e → e+f+g → g……

这一形式主要在语篇中实现。语篇形式的递归常常为一般的叙事性文本所运用。中国的很多故事、儿歌常常运用这一形式。因此有不少人在儿童时代就已经接触到了，如：

（50）A 从前有座山，山上有座庙；B 庙里有两个和尚，一个老和尚、一个小和尚；C 老和尚在给小和尚讲故事，老和尚说：A 从前有座山，山上有座庙；B 庙里有两个和尚，一个老和尚、一个小和尚；C 老和尚在给小和尚讲故事，老和尚说：A 从前有座山，山上有座庙……

这就是递归性。其主要结构如下：

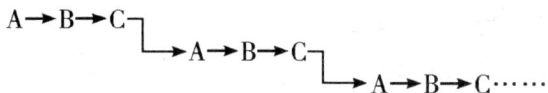

A→B→C → A→B→C → A→B→C……

语法规则的递归性和语法结构的层次性密切相关。语法结构的层次性在相当大的程度上是由递归性造成的，反过来讲，语法结构的层次性也为语法规则的反复使用提供了可能。结构中某个单位，例如词，可以不断地被一个同功能的词组去替换，结果可以使基本结构里面的项扩展成层次非常复杂的结构，但句法功能仍等于原先的那个项。

思考与练习

1. 什么是语法的系统性?

2. 短语的分析判断。

(1) 将“小王看书”结构重复扩展的是( )。

A. 小王看书,小李吃饭。

B. 小王看书,小张只好再去做了把书看完了。

C. 小王看书,走了小何走。

D. 小王看书,看了小吕的书。

(2) 将“小王学习”局部扩展的是( )。

A. 小王学习小李,他也没来,小张反倒来了。

B. 小王学习汉语,小李学习英语,小张学习泰语。

C. 小王昨天在教室跟小李一起学习了第五课。

D. 小王学习要把事件做好,要把房间收拾整齐。

(3) 实现“他不满小王”层层相接、首尾重复扩展的是( )。

A. 他不满小王,小王也没办法。

B. 他不满小王,小王不满小张,小张不满小何,小何……

C. 他不满小王,但是对小张很满意,对小何也满意。

D. 他不满小王,不知道这是为什么,平时看不出来。

(4) 实现“小王理解”层层相套扩展的是( )。

A. 小王理解小李理解小张理解小何理解。

B. 小王理解他们,他们也理解小王。

C. 小王理解他们的难处,不让他们为难。

D. 小王理解家里有困难,也就不向家里提要求。

(5) 实现“他们开门出去了”结构重复的是( )。

A. 他已经走远了,不再回来了。

B. 她已经结婚了,可能不回来了。

C. 他们已经不再来这儿了。

D. 小王上街买菜了;小王的丈夫下班回家了。

3. 词与词组合成句法结构,句法结构进入句子成为句子成分。分析判断下列结构的类型。

(1) 陈胜者,阳城人也。(《史记·陈涉世家》)( )

A. 主谓　　B. 述宾　　C. 述补　　D. 偏正

（2）玄奘为大唐和尚。(《新唐书·玄奘》)（　）

A. 主谓　　B. 述宾　　C. 述补　　D. 偏正

（3）我爷爷是华侨。（　）

A. 主谓　　B. 述宾　　C. 述补　　D. 偏正

（4）快跑！（　）

A. 主谓　　B. 述宾　　C. 述补　　D. 偏正

（5）唱得更爽一点！（　）

A. 主谓　　B. 述宾　　C. 述补　　D. 偏正

4. 分析判断后选出正确的虚词完句。

（1）那三个人已经走（　）。

A. 着　　B. 了　　C. 过　　D. 被

（2）他看（　）我微笑。

A. 着　　B. 了　　C. 过　　D. 把

（3）以前他结（　）婚。

A. 着　　B. 了　　C. 过　　D. 对

（4）他看书看（　）三天。

A. 着　　B. 了　　C. 过　　D. 于

5. 分析判断后，给括号内的词找出正确的位置。

（1）你 A 愿 B 愿意 C 去 D?（不）（　）

（2）书 A 他 B 拿 C 走 D 了。(被)（　）

（3）你 A 书 B 拿 C 给 D 他。(把)（　）

（4）我 A 不 B 想 C 去 D。(很)（　）

（5）他 A 一定 B 告诉 C 他 D。(要)（　）

（6）告诉 A 你 B 明天 C 你 D 去不行。(不)（　）

第三节　华语语法的特点

一、主流观点

现在人们对华语语法的特点有一个较为一致的看法，概括地讲就是注重华语特点而不是让事实去迁就某种语法理论。过去一百多年人们在对大量华语语法事实研究的基础上，提出了得到大家公认的适合华语语法特点的看法。这种看法以吕叔湘的研究为基础，特别以朱德熙等人提出的“短语本位”理论为代表。

这一理论认为汉语有自己的特点，不能跟其他语言的语法特点混为一谈。华语的主要特点有：

（1）华语缺乏严格意义的形态变化，而语序成为表达语法意义的主要形式。“小王看望小李”与“小李看望小王”意义不同靠的是语序。

（2）华语的虚词很重要，一些虚词的有无常常影响到结构关系。“爸爸妈妈”与“爸爸的妈妈”有没有“的”，意思完全不同。

（3）华语的词类跟句法成分之间不存在完全的对应关系，常常是一类词可以充当多种句子成分，而一个句子成分可以由多个词类充当。“我理解小王”与“我理解小王没去玩儿”都是SVO结构。

（4）句子的构造原则跟词组的构造原则基本一致，词、短语和句子都有相同的结构。“月亮”是主谓结构的词，“明月很亮”是主谓短语，“十五的月亮非常地亮”是主谓句。

（一）语序重要

这里说的语序的变化是指词语顺序变化了，语法结构关系也随之改变，语义也随着发生变化，如：

（1）苹果红　红苹果

例（1）中相同的词语因语序变化其结构关系也发生变化。“苹果红”是主谓结构；“红苹果”是偏正结构。

语法上语序的变化，有时基本意思相同，但有细微的差异，这需要我们特别关注，例如：

（2）客人来了。　来客人了。

（3）抽屉里有书。　书在抽屉里。

例（2）前句出现在主语位置上的“客人”是已知信息，表示说话人跟听话人心里都明白指的是谁；后句出现在宾语位置上的“客人”则是一个新信息，是说话人和听话人都不清楚的对象，代表“不速之客”，即不请自来的客人。例（3）前句出现在主语位置上的“抽屉”是已知信息；后句出现在宾语位置上的“抽屉”是新信息。

注意，这里的语序不包括语用的语序变化和语义的语序变化，只指语法上的语序变化，例如：

（4）快过来，你！

（5）真漂亮，小姑娘！

例（4）和例（5）是语用上的需要，是人们在交际时出现的临时性的移位，实际上语法结构关系没有变化，所以不属于语法上的语序变化。

（二）虚词重要

虚词的运用对语法结构和语法意义有重要作用。华语里的虚词十分丰富，其作用也非常重要，主要表现在以下几个方面：

1. 结构影响

句法结构里有没有虚词，结构关系和语义都会发生很大的变化，例如：

（6）鲁迅先生→鲁迅的先生

（7）爸爸妈妈→爸爸的妈妈

（8）读书→读的书

例（6）同位关系变成偏正关系的重要标记就是结构助词“的”：无“的”的是同位短语，“鲁迅先生”是尊称“鲁迅”的称谓；有“的”的是偏正短语，“鲁迅的先生”是指鲁迅的老师。例（7）没有“的”的是联合关系，有“的”的是偏正关系：“爸爸妈妈”指两个人“爸爸”和“妈妈”；“爸爸的妈妈”指一个人，即“奶奶”。例（8）无“的”的是述宾关系，有“的”的是偏正关系：“读书”指“阅读书籍”；“读的书”指“阅读的对象是书籍”而不是“杂志”、“报纸”等。

结构中有虚词与无虚词导致的差异不仅仅是结构不同，而且语义也发生了变化。

2. 语义影响

在一些句法结构里，添加了某个虚词以后虽然语法结构关系没有改变，但是对语义的影响却十分大。如：

（9）北京大学　北京的大学

（10）一斤鱼　一斤的鱼

例（9）“北京大学”是一个专有名词，“北京的大学”则是指北京所有的大学。例（10）“一斤鱼”指买的重量是一斤，可以是大鱼，也可以是小鱼；“一斤的鱼”则指买的鱼是一斤大小的鱼，但是不一定只买一斤。

3. 语用影响

某些句法结构，加上虚词和不加虚词，结构关系和语义关系似乎没有什么明显的不同，但是如果仔细辨别，就会发现它们在语用上有一些细微的差别，例如：

(11) 西方文化　西方的文化

(12) 我妈妈　我的妈妈

这里加“的”和不加“的”表示的都是偏正结构，前后都是修饰和被修饰的关系，所表示的语义也基本相同。但是它们还是有细微的差别：加了“的”以后，有强调分类的作用，表示这是“西方的文化”，而不是“东方的文化”；是“我的妈妈”，而不是“他的妈妈”等。

(三) 词类与句法成分之间不完全对应

华语词类和句法成分之间不存在简单的一一对应关系。华语里一种词类的词可以充当多种句子成分，如：

(13) 美丽的姑娘叫小芳。

(14) 这位姑娘很美丽。

(15) 美丽是一种财富。

(16) 我们都喜欢小芳的美丽。

“美丽”是形容词，在例（13）“美丽的姑娘”中“美丽”修饰“姑娘”，充当的是句子的定语。在例（14）“很美丽”中“美丽”充当的是谓语中心语。在例（15）中“美丽”充当主语。在例（16）中“美丽”充当宾语中心语。

再如华语的名词，主要用来作主语、宾语，有时也可以用来作谓语，作状语一般要在前面加上介词，如：

(17) 黄头发很漂亮。（主语）

(18) 小王黄头发。（谓语）

(19) 她在梳理黄头发。（宾语）

(20) 这是黄头发的书。（定语）

(21) 这个布娃娃的头发要用黄头发做。（状语）

从例（17）到例（21）可以看出，一种词类可以充当不同的句子成分。名词能充当主语、谓语、宾语、定语和状语。

同时，一种句子成分可以由多种词类的词充当，如常作主语的是名词，而动词或形容词也可以作主语，如：

(22) 虚心使人进步，骄傲使人落后。（形容词）

(23) 打是亲，骂是爱。（动词）

(24) 我们欣赏的是虚心，而不是骄傲。（形容词）

(25) 我们反对打仗，反对战争。（动词）

例（22）中的“虚心”和“骄傲”是形容词，但充当了主语。例（23）中的“打”与“骂”是动词，却充当了主语。例（24）中“虚心”和“骄傲”是形容词，但充当了宾语。例（25）中“打仗”是动词但充当了宾语。而在印欧语言里什么词类的词作什么句子成分，对应比较整齐。

尽管如此，华语的词类与句子成分的对应还是有一定倾向性的：名词主要充当主宾语，动词主要充当述语，形容词主要充当定语和谓语，副词主要充当状语。至于数量词则有分别：名量词主要充当定语，动量词主要充当补语。

（四）词、短语、句子的构造原则基本一致

华语中一些多音节的词主要是从短语的临时性组合发展而来的，所以词的结构和短语的结构大体一致，例如：

（26）　　　　词——→　短语　——→句子

主谓关系：地震——→地球震动——→地球震动啦！

联合关系：国人——→国家和人民——→国家人民呢？

偏正关系：大衣——→呢子大衣——→呢子大衣呢？

述宾关系：管家——→管好家务——→管好家务吧！

述补关系：看清——→看得清楚——→看得非常清楚。

例（26）中“地震”是词，“地球震动”是短语，因为这两个单位都没有语气和语调，都不用在一定的语境中，都不表达陈述、祈使、疑问或感叹义。而“地球震动啦！”则有语气和语调，表达感叹义，在书面上有感叹号作为标记，是感叹句。相应的“国家人民呢？”有语气语调，表疑问，在书面上有问号作为标记，是疑问句。“呢子大衣呢？”有语气语调，表疑问，在书面上有问号作为标记，是疑问句。“管好家务吧！”也有语气和语调，表达使令义，在书面上有感叹号作为标记，是祈使句。“看得非常清楚。”有语气和语调，是说一件事情，在书面上有句号作为标记，是陈述句。

实际上还有一些构词法在短语中是没有的，如：

（27）妈妈　草草　匆匆　猩猩（重叠）

老师　阿姨　第三　超好（前加式合成词）

桌子　哪儿　看头　追星族（后加式合成词）

书本　船只　布匹　人群（量补式合成词）

一些短语在某种情况下，给予它一定的语气语调，就可以称为句子；反过来，一个句子，如果去掉语调，脱离了语言环境，它就是一个短语，例如：

（28）　　　　短语　——→　句子

联合关系：团结进步——→团结、团结、再团结。

偏正关系：美丽的花园——→多美丽的花园啊！

述宾关系：欢迎新同学——→欢迎新同学！

述补关系：说得很好——→说得很好的。

主谓关系：我们去——→我们去！

这里所说的结构形式基本一致，而事实上，短语跟句子是不同层次的语言单位，两者有很大的区别，特别是粘着短语，即使有一定的语调也不能成为句子，如“最前方”。

二、华语语法的深入研究

(一) 语法探索的概况

除了有主流看法写入教科书以外，还有很多学者在此基础上进行探索，以求华语语法研究进一步深入。这类探索自 1898 年马建忠《马氏文通》出版以后就一直没有停止过，特别是自 20 世纪 80 年代中后期“短语本位”语法建立以来，这种探索就越来越多，越来越广，越来越深入。

进入 20 世纪 90 年代，胡明扬（中国人民大学教授）的“语义语法”、徐通锵（北京大学教授）的“字本位”、邢福义（华中师范大学教授）的“两个三角”理论和“小句中枢”说等都有一定的影响，它们的共同特点就是对语义和句法高度重视。由于华语语法的特点，人们普遍重视句法语义的研究，相继对语义范畴、语义特征、语义指向、语义结构、语义层次、语义解释、语义选择等进行了研究。对句法语义的多角度研究必将成为 21 世纪华语语法研究的一个极为重要的课题。

(二) 语法探索的特点

1. 重视共性

一些学者认为世界上的语言都有共同性，汉语语法也是如此。他们更加关心国际语法学界的新动向，在过去借鉴的基础上，努力引进国外新的语法研究理论，对华语语法研究作出新的尝试。这是当今研究华语特点的主流，主要表现为三个趋势：

• 借鉴形式语义学

徐烈炯（原香港城市大学教授）在运用乔姆斯基转换生成语法理论分析华语语法方面卓有成效。后来，沈阳（北京大学教授）的空语类研究、张国宪（中国社会科学院语言研究所研究员，以下简称语言所研究员）和周国光（华南师范大学教授）对配价语法的研究都取得了可喜的成绩。

• 借鉴功能语法学

胡壮麟（北京大学教授）在介绍韩礼德（Haliday）的功能语法（functional grammar）理论方面做了大量的工作。廖秋忠（语言所研究员）、陈平（澳大利亚昆士兰大学教授）、沈家煊（语言所研究员）对话语分析和篇章分析做了很扎实的研究工作。而后张伯江（语言所研究员）和方梅（语言所研究员）根据这一理论对北京口语语法作了有意义的探索。

• 借鉴认知语法学

以袁毓林（北京大学教授）为代表的配价语法研究，特别是名词的配价和祈使句研究，石毓智（新加坡国立大学教授）关于形容词的研究，以及刘宁生（原美国科罗拉多大学教授）、张敏（香港科技大学教授）的研究，都带有浓郁的认知科学色彩。这些都是既关注国际语法学界新动向又注重华语语法研究的成果。

2. 重视个性

• 语义关系决定组合论

它认为施事与行为关系是由指人的词语与表达动作行为的词语组合的；动作行为与行为涉及对象的关系是由表动作行为的词语与动作行为涉及对象的词语组合的；修饰或限制成分与中心成分关系是由表性质状态的词语与表人或事物的词语组合的；中心成分与补充说明关系是由表动作行为或性质状态的词语与表结果的词语组合的等等。

• 意合法论

它认为汉语语法是先有语法意义，然后再通过形式来表现。意义最重要，形式不太重要，因为汉语可以“得意忘形”。只要意义明白、不产生误解，至于用什么形式则不太讲究，如：

(29) 他已经修好了汽车。

(30) 他已经把汽车修好了。

(31) 汽车已经被他修好了。

(32) 他，汽车已经修好了。

(33) 汽车，他已经修好了。

例（29）到例（33）是不同结构的句子，在形式上是不同的。但在语义上则完全一样，即：

(34) 施事 + 动作 + 对象　动作 + 结果　时间
他　—　修—汽车　修—好了　已经

因此，语法就是以意义为基础并由意义决定的形式组合。

• 语义型论

它认为语法就是语义类型的组合，如：

(35) 施事 + 动作 + 受事
小王—整理—文件

(36) 施事 + 标记 + 受事 + 动作 + 结果
小王—　把—文件—整理—好了

(37) 受事 + 标记 + 施事 + 动作 + 结果
文件—　被—小王—整理—好了

(38) 话题 + 施事 + 动作 + 受事
文件—小王—整理—好了

• 语用决定论

语法就是由语言运用而形成的规则。由于语用环境和目的不同，问句与答句中所出现的句子成分是不同的，这就是语用影响到句子的结构，如：

(39)（老员工在工作中刁难新员工，）他们把那些吃力不讨好的活儿都推给了新员工。

(40) 那些吃力不讨好的活儿被老员工推给了新员工。(这些活儿叫我们新员工吃尽了苦头。)

(41) 老员工，那些吃力不讨好的活儿都推给了新员工。(新员工，那些轻松有油水的活儿根本沾不上边儿。)

例（39）说的是“老员工”如何，用的是把字句。例（40）说的是“那些吃力不讨好的活儿”如何，用的是被字句。例（41）说的是“老员工，那些吃力不讨好的活儿”如何，用的是主谓谓语句。

由此看来，句法结构的选择与应用是由语境决定的。因此研究语法一定不能忽视语境的作用。

此外，在叙述语和对话之间还存在省略与隐含的不同，如：

(42) 小王八点钟去了学校图书馆。

例（42）是第三人称的叙述，说的是他人的事。因此主语、状语、述语、宾语都出现，是一个完整句。

(43) 小李：小王你去哪儿？　小王：图书馆。

(44) 小李：小王你几点到的图书馆？　小王：八点。

例（43）和例（44）是两个人的对话。这种语言使用环境的不同，决定了答句中结构的省略不同。例（43）问的是宾语，问语中出现地点代词“哪儿”，答语中只有“图书馆”。例（44）问的是状语，问句中出现时间代词“几点”，答语中只有状语“八点”。

因此，句法结构与应用密切相关，特别是对话中的省略与隐含直接受语用环境的影响。由此推而广之，语法结构是由语言运用产生的规则。这些规则包括省略规则、隐含规则等。

非主流看法虽然目前还不被大多数教科书所采用，但这些看法也是有一定道理的，有的说法在一定范围内还很有说服力。

除此之外，还有文化决定性等观点，这是从中国传统文化、思维特点认同来看华语，比如，以简易性、灵活性、复杂性来概括，或以简略而繁复来表述，或表述为复杂、严密又经济简练；有重提单音节论的，有倡导动词中心说的，也有主张名词中心说的；有从语法形式和语法意义结合方式出发，提倡语义语法范畴的，也有立足于三个平面与倡导语法修辞结合的。

这说明华语语法研究方兴未艾，正在成为一门越来越受重视的学科。

思考与练习

1. 跟英语或东南亚的语言相比华语语法有哪些特点?

2. 分析判断下列词语的内部结构。

（1）放大（　）　A. 主谓　B. 偏正　C. 述宾　D. 述补

（2）关心（　）　A. 主谓　B. 偏正　C. 述宾　D. 述补

（3）肉菜（　）　A. 主谓　B. 偏正　C. 述宾　D. 联合

（4）肉色（　）　A. 主谓　B. 偏正　C. 述宾　D. 联合

（5）肉麻（　）　A. 主谓　B. 偏正　C. 述宾　D. 述补

3. 分析判断下列短语的内部结构。

（1）明天说（　）　A. 主谓　B. 偏正　C. 述宾　D. 述补

（2）说得好（　）　A. 主谓　B. 偏正　C. 述宾　D. 述补

（3）小王说（　）　A. 主谓　B. 偏正　C. 述宾　D. 联合

（4）说和做（　）　A. 主谓　B. 偏正　C. 述宾　D. 联合

（5）说过话（　）　A. 主谓　B. 偏正　C. 述宾　D. 述补

4. 按要求选出相应的短语。

用“小王”、“学”、“好”、“华语”、“要”构成相应的短语。

（1）偏正短语（　）

A. 小王要学好华语　　B. 要学好华语小王

C. 学好华语要小王　　D. 要学好华语

（2）主谓短语（　）

A. 小王要学好华语　　B. 学好华语要小王

C. 华语要学好小王　　D. 小王要华语学好

（3）述宾短语（　）

A. 小王要学好华语　　B. 学好华语

C. 要学好华语　　D. 学好小王要华语

（4）述补短语（　）

A. 小王要学好华语　　B. 小王要学好

C. 学好　　D. 学好华语要小王

（5）联合短语（　）

A. 小王好华语也好　　B. 小王学好华语也好

C. 小王好学华语　　D. 小王学华语好

5. 分析判断后给虚词找出正确的位置。

（1）那件事情我们 A 昨天 B 知道 C 了 D?（都）（　）

（2）可是 A 老师 B 现在 C 不 D 知道。（还）（　）

(3) 今年A他B16岁了C一米三D高。(才)(　)
(4) 你A说B我们C现在告D告诉他?(不)(　)
(5) A我B很C不想D去。(其实)(　)

第二章　语法单位

第一节　语法单位概说

语法单位的构成主要有：

一、五级语法单位

能够在一定组合位置上进行替换的单位，叫语法单位。语法单位包括五级：语素、词、短语、句子、句群。

二、语法单位的构成

各种语法单位互相组合成更大的单位时，都有规则可循，如：

（1）老＋师＝老师　　师＋老≠＊师老

（2）＊三位人　三个人　＊三名人　三口人

（3）三位老师　三个老师　三名老师　＊三口老师

（4）那三位老师又来印尼了。　＊那三位老师来了印尼又。

例（1）到例（4）体现出来的规则可以概括为以下几点：

第一，语素“老”与语素“师”相加，构成的词是“老师”而不是“师老”。

第二，数词“三”、量词“位”、“个”、“名”、“口”与名词“人”组合成短语，“三个人”、“三口人”可以接受，但“三位人”、“三名人”不能接受。这四个量词与“老师”组成短语，“三位老师”、“三个老师”、“三名老师”能够接受，但“三口老师”不能接受。

第三，代词“那”与偏正短语组合成的偏正短语“那三位老师”与副词“又”、动词“来”、名词“印尼”组合成的句子“那三位老师又来印尼了”可以接受，而“那三位老师来了印尼又”不能接受。

由此可见，华语中什么语素与什么语素组合成词，什么词与什么词组合成短语，什么词与什么词、什么短语与什么短语构成句子是有规则的，不能随便组合，这种规则就是华语的语法。

思考与练习

1. 语法单位有哪几级?

2. 分析判断语法单位。

(1) 老师　教　华文(　)

A. 语素　B. 词　C. 短语　D. 句子　E. 句群

(2) 一　二　三　四(　)

A. 语素　B. 词　C. 短语　D. 句子　E. 句群

(3) 看见一位老师(　)

A. 语素　B. 词　C. 短语　D. 句子　E. 句群

(4) 我看见一位老师。(　)

A. 语素　B. 词　C. 短语　D. 句子　E. 句群

(5) 进了学校，到了办公室，我看见几位老师正在改作业。旁边还有几个同学在做作业。我想这一定是刚才上课时没有完成作业的同学在补做作业。我现在才明白，为什么这个学校的学生华文水平那么高，原来是老师认真教学，学生努力学习。(　)

A. 语素　B. 词　C. 短语　D. 句子　E. 句群

3. 判断下列哪些组合是对的。

(1) 语素 + 语素(　)

A. 民人　B. 家国　C. 校学　D. 华文

(2) 词 + 词(　)

A. 非常快跑　B. 护照出国　C. 年年出国　D. 天天阳台

(3) 代词 + 词(　)

A. 他我们　B. 他弟弟　C. 他瓶子　D. 他桌子

(4) 动词 + 词(　)

A. 吃苦头　B. 吃短语　C. 吃语素　D. 吃句子

(5) 词 + 名词(　)

A. 喝饮料　B. 喝香烟　C. 喝语法　D. 喝天然气

4. 填上正确的词组成短语。

(1) 我们大家学(　)

(2) 世界(　)美好

(3) 华文不(　)难

(4) 我一定要(　)华文

(5) 华文声调(　)重要

5. 去掉多余的词使句子正确。

（1）天天气真好。(　)

（2）夜晚晚很美丽。(　)

（3）学学习华文很重要。(　)

（4）我们多学一点华文一点。(　)

（5）华文不难难汉字难。(　)

第二节　语　素

一、语素的含义

语素是最小的语音语义结合体，是最小的语法单位。

“最小”是说再也不能分割了。“语音语义结合体”是说语素一定是有读音的，同时也一定是有意义的。反过来说，凡是没有读音的、没有语义的成分就不是语素，如：

（1）天 tiān　葡萄 pútáo　马上 mǎshàng

例（1）“天”是一个语素，有读音“tiān”，有语义：

①天空，如“天亮了”；

②位置在顶部的、凌空架设的，如“天窗”、“天桥”；

③一昼夜二十四小时的时间，有时专指白天，如“今天”、“三天三夜”；

④一天里的某一段时间，如“天儿还早呢”；

⑤季节，如“春天”；

⑥天气，如“天冷了”；

⑦天然的、天生的，如“天性”；

⑧自然，如“天灾”；

⑨迷信的人指自然界的主宰者、造物主，如“天意”；

⑩迷信的人指神佛仙人所住的地方，如“天堂”。

因此，“天”是一个语素，而且是一个能单独成词的语素，又是一个多语义的语素。

“葡萄”是一个语素，有读音“pú · táo”，有语义：

①落叶藤本植物，叶子掌状分裂，圆锥花序，开黄绿色小花，果实圆形或椭圆形，成熟时紫色或黄绿色，味酸甜、多汁，是常见的水果，也是酿酒的原料，如“种葡萄”；

②这种植物的果实，如“吃葡萄”。

“葡”也是一个语素，因为“葡”有读音“pú”也有语义“葡萄”。“萄”也是一个语素，因为“萄”有读音“táo”也有语义“葡萄”。

“马上”是一个语素，有读音“mǎshàng”，有语义“立刻”，如“快走吧，飞机马上就要起飞了”。

二、最小的含义

语素是最小的语音语义结合体。这里的“最小”是指在形式上不能再分了，如果再分就不是语素了，如：

（2）天 tiān　葡萄 pútáo　马上 mǎshàng

从语音上再往下分就成了声母“t”，韵母“ian”，声调阴平。从语义上“天”再往下分就是汉字的笔画“一、一、丿、㇏”。因此从语音语义结合的角度看，“天”的确是最小的语法单位了，没有办法再小了，再小就不是语素而进入了语音和汉字笔画层面了。而声母、韵母、声调，横、横、撇、捺等笔画跟语法没有任何关系，而是属于另外的研究领域。

从这个角度看，语素就是最小的语法单位。

三、确定语素的方法

（一）替换法

在一般情况下，用一个已知语素，常常是一个汉字，替换一个成分，如果能替换下来且语音语义基本不变，则这个成分是一个语素，否则不是。

第一，能替换。这又分为两种情况。

一是，由两个汉字组合而成的词，两个都能替换下来，且替换下来后这两个汉字都能与别的语素组合成词，其中汉字的语音语义基本不变。这个构词成分就是语素，如：

（3）人民（名词）

人：人才　人称　人道　人格　人工　人海　人口　人品　人间
工人　军人　大人　富人　穷人　学人　好人　坏人　情人

民：民办　民兵　民船　民房　民愤　民风　民工　民航　民间
国民　居民　牧民　难民　贫民　平民　边民　股民　彩民

（4）关闭（动词）

关：关爱　关怀　关联　关门　关切　关涉　关押　关照　关注
开关　无关　相关　有关　过关　把关　报关　闭关　海关

闭：闭合　闭会　闭卷　闭口　闭门　闭幕　闭气　闭市　闭经
倒闭　幽闭　封闭　停闭　密闭　禁闭

（5）美好（形容词）

美：美食　美称　美德　美感　美工　美观　美化　美景　美酒
秀美　丰美　甘美　华美　壮美　优美　完美　肥美　俊美

好：好比　好处　好汉　好话　好景　好看　好评　好人　好手
安好　和好　见好　交好　叫好　可好　良好　恰好　讨好

从例（3）、例（4）、例（5）的替换中可以判断，名词"人民"、动词"关闭"、形容词"美好"都是合成词，且为并列式合成词，分别由语素"人"、"民"，"关"、"闭"，"美"、"好"组合而成。

二是，能够替换，但两个汉字的组合能力不同。一个能与别的语素组合成词，一个不能，如：

（6）螃蟹：*螃肉　*螃壳　*螃黄　蟹肉　蟹壳　蟹黄

（7）蜘蛛：*蜘丝　*蜘网　蛛丝　蛛网

（8）蝴蝶：*蝴泳　*蝴彩　*蝴粉　蝶泳　彩蝶　粉蝶

（9）苹果：芒果　干果　水果　黄果　蜡果　供果　*苹芒　*苹干　*苹水　*苹黄　*苹蜡　*苹供

（10）香槟：香肠　香椿　香肚　香菇　香瓜　香火　*槟肠　*槟椿　*槟肚　*槟菇　*槟瓜　*槟火

例（6）"螃蟹"、例（7）"蜘蛛"、例（8）"蝴蝶"、例（9）"苹果"、例（10）"香槟"都是一个汉字能替换，且替换下来后语音语义基本不变，那么能替换下来的那个成分就是语素而不能替换下来的那个成分就不是语素。

第二，不能替换。

联绵词、叠音词、拟声词和音译外来词不是一个汉字一个语素。联绵词、特殊词缀、拟声词和音译外来词中的汉字一般不能替换，即使替换下来语义也变了，如：

（11）秋千：运动和游戏用具，在木架或铁架上系两根长绳，下面拴上一块板子。人在板上利用脚蹬板的力量在空中前后摆动。

（12）秋千：秋天　秋收　秋种　秋风
一千　两千　三千　万千

例（11）"秋千"指"运动和游戏用具"，是一种运动器械。而例（12）"秋千"能替换，替换后"秋"指"秋天"；"千"指"十个一百或百个十"，与"运动和游戏用具"义完全没有关系。因此可以说当"秋千"指运动和游戏用具时是一个语素。

（二）验证法

除替换法外，还可通过权威语言研究机构编写的工具书来验证所分析出的片断是不是语素，如《现代汉语词典》、《现代汉语规范词典》、《动词用法词典》、《汉语大词典》等，如：

（13）苹（蘋）pín　蕨类植物，生在浅水中，茎横生在泥中，质柔软，有分枝，叶有长柄，四片小叶生在叶柄顶端，到夏秋时候，叶柄的下部生出小枝，枝上生子囊，里面有孢子。也叫田字草。(《现代汉语词典》)

（14）苹（蘋）píng 见下。"蘋"另见 975 页 pín。【苹果】píngguǒ①落叶乔木，

叶子椭圆形，花白色带有红晕。果实圆形，味甜或略酸，是普通水果。②这种植物的果实。【苹果绿】píngguǒlǜ 浅绿。(《现代汉语词典》)

例（13）、例（14）通过查词典验证，发现“苹”不是语素，因为它不能与别的语素自由组合成词，只有一种组合，即“苹果”，因此“苹”不具备最小的语音语义结合体的资格，不是语素。

通过以上分析可以看出，基本上在华语中一个汉字就是一个语素，少数汉字不是语素而要与别的汉字组合起来才能成为语素。

四、语素的分类

“天”、“葡萄”、“马上”这三个语素还有所不同。“天”只有一个音节，是单音节语素。“葡萄”与“马上”有两个音节，是双音节语素。

“葡萄”与“马上”这两个双音节语素是不同的。“葡萄”分开后也是语素，“葡”指“葡萄”，“萄”也指“葡萄”，它们还可以分别与其他语素组合成别的词，如“葡糖”、“萄糖”、“萄酒”等。

“马上”指“立刻”时，不能分开，分开后就是另外的语义了，如“马头”中的“马”指“哺乳动物，头小，面部长，耳壳直立，颈部有鬣，四肢强健，每肢各有一蹄，善跑，尾生有长毛；是重要的力畜之一，可供拉车、耕地、乘骑等用；皮可制革”，如“马车”。“上”则可指“在物体的表面”，如“马身上”。因此有必要给语素进行相应的分类。

（一）单音节语素和多音节语素

按语素的音节的多少可以把语素分为单音节语素和多音节语素。

1. 单音节语素

单音节语素指只有一个音节的语素，这是华语语素的基本形式，近95%的语素都是单音节的。单音节语素要么自己单独成词，要么与别的语素组合成词，如：

（15）春　天　在　我　们　的　心　里

　　　春天　在　哪里　春天　在　我们　的　心里

从例（15）可以看出，华语中单音节语素在整个语素中所占的比例是相当高的。

2. 多音节语素

语素也有多音节的，主要是双音节的。这是比较特殊的情况，双音节语素有中国古代汉语遗留下来的，也有近来翻译外语词新产生的，如：

（16）双音节：叮当　从容　狡猾　坦克　克隆　咖啡

　　　三音节：巧克力　凡士林　维生素　黎巴嫩

　　　四音节：奥林匹克　那布勒斯　哥伦比亚

　　　五音节：布尔什维克　布拉柴维尔　拉斯维加斯

六音节：英特那雄耐尔

例（16）中双音节语素主要来自古汉语遗留下来的“联绵字”，如双声，即声母相同的“叮当”；叠韵，即韵母相同的“从容”；非双声叠韵的“狡猾”。还有就是音译的外来词，如“坦克”（tank）、“克隆”（clone）、“咖啡”（coffee）。三音节主要是音译的外来词，如“巧克力”（chocolate）、“凡士林”（vaseline）、“维生素”（vitamin）、“黎巴嫩”（Lebanon）。四音节也主要是音译的外来词，如“奥林匹克”（Olympic）、“那不勒斯”（Naples）、“哥伦比亚”（Columbia）。五音节主要是音译外来词，如“布尔什维克”（Bolshevik）、“布拉柴维尔”（Brazzaville）、“拉斯维加斯”（Las Vegas）。六音节的不多，也是音译外来词，如“英特那雄耐尔”（Intel a été Nacional）。

因此，汉语的语素基本上以单音节为主，有少量的双音节，而三音节或以上绝大部分是音译外来词的语素，且多是能够独立构成词的语素。

（二）成词语素与不成词语素

以能否单独构成词的标准来划分，汉语的语素可以分为独立成词的语素和不能独立成词的语素。能单独构成词的语素叫成词语素，也叫自由语素。不能单独构成词的叫不成词语素，也叫不自由语素或不成词语素，如：

（17）愤　纂　宣　规　庇　擅　观　言　语　垄　朋　友　襟　民

这些语素一般不能单独成词，且不单独运用。

现在有一种发展倾向，有一些外来的音译音节加华语语素组成的合成词中，外来音节有向语素发展的倾向，如：

（18）的（taxi）：打的　摩的　面的　卡的　飞的

的哥　的嫂　的姐　的妹　的钱

（19）啤酒（beer）：生啤　熟啤　陈啤　扎啤

*啤店　*啤杯　*啤巴　*啤姐

（20）酒吧（bar）：水吧　氧吧　迪吧　网吧　玩具吧

*吧椅　*吧座　*吧姐

例（18）“的”已经发展成一个成词语素。例（19）“啤”、例（20）“吧”等到目前为止已经发展出了后置用法，但还没有发展出前置用法。

这表明华语语素还在发展过程中，可根据社会需要而发展出新的语素来。

总的来说，一些单音节词都是由能独立成词的语素构成的。语素本身也是有功能的，名词性语素称为名语素，区分标准是用“有～”鉴定；动词性语素用“～了～”鉴定；形容词性语素用“很～”鉴定，而虚语素则根据能否单用来鉴定，如：

（21）盼望　着　东风　来　了　春天　的　脚步　近　了　一切　都　像

刚　睡醒　的　样子

例（21）这段话用以上标准来衡量，能独立成词的语素有“风”、“天”、“脚”、

"一"、"望"、"睡"、"醒"、"来"、"近"、"都"、"像"、"刚"和"子"、"了"、"的"、"着"。不能独立成词的语素有"盼"、"东"、"春"、"步"、"样"、"切"。当然这只是说的一般情况，一些不成词语素出现在特定的语境中时，也是能单用的，如：

(22) 我们就盼你来。

那个人朝东走了。

一九四九年春。

他迈着大步走了。

现在的广州一天一个样。

例（22）中的"盼"、"东"、"春"、"步"、"样"虽然也能单独使用，但需要依赖特定的语境，不能算是单独成词的语素。

因此，不成词语素单用只是特殊现象而不是普遍规则，跟"风"、"天"、"脚"、"一"、"望"、"睡"、"醒"、"来"、"近"、"都"、"像"、"刚"和"子"、"了"、"的"、"着"等语素在句子中的独立运用相比，受到相当的限制，因此这些语素不能算是成词语素。

（三）单义语素与多义语素

这是从意义的多少来看语素。只有一个义项的语素称为单义语素，不止一个义项的语素称为多义语素。

第一，单义语素。这是指一个语素只有一个意义，如：

(23) 啊　埃　凹　鸡　绿　峦　们　谬　耐　妞　溶　淑　惕

例（23）"啊"是叹词，表示惊异或赞叹。"埃"指灰尘，尘土。"凹"指低于周围。"鸡"指一种嘴短，上嘴稍弯曲，头部有肉质冠，翅膀短，不能高飞的家禽。"绿"指像草和树叶茂盛时的颜色，蓝颜料和黄颜料混合即呈现这种颜色。"峦"指山。"们"用在代词或指人的名词后面，表示复数。"谬"指错误或差错。"耐"指受得住或禁得住。"妞"指女孩子。"溶"指溶化或溶解。"淑"指温和善良或美好。"惕"指警惕或戒惧。这些语素都只有一项语义。

第二，多义语素。指一个语素有两个或两个以上意义，如：

(24) 门：前门　铁门　柜门儿　电门　窍门　满门抄斩　佛门　同门师兄弟

五花八门　原生动物门　这一把我压天门　一门炮　门老大

例（24）语素"门"的语义有：

①指房屋、车船或用围墙、篱笆围起来的地方的出入口。

②指装置在房屋、车船或其他物体出入口处，能开关的障碍物。

③指器物可以开关的部分。

④指形状或作用像门的。

⑤指门径。

⑥旧时指封建家族或家族的一支，现在指一般的家庭。

⑦指宗教、学术思想上的派别。

⑧传统指跟师傅有关的。

⑨指一般事物的分类。

⑩指生物学中把具有最基本最显著的共同特征的生物分为若干群，每一群叫一门。

⑪指押宝时下赌注的位置名称，也用来表示赌博者的位置。

⑫指量词。

⑬指姓。

可见，“门”是一个多义语素，可以跟其他语素构成不同的词。此外“及”也是一个多义语素，如：

(25) 及：及格　及时　我不及他　攻其一点，不及其余　及家老大

例（25）“及”的语素义有：①指到达。②指赶上。③指比得上。④指推及或顾及。⑤指姓。

所以说，语素是最低级的语法单位，其作用是用来组合或独立成词。

思考与练习

1. 语素属于哪一级语法单位，有哪些特点？

2. 分析判断下列句子中有多少个语素。

（1）二零零八年奥林匹克夏季运动会在中国举行。（　）

A. 19　　B. 18　　C. 17　　D. 16

（2）“往来”是联合结构的动词。（　）

A. 8　　B. 9　　C. 10　　D. 11

（3）学不学华文他一直在犹豫。（　）

A. 11　　B. 10　　C. 9　　D. 8

（4）“桌子”是成词语素加后缀结构的名词。（　）

A. 13　　B. 14　　C. 15　　D. 16

（5）我有一个梦想。（　）

A. 4　　B. 5　　C. 6　　D. 7

3. 根据相关语素知识回答。

（1）多义语素有（　）　A. 一　B. 哇　C. 秋千　D. 深

（2）只有一个语素的（　）　A. 莫非　B. 莫来　C. 莫斯科　D. 莫须有

（3）有两个语素的（　）　A. 马虎　B. 马队　C. 马尼拉　D. 马达加斯加

（4）成词语素有（　）　A. 人　B. 言　C. 者　D. 足

（5）不成词语素有（　）　A. 的　B. 得　C. 务　D. 了

4. 根据所学知识，填上语素组成一个词。

（1）人（　）　（2）（　）人　（3）生（　）　（4）（　）生

（5）好（　）　（6）（　）好　（7）一（　）　（8）（　）一

（9）学（　）　（10）（　）学　（11）样（　）　（12）（　）样

5. 根据所学知识填语素成句。

（1）好（　）学习。　　（2）要学好华（　）。

（3）努（　）工作。　　（4）要参加考（　）。

（5）学习要努（　）。　　（6）工作要认（　）。

第三节　词

一、词是什么

词是由语素组成的，是最小的能够自由运用的语法单位。自由运用也可以理解为独立运用。从这个角度看，词是华语里有意义的能独立运用的最小语言单位。所谓能独立运用，是指能单说或能单独进入句子，如：

（1）床前明月光，疑是地上霜。
举头望明月，低头思故乡。

例（1）是唐代大诗人李白的著名诗篇《静夜思》中的名句。其中“床”、“前”、“明”、“月光”、“疑”、“是”、“地”、“上”、“霜”、“举”、“头”、“望”、“明月”、“低”、“思”、“故乡”等都是当时能独立运用的词，而在今天“疑”、“思”是不独立运用的词，如：

（2）明月当空，月光似霜撒在干涸的河床前，中国来的老师向小王提了一个问题：“为什么直到现在，东南亚的华文教学人数多、时间长，但真正学好或精通华文的人却不多？”面对故乡老师的疑问，小王时而抬头望天，时而低头思索……回想当年举着标语牌，望着机场 A 出口接中国来的华文老师培训我们……是呀，从 20 世纪 90 年代到现在已经过去 20 多年了，我们重视华文，强调华文，花了很多钱，为什么教学效果就是没有达到我们的要求呢？

例（2）中“明月、月光、床前、故乡、疑问、抬头、望天、低头、思索、举［着］、望［着］”等基本上都能独立使用。不过当时单用的“望”、“疑”、“思”等在今天虽然还可以作为词独立使用，但需要比较特殊的语言环境。

因此独立运用是判断词的一条重要标准，而且古今有所不同。

二、词的分类

1. 单纯词

单纯词就是由一个语素构成的词。其内部没有结构关系，如：

（3）一　个　很　好　的　人　参差　徘徊　巧克力　奥林匹克

例（3）中的都是词，如果要进一步分析，大多只能从音节多少、词的语法功能、结合能力等角度进行分析。

如果从这个词是外来词还是本族词、共同语词还是方言词、同义词还是反义词等角度进行分析，那已经不是语法分析而是词汇分析了。

单纯词还有一类就是由两个相同的汉字构成一个语素，这个语素再构成的词。这类词被称为叠音词，如：

（4）蛐蛐　猩猩　饽饽　彬彬　翩翩　狒狒　姥姥

例（4）中的词不能把其中一个拆开与别的语素组合成词，如不能说"蛐虫、猩猴、饽馒、彬礼、翩舞、狒猴"等。至于"姥爷"还只是一个特例，目前还不能类推出"姥妈、姥爸、姥姨、大姥、二姥"等，这只是特殊现象不能算作普遍规则。因此"姥姥"目前还应当算作叠音的单纯词。

除此以外，还有拟声单纯词，如：

（5）汪汪　呀呀　呼呼　嗖嗖　潺潺　嘎嘎　铃铃　嘘嘘　咻咻
　　飕飕　吁吁　得得　冽冽　剌剌　呜呜　呷呷　嘶嘶

例（5）中的词也不能把其中一个拆开与别的语素组合成词，如不能说"汪呀、呀呼、嗖潺、嘎铃、嘘咻、飕吁"等。

2. 合成词

合成词就是由两个或两个以上语素构成的词。其内部有不同的结构关系。合成词中的语素可分为词根与词缀，词根就是合成词中表示基本意义的语素，语素义很实在。词缀就是附加在词根上表示附加意义的语素，语素义不实在。

● 复合式

◆ 结构形式

这一类词是由两个语素通过组合构成的合成词。这两个语素都是有实在意义的词根。这是华语中数量最多，最能产生新词的一种构词方式，词内部的结构类型跟短语、句子成分之间的结构类型基本一致。

第一，联合结构的复合词。由两个在语义上相近、相对或相关的词根语素并列组合构成的复合词，如：

（6）国家　人民　功劳　房屋　河流　土地
　　分离　打闹　吃喝　爱护　叫喊　销售
　　美丽　富饶　勤劳　懒惰　宏大　渺小

第二，定中结构的复合词。前一个词根语素修饰或限制后一个名词性词根语素，如：

（7）汽车　白菜　牛肉　鸡蛋　工人　农民
　　飞机　存款　宿舍　跳棋　煎饼　跑鞋

第三，状中结构的复合词。前一个词根语素修饰或限制后一个动词性或形容词性词根语素，如：

（8）丰收　响应　忠告　公审　复印　鸟兽散

冰释　鼎立　瓦解　龟缩　蜂拥　蚕食

雪白　笔直　鲜红　银灰　潮红　蔚蓝

第四，述宾结构的复合词。前一个词根语素表示动作行为，后一个词根语素是前一语素支配或关涉的对象，如：

（9）将军　理事　管家　司机　监工　护工

提议　开幕　避难　雪耻　知己　合法

灰心　要强　得意　伤心　失望　露骨

第五，述补结构的复合词。后一个词根语素补充或说明前一个词根语素，如：

（10）放大　提高　改善　揭露　抓紧　拒绝

说服　证明　人口　房间　信件　花朵

船只　车辆

第六，主谓结构的复合词。前一个词根语素是陈述的对象，后一个词根语素陈述前一个语素，如：

（11）月亮　军用　民营　民办　国营　自治

政变　地震　雪崩　海啸　日食　腹泻

心疼　眼馋　气馁　内疚　肉麻　自信

虽说这些结构跟短语结构、句子结构都基本一致，但还是有区别，如“人口”、“房间”这类前一个表大类，后一个表量的结构在短语与句子中就基本没有。因此，华语构词与短语、句子结构既有很多一致的地方，也有少数不一致的地方，这是由语言规则的普遍性与特殊性所决定的。

◆语义构成

复合式合成词中不同词根语素在词中所实现的语义是有所不同的。因为由两个词根语素构成的合成词并不是两个词根语素义的简单相加，而是两个语素义整合为一个整体的词义。在整合过程中有的语素义得到保留，有的语素义消失或变化了。总的来说语素义与词义的关系大致有六类。

第一，基本等同型。词义与前后两个语素义都相近。词义基本上既可以用前一个语素义，也可以用后一语素义来表达，如：

（12）$a+b\approx a\approx b$

价值　途径（名）　关闭　治理（动）　美好　寒冷（形）

第二，基本前同型。词义与前一语素义基本一致。词义基本上可用前一语素义来表达，如：

（13）$a+b\approx a$

国家　质量（名）　忘记　离合（动）　顺利　白净（形）

第三，基本后同型。词义与后一语素义基本一致。词义基本上可用后一语素义来表达，如：

（14）$a+b\approx b$

得失　心志（名）　投降　相信（动）　干净　清静（形）

第四，基本无关型。词义与前后两个语素义基本无关。词义不是前后两个语素义的相加、相反、相对或相近，而是没有什么关系。词义基本上与前后两个语素义无关，如：

（15）$a+b\approx c$

血肉　领袖（名）　关心　动员（动）　方圆　横竖（形）

第五，词义溢出型。词义是在前后两个语素义相加基础上再溢出别的意义。词义除前后两个语素义的相加外，大多是要通过基本的语素义再联想、引申才能实现词义的完整理解，如：

（16）$a+b\approx ab+c$

心腹　心血（名）　响应　救火（动）　辛酸　甘苦（形）

第六，基本相加型。词义是前后两个语素义的相加。大多是前后两个语素义相加后就能基本涵盖词义了。词义基本上就是前后两个语素义的组合，如：

（17）$a+b\approx ab$

冰箱　气功（名）　游击　倾销（动）　火红　雪亮（形）

● 附加式

这一类词也是由两个语素构成。一个是表示主要意义的词根，另一个则是表示附加意义的词缀。这又分为三类。

第一，前加式。前加式就是词缀在前，词根在后，如：

（18）老：老鹰　老师　老舅　老乡　老婆　老张　老板
阿：阿三　阿婆　阿姨　阿哥　阿妹　阿斗　阿Q
第：第一　第二　第三　第十一　第一百二十三
初：初一　初二　初三　初四　初五　初六　初十

第二，后加式。后加式就是词根在前，词缀在后，如：

（19）子：缸子　桌子　椅子　位子　票子
儿：鸟儿　花儿　气儿　瓶儿　亮儿
头：馒头　罐头　来头　看头　听头
性：弹性　韧性　黏性　纪律性
者：记者　读者　老者　来者　始作俑者
化：绿化　沙化　同化　异化　荒漠化
巴：嘴巴　尾巴　哑巴　干巴　紧巴
然：茫然　猛然　突然　愕然　坦然

前缀与后缀都处于发展之中，有些词根正在向词缀发展，如：

（20）超：超自然　超导体　超豪华　超大型　超微型　超小型
族：追星族　打工族　月光族　赶考族　替身族　享受族

第三，中加式。中加式就是词根在前后而词缀在中间，如：

(21) 不：白不呲咧　黑不溜秋　红不棱登　花不棱登

滑不唧溜　灰不留丢　酸不留丢　酸不拉叽

里：花里胡哨　傻里傻气　啰里啰唆

• 重叠式

重叠式合成词由词根重叠而成。根据重叠的特点，还可以分为两类。

第一，AA式，如：

(22) 爷爷　奶奶　叔叔　娃娃　匆匆　层层　仅仅

例（22）是由两个词根语素重叠而成，因此是重叠式合成词。重叠的语素还可以跟别的词单独组合成其他词。这与叠音的单纯词不同，叠音单纯词是不能替换下来组合成别的词的，如：

(23) 爷爷：大爷　二爷　三爷　舅爷　叔爷

猩猩：＊猩猴　＊猩爷　＊猴猩　＊爷猩

例（23）“爷爷”是由两个语素构成的重叠式合成词，而“猩猩”则是由一个语素构成的重叠式单纯词。虽然有“猩红”一词，但这是特例且不能类推，因此“猩猩”只能是单纯词，不是合成词，这跟“爷爷”、“奶奶”等是不同的。

还有部分拟声词也能按一定的规则组合成合成词，如：

(24) 啦啦　哗哗　咚咚　隆隆　叽叽　咕咕　滴滴　答答　哇哇

哗啦　咚隆　叽咕　滴答　哇啦　噼啪　唧喳　叮当

例（24）中的拟声词也是合成词，因为拟声词可分成两部分。一部分是双音节的单纯词，不能拆开与别的语素构成新的拟声词；另一部分是双音节的合成词，能够拆开与别的语素构成新的拟声词。

第二，AABB式，如：

(25) 花花绿绿　形形色色　条条框框　婆婆妈妈

AA式重叠所构成的合成词的意义与单个语素的意义一样。这一点与叠音词不同。AABB式重叠所构成的合成词的意义不等于AB两个语素的意义。它们必须重叠起来才能组成一个词，如果不重叠起来，“花绿”、“形色”、“条框”、“婆妈”等根本不是词。这一点与形容词的重叠形式不同。

三、字、语素与词的关系

1. 字与语素基本相同

汉字是一目了然的，不用区分。华语就一般情况而言，一个汉字就是一个语素。只有四种情况例外，即“联绵词”、“叠音的单纯词”、“拟声词”和“音译外来词”。

汉字与词的关系：一个汉字构成的词只能是成词语素的单音节的单纯词；两个或三个

汉字构成的词，除了联绵词、叠音词、拟声词和音译外来词四种情况以外，都是合成词。

判断一段文字有多少个语素，一般采用“排除法”，即先假定是一个汉字一个语素，然后再排除其中的四种例外，如：

（26）我曾以博物学者的资格参加贝格尔号巡洋舰的环球远航，在南美洲看到的关于生物的地理分布和现存生物与古生物在地质上的关系，给了我很深刻的印象。

例（26）有65个字，先假定有65个语素。要排除的四种例外中，只考虑音译的外来词，只有1个“贝格尔”，是1个语素，那么这句话共有65－3＋1＝63个语素。

这63个词素根据最小的、自由运用的标准来判断又构成38个词，如：

（27）我（代）　曾（副）　以（介）　博物学者（名）　的（助）
资格（名）　参加（动）　贝格尔号巡洋舰（专有名）　的（助）
环（动）　球（名）　远航（动）　在（介）　南美洲（名）
看到（动）　的（助）　关于（介）　生物（名）　的（助）
地理（名）　分布（动）　和（连）　现存（动）　生物（名）
与（连）　古生物（名）　在（介）　地质（名）　上（名）　的（助）
关系（名）　给（动）　了（助）　我（代）　很（副）　深刻（形）
的（助）　印象（名）

例（27）统计出这段一共有38个词。由一个汉字构成的词有20个；两个汉字构成的词有14个；三个汉字构成的词有2个；四个汉字构成的词有1个；七个汉字构成的词有1个。一共有38个词，因此汉字与词无直接联系，只与语素有直接联系。

2. 一些比较特殊的词

第一，离合词。这类词的用法比较特殊。总的说来，它从词义上看是一个词，但用法则更像一个短语。中间经常能插入其他成分，而且不能带宾语。现在一般的看法是，合起来用就是词，分开来用就是短语，如：

（28）帮忙：帮个忙　帮了忙　帮过忙　帮一下忙　＊帮忙他
结婚：结个婚　结了婚　结过婚　结一次婚　＊结婚他
见面：见个面　见了面　见过面　见一次面　＊见面他

类似的还有“过瘾、成家、出力、喘气、道歉、见面、做寿、招手、唱歌、照相、谈话、让座、争光、受伤、带路、抬头、打工、带头、开会、操心、点头、请假、跑步、做操、打拳、洗澡、散步、聊天、跳舞、离婚、生病、撑腰、睡觉、争气、看病、骑马、认错、刷牙、跳绳、洗脸、起床、录音、游泳、住院、超车、打仗、当兵、坏事、理发、吹牛、考试、鼓掌、毕业、发烧、生气、吵架、放假、养伤、办事、出国、下雨、下雪、上课、保密”等。

第二，短语词。这类词从意义上看是一个词，从结构上看像一个短语，在理论上能够拆开来像短语一样使用，但在实际运用中使用母语者没有人将其拆开来用，如：

（29）鸡蛋：鸡的蛋　买了一斤鸡蛋　＊买了一斤鸡的蛋

牛肉：牛的肉　买了几斤牛肉　＊买了几斤牛的肉
小风：小的风　刮了一阵小风　＊刮了一阵小的风
打倒：打得倒　打不倒　＊敌人被打得很倒
推翻：推得翻　推不翻　＊决议被推得很翻

通过上面的比较可以看出来，虽说是短语词，但实际上这类词与短语相比还是有很大的差异，如：

(30) 打倒：打得倒　打不倒　＊打得倒倒的
打好：打得好　打不好　打得好好的
推翻：推得翻　推不翻　＊推得翻翻的
推好：推得好　推不好　推得好好的

通过例（30）的比较得知，“打倒”是词而“打好”是短语；“推翻”是词而“推好”是短语。虽然能否扩展是区分词和短语的一个重要标准，但不是唯一标准，区分词与短语要以语言的实际应用为基础。这就是要尊重语言运用的实际情况，要尊重一般人的语感。尽管如此，词与短语还是有办法来区分的，如进行重叠、替换或是对比等都对区分词与短语有一定的启发。

3. 存在的一些问题

● 独立使用与独立回答问题

独立使用与独立回答问题是不一样的。独立使用是能够独立地用或与别的词搭配运用，独立回答问题则是一个词构成一个回答问句的句子。所以，独立使用既可以出现在问句中，也可以出现在答句中，但独立回答问题只能出现在答句中，如：

(31) A：谁？　　B：我！
(32) A：能参加旅游吗？　　B：能。
(33) B：最好现在就报名。　　B：好！
(34) B：你是几个人？　　B：俩。

例（31）“谁”是独立使用，“我”既是独立使用也是独立回答问题。例（32）“能”在问句中是独立使用，在答句中是独立回答问题。例（33）“好”在答句中是独立使用也是独立回答问题。例（34）“俩”是独立使用，也是独立回答问题。

从上面的使用情况可以看出，词在句子中独立使用是常见现象，而独立回答问题则比较少见，这表明能独立回答问题的词其独立性更强，单独成句的机会更多。

● 实词与虚词

词可分为实词和虚词两大类。实词表示实在的意义，能够作短语或句子的成分，能够独立成句。实词包括名词、动词、形容词、数词、量词、代词、区别词。如：

(35) 一位很高大的老师跟几个很小的学生在讨论语法作业。

例（35）中的“老师”、“学生”、“语法”、“作业”是名词；“讨论”是动词；“高大”、“小”是形容词；“一”、“几”是数词；“位”、“个”是量词，这些都是实词。“很”、“在”是副词，也可以作为句子成分，是实词；“的”是助词；“跟”是介词，这些都是虚词。

一般来说，虚词没有像实词一样实在的意义，一般不作短语或句子的成分，只有副词比较特殊，有的副词意义比较实，也可以作状语，但总的说来不能跟名词、动词和形容词相提并论。

虚词的基本用途是表示某种语法关系，虚词包括介词、连词、助词和语气词。叹词和拟声词有某些表达作用，但是没有实在意义，也属于虚词。虚词可以用来组成短语和句子，如：

(36) 买的书　小王被小李批评了。　小王把小李批评了。

例（36）“的”插在动词“买”与名词“书”的中间，使一个述宾短语“买书”变成了一个偏正短语“买的书”。在这个短语中，助词“的”的作用很大，改变了短语的结构关系：由“述宾”变成了“偏正”。“被”在“小王被小李批评了”中有构成句子的作用，如果不用“被”则整个组合不能接受；同时有标明施事和受事的作用，即能使人明白“小王”是受事，是被批评的对象，而“小李”是施事，是批评小王的人。“把”在“小王把小李批评了”中有构成句子的作用，如果不用“把”则整个组合不能接受；同时标明施事是“小王”而受事是“小李”，从而确定这是一个表示处置、强调结果的组合。

四、词和短语的区分

由于华语里的复合词和短语的构造方式基本一致，因此词和短语的界限有时不好分辨，如“白菜”和“白布”，前面一个是词，后面一个是短语，它们的结构方式相同，都是偏正式，没有任何外在的形式标志可供辨认。

区分复合词和短语，可以从三个方面着手：

1. 看有无不成词语素

语素分为成词语素（如人、手）、半成词语素（如言、宣）和不成词语素（如老~、~子）三种。后两种也合称为不自由语素或粘着语素。所以，短语的直接组成成分一定是成词语素，而词的直接组成成分既可以是成词语素，也可以是不成词语素，如：

(37) 桌子　美化　老师（不成词语素）
　　语言　医生　学者（半成词语素）
　　小草　国家　大海（成词语素）

例（37）中的“桌子、美化、老师”与“语言、医生、学者”中都含有不自由语素。含有不成词语素的一般是词，不过，不能推导说，组成成分都是成词语素的就一定是短语。例（37）中的“小草、国家、大海”中的两个语素分开看都是成词语素，但有的是词，有的是短语。这就需要考察它们的定义和其他条件。

另外，“~热、~者、~论、~族”等都是不成词语素，当其前边是一个或两个语素时，我们一般认为其是词，但当这些语素前面再有相应的其他成分时，组成五音节、六音节甚至七八音节的组合时，就很难看成词了，如：

(38) 旅游热　国外旅游热
　　传销者　热衷于搞传销者
　　阶段论　社会主义初级阶段论
　　种菜族　周末市郊租农田种菜族

例（38）表明，词与短语之间的区别，除了有语义上的标准外，形式上字数的多少也起着重要作用。

由于华语的词是双音节占优势，所以词与短语在人们的心理上也有一定的认知倾向：词是不太长的有独立意义的语法单位。

2. 看有无整体意义

词义往往是固定的，不是字面意义的简单相加；而短语是在语言中临时组合的，意义一般是组成成分意义的总和，如：

(39) 黑板　黑布　大海　大山　吃香　吃梨

例（39）词“黑板”不是“黑色的板”而是“用木头或玻璃等制成的可以在上面用粉笔写字的黑色平板”；短语“黑布”就是“黑色的布”。词“大海”不是“大的海”而是“大洋靠近陆地的部分”；短语“大山”就是“巨大的山”。词“吃香”不是“吃有香味的食物”而是“受欢迎”；短语“吃梨”就是“吃下梨子”。

因此，当两个语素组合所表示的词语义为“a + b = c”时，大多是词；而当语义为“a + b = a + b”时，就有可能是短语。

3. 看能否扩展

因为词是有整体意义的，所以其中不能插入其他成分；而短语的组合是临时性的，内部的结构比较松散，当中可以插入其他的成分，但要求不改变原组合的基本意义，如：

(40) 大小　大和小　善良　*善和良
　　桌椅　桌和椅　窗户　*窗和户
　　借钱　借了钱　关心　*关了心

例（40）表明，如果两个语素的组合在插入连词后意义基本不变，并且读起来比较自然，大多是短语。如果不能插入连词或插入后意义发生了改变，并且读起来不自然的，就是词。

用这三个方面的标准，基本上可以把词和短语区分开。至于离合词，如“洗澡、离婚、理发”等，在运用过程中有整体意义且没有分开时是词，分开运用且没有整体意义时就是短语。

五、句子与词、短语的关系

句子与词、短语的区别不在于长短，也不在于表意复杂与否，因为一个句子可能短到只有一个词，而一个短语至少包含两个词。从结构上说，句子和短语、词既是包含与被包含的关系，有时也是相等的关系，所以，句子都可以看成是一个加上了语调的短语或词。

华语中短语在句法上的地位很重要。短语是处在词和句子之间的一级语法单位，词、短语和句子具有结构上的一致性，在语法学习中，如果对短语一级理解得比较透彻，学习词和句子的结构基本上没有多大的问题。另一方面，充当句子成分的大多是短语而不是词，因为词单独作句子成分往往受到限制，如：

(41) 吃饱了饭＝（吃＋饱了）＋饭≠吃＋（饱了＋饭）

打破了杯子＝（打＋破了）＋杯子≠打＋（破了＋杯子）

很有才＝很（有＋才）≠（很＋有）＋才

很解决问题＝很＋（解决＋问题）≠（很＋解决）＋问题

例（41）“吃饱了饭”、“打破了杯子”都是述补短语再带宾语，而不是动词直接带宾语。“很有才”、“很解决问题”都是状语修饰述宾短语，而不是状中短语再带宾语。

因此，在分析句子时，把短语作为句子的基本组合单位，可以简化分析程序，便于看清句子结构。由于短语这一级语法单位在华语中具有特别重要的作用，因此有人认为华语是短语本位的语法。这一看法在语法教学中，特别是中小学语法教学中得到了充分的印证。

思考与练习

1. 词属于哪一级语法单位，有哪些特点？

2. 按照词的构成知识回答问题。

(1)“小王买了一个开关”中联合结构的词是（　）。

A. 小王　B. 一个　C. 买了　D. 开关

(2)“他们坐火车去广州”中定中结构的词是（　）。

A. 他们　B. 坐火车　C. 火车　D. 广州

(3)“这一款手机非常畅销”中状中结构的词是（　）。

A. 一款　B. 手机　C. 非常　D. 畅销

(4)“关心儿童是我们的责任”中述宾结构的词是（　）。

A. 关心　B. 儿童　C. 我们　D. 责任

（5）“一定要推翻这一方案”中述补结构的词是（　）。

A. 一定　B. 推翻　C. 这一　D. 方案

（6）“他们对考试结果很自信”中主谓结构的词是（　）。

A. 他们　B. 考试　C. 结果　D. 自信

3. 根据词义与语素义的知识，回答问题。

（1）属于“a + b = a = b”语义的词是（　）。

A. 关闭　B. 关心　C. 关于　D. 关系

（2）属于“a + b = a”语义的词是（　）。

A. 家具　B. 家族　C. 家教　D. 家庭

（3）属于“a + b = b”语义的词是（　）。

A. 清理　B. 清洁　C. 清茶　D. 清还

（4）属于“a + b = c”语义的词是（　）。

A. 江山　B. 江水　C. 江河　D. 江边

（5）属于“a + b = ab”语义的词是（　）。

A. 海报　B. 海江　C. 海洋　D. 海边

（6）属于“a + b = ab + c”语义的词是（　）。

A. 救火　B. 救人　C. 救济　D. 救治

4. 根据相关知识回答问题。

（1）多义词是（　）。

A. 吵架　B. 吵闹　C. 吵嘴　D. 吵吵

（2）单义词是（　）。

A. 成本　B. 成长　C. 成分　D. 成就

（3）有两个语素的词是（　）。

A. 马达　B. 马虎　C. 马糊　D. 马路

（4）重叠合成词有（　）。

A. 去去　B. 妈妈　C. 猩猩　D. 狒狒

（5）叠音单纯词有（　）。

A. 姐姐　B. 舅舅　C. 哥哥　D. 姥姥

5. 填上恰当的词构成句子。

（1）（　）有一个美好的愿望。

A. 青春　B. 大哥　C. 地方　D. 未来

（2）他们的成绩非常（　）。

A. 优秀　B. 美丽　C. 干净　D. 清楚

（3）我（　）好了车。

A. 修理　B. 修养　C. 修整　D. 修习

（4）我（　）考完了。

A. 已有　B. 已经　C. 已然　D. 已将

（5）事情做成（　）就算了？

A. 这个　B. 这人　C. 这样　D. 这边

第四节　短　语

一、短语的构成与类型

短语又叫词组，是词与词按照一定的语法语义规则组合起来的语法单位。短语是造句的单位，如：

（1）我们班的同学大部分来自东南亚

例（1）有“我们、班、的、同学、大、部分、来自、东南亚”八个词，构成一个谓语短语。这一短语又由更小的短语构成，如：

（2）我们班的同学　大部分来自东南亚　来自东南亚

例（2）中有三个短语：偏正短语“我们班的同学”、主谓短语“大部分来自东南亚”、述补短语“来自东南亚”。先由述补短语“来自东南亚”与“大部分”组合成主谓短语“大部分来自东南亚”，再由这个主谓短语跟偏正短语“我们班的同学”组合成更大的主谓短语“我们班的同学大部分来自东南亚”。于是这三个短语就构成了一个主谓短语。

因此，一个复杂的短语是由多个词或简单的短语与词或几个短语构成的。

短语就是两个或两个以上的在句法和语义上都能搭配的词的组合，即词与词组合起来成为短语。

二、短语的类型

短语根据不同词的功能组合起来就构成不同的类型，如：

（3）联合短语：学生和家长　讨论并通过　美丽丰满
　　定中短语：学生的家长　书的出版　买来的书
　　状中短语：努力学习　非常丰富　在北京结婚
　　述宾短语：学习华文　进行研究　爱好游泳
　　述补短语：学得很好　漂亮得很　生在广州
　　主谓短语：公司开业　我们工作　汽车先进
　　连谓短语：上街买菜　开门出去　刷卡加油
　　兼语短语：请他们来　叫班长去　通知老师参加
　　方位结构：桌子上　操场东面　大楼西边
　　介宾结构：从广州　在2011年　对于这件事

的字结构：开车的　学华文的　看热闹的

所字结构：所知道　所懂得　所见

三、短语的语法层次

短语不是杂乱无章组合在一起的而是有层次的，短语的层次反映了语言的层次，如：

（4）我们都做完了语法作业

例（4）是主谓短语，这一短语不是几个词随意排列在一起的，而是有严格的层次的，其层次如下：

（5）语法＋作业＝语法作业（第五层次）

做＋完＋了＝做完了（第四层次）

做完了＋语法作业＝做完了语法作业（第三层次）

都＋做完了语法作业＝都做完了语法作业（第二层次）

整个短语有层次，第一层次就是主谓结构，如：

（6）我们＋都做完了语法作业＝我们都做完了语法作业

所以短语是有功能的，短语的构成是有层次的。短语的层次是结构语义语言学派最为重要的贡献，后来的层次分析法也就是结构主义最重要的分析句子的方法。

四、短语的功能

短语的功能基本上与构成短语的中心词功能一致，如：

（7）我们班的同学从东南亚来

例（7）由短语"我们班的同学"和"从东南亚来"构成。其中偏正短语"我们班的同学"的中心语是名词"同学"；偏正短语"从东南亚来"的中心语是动词"来"。因此这两个短语的功能是不同的：偏正短语"我们班的同学"的整体功能就跟名词"同学"的功能一样，是名词性的。而偏正短语"从东南亚来"的整体功能就跟动词"来"的功能一样，是动词性的。

思考与练习

1. 短语属于哪一级语法单位，有哪些特点？

2. 联合、定中、状中、述宾短语都有的是（　）。

（1）爸爸妈妈　爸爸的妈妈　好好对待　天天向上

（2）桌子椅子　桌子的上面　学习华文　努力学习

（3）来到中国　购买房子　开设的公司　开设公司
（4）青春美丽　青春活力　青春年少　青春少年
（5）讨论通过　讨论的事　马上讨论　讨论问题

3. 状中、述宾、述补、主谓短语都有的是（　）。

（1）自觉学习　努力工作　美好理想　说到做到
（2）非常努力　修理汽车　修理得好　汽车开了
（3）没有办法　购买商品　开发产品　无论如何
（4）是我是你　考试完了　已有成就　机场繁忙
（5）开心玩乐　玩游戏　玩得好　疯玩不好

4. 指出短语的层次。

（1）属于第一层次的短语是（　）。
A. 我昨天通知错了他们　B. 通知错了他们　C. 通知错了
（2）属于第二层次的短语是（　）。
A. 我昨天通知错了他们　B. 通知错了他们　C. 通知错了
（3）属于第三层次的短语是（　）。
A. 我昨天通知错了他们　B. 通知错了他们　C. 通知错了
（4）属于第二层次的短语是（　）。
A. 老王的一张很好的画　B. 一张很好的画　C. 很好的画
（5）属于第三层次的短语是（　）。
A. 在教室跟他一起看书　B. 跟他一起看书　C. 一起看书

5. 根据相关知识判断短语的功能。

（1）自觉学习（　）
A. 名词　B. 动词　C. 形容词　D. 副词
（2）美好愿望（　）
A. 名词　B. 动词　C. 形容词　D. 副词
（3）非常美好（　）
A. 名词　B. 动词　C. 形容词　D. 副词
（4）对于北京（　）
A. 名词　B. 动词　C. 形容词　D. 副词
（5）三斤（　）
A. 名词　B. 动词　C. 形容词　D. 副词

第五节 句子与句群

一、句子的构成

（一）句子的特点

句子是能表达完整的意思，前后有较大的停顿，有一定语调的语言单位。句子是语言运用的最小单位，我们在交际中运用的就是一个个的句子，如：

（1）谁？ （2）走！ （3）好！

（4）你们一定不要过高估计自己的力量。

例（1）由一个单音节代词“谁”构成一个疑问句。例（2）由一个单音节动词“走”构成一个祈使句。例（3）由一个单音节形容词“好”构成感叹句。例（4）由九个词构成一个陈述句，这个陈述句去掉语气语调后就是一个主谓短语“你们一定不要过高估计自己的力量”。这个主谓短语由四个短语构成，如：

（5）自己＋的＋力量＝自己的力量

过高＋估计＝过高估计

过高估计＋自己的力量＝过高估计自己的力量（短语1）

不＋要＝不要

不要＋过高估计自己的力量＝不要过高估计自己的力量（短语2）

一定＋不要过高估计自己的力量＝一定不要过高估计自己的力量（短语3）

你们＋一定不要过高估计自己的力量＝你们一定不要过高估计自己的力量（短语4）

你们一定不要过高估计自己的力量＋（陈述语气）。＝你们一定不要过高估计自己的力量。

这个句子就是一步步由词组成简单短语，由简单短语组成复杂短语，由复杂短语最后加上语气构成句子。

（二）句子的种类

句子除了可以从结构上分类以外，还能从语气上分类。句子的语气分类叫句类。人类语言的句类只有四类，如：

（6）小王去了中国。

（7）小王去了中国吗？

（8）小王你去中国吧。

（9）哇！小王去中国太好啦！

例（6）是在告诉人们一件事情，提供别人不知道的新信息，是陈述句。例（7）是在提出问题，打听小王的行踪，不提供任何新信息，是疑问句。例（8）是在叫小王去做什么，是针对小王发出指令，提供针对小王的新信息，是祈使句。例（9）针对小王，发出自己的感叹，抒发内心的情感，这些情感抒发主要面向自己，这是感叹句。

这四类句子是人类所有语言都有的，也是人们在交际中经常会用到的。人们常说语言是交际工具，是传递信息的工具，是文化的载体。这些工具性、载体功能在很大程度上是通过句子来实现的。因为只有句子才能将词语的意义与结构的意义整合起来，与现实语境挂上钩，实现语言的纽带作用，体现语言的工具性。

二、句群

（一）定义

句群是由两个或两个以上的句子围绕一个语义中心构成的单位。句子和句子连接起来，就构成了句群。

（二）句群的构成

句群是由句子构成的，构成句群的句子可以是两个，也可以不止两个，如：

（10）真理是相对的，有时是绝对的，是相对真理和绝对真理的辩证统一。夸大某一方面，否定另一方面，都是片面的、形而上学的，因而是错误的。

例（10）由两个句子构成，第一句说“真理”如何，第二句说“（如果我们）夸大……”会如何，构成一个句群，叙述“对真理的科学态度”。

这是一个最简单的句群，构成句群的句子只有两个：一个是从正面陈述真理的相对性与绝对性；一个是从反面论证对待真理的错误态度。同时这也是一个论证句群，论证真理的两面性与对真理的科学态度。

（11）一个爱吃喝、终日无所事事的富翁，肥胖得行动不便。他去找医生，问有什么药能治他这种不是病的“病”。医生马上就回答说：“你要坚持每天只花六便士，而这六便士是靠自己挣来的。”（《笑话连篇》）

例（11）是由三个句子组成的一个句群，第一句说“富翁”如何，第二句说“他”找医生干什么，第三句说“医生”如何回答，整个句群叙述了“对待肥胖的方法”。

这也是一个比较简单的句群，构成句群的句子有三个：第一个句子是说富翁的身材胖；第二个句子是说富翁因为胖而去看医生；第三个句子是说医生给富翁的建议。这是一个叙事句群，叙述富翁遇到的难题与去解决难题所得到的结果。

（12）最使我难忘的，是我的女老师蔡芸芝先生。她是我的二年级、三年级和四年级前一学期的教师。现在回想起来，她那时有十八九岁。右嘴角边有榆钱大小一块黑痣。在我的记忆里，她是一个温柔而美丽的人。（魏巍《我的老师》）

例（12）一共有五个句子，构成一个句群。第一句“最使我难忘的，是我的女老师蔡芸芝先生”是全句的引领句，也是介绍“我的老师蔡芸芝先生”，在当时“先生”就指“老师”。第二句“她是我的二年级、三年级和四年级前一学期的教师”说明她是什么时候的老师，因为人的一生中会有很多老师，这就明确了“蔡老师”作为我老师的时间及我与她交往的年代等。第三句“现在回想起来，她那时有十八九岁”介绍蔡老师的年龄，这只是通过回忆想起来的年龄，或有一定误差，但可以肯定她那时是青春年少。第四句“右嘴角边有榆钱大小一块黑痣”是介绍蔡老师的特点，嘴角有黑痣。嘴角的黑痣应该是不小的，因为有“榆钱大小一块”，很多年过去了，其他特征可能已经忘记了，但黑痣至今还记得，因此这是一个很明显的特征。第五句“在我的记忆里，她是一个温柔而美丽的人”是整个句群的中心，点明我对蔡老师的最终印象“温柔而美丽”。十八九岁的青春少女温柔而美丽，这就是我回想起来的、记忆中的、最使我难忘的老师。

这是一个比较复杂的句群，叙述在我的记忆里，“我的老师”是一个什么样的人。第一句讲人物姓名职业；第二句讲任教时间；第三句讲老师的年龄，为下面的“温柔而美丽”埋下伏笔；第四句讲我记忆中老师的特征，连难看的黑疤都成了无关紧要的“黑痣”，说明在我心目中老师真是“美丽的”；第五句是对老师的评价“她是一个温柔而美丽的人”。这是一个叙述句群，以“我的老师是一个温柔而美丽的人”为中心进行叙述。

思考与练习

1. 句子与句群属于哪一级语法单位，有哪些特点？

2. 判断哪些是句子哪些不是句子。

（1）A. 谁？　B. 我！

（2）A. 北京——北京队　B. 北京队——北京足球队！

（3）A. 购买　购买房子　B. 购买这儿的房子？

（4）A. 下午请你去　B. 下午请你去一下。

（5）A. 请你别动我的。　B. 你别动！

3. 属于陈述句的是（　）。

（1）永远不要去呀！

（2）要努力学习才好吗？

（3）没有办法只有自己开个公司了。

（4）你赶快去看看你们家！

（5）我很想知道你去不去。

4. **属于句群的是（　）。**

（1）东南亚国家联盟，简称东盟（Association of Southeast Asian Nations, ASEAN），东盟的前身是马来亚（今称马来西亚）、菲律宾和泰国于1961年7月31日在曼谷成立的东南亚联盟。

（2）1967年8月7—8日，印度尼西亚、泰国、新加坡、菲律宾四国外长和马来西亚副总理在曼谷举行会议，发表了《曼谷宣言》，正式宣告东南亚国家联盟成立，东南亚国家联盟成为政府间、区域性、一般性的国家组织；1967年8月28—29日，马、泰、菲三国在吉隆坡举行部长级会议，决定由东南亚国家联盟取代东南亚联盟。

（3）东南亚国家联盟，简称东盟（Association of Southeast Asian Nations, ASEAN）。东盟的前身是马来亚（今称马来西亚）、菲律宾和泰国于1961年7月31日在曼谷成立的东南亚联盟。1967年8月7—8日，印度尼西亚、泰国、新加坡、菲律宾四国外长和马来西亚副总理在曼谷举行会议，发表了《曼谷宣言》，正式宣告东南亚国家联盟成立。东南亚国家联盟成为政府间、区域性、一般性的国家组织。1967年8月28—29日，马、泰、菲三国在吉隆坡举行部长级会议，决定由东南亚国家联盟取代东南亚联盟。

（4）人的一生要过得有意义，就要有自己的理想。有理想就得有知识，有知识就得学习。学习不只是青年人和小孩的事，学习是一个人一辈子的事。

（5）我们爱自然，爱和平。我们也爱学习知识和保护人类的遗产。

第六节　语法单位间的关系

一、组成关系

（一）语素组成词

华语的语法单位之间的关系有两种，一是组成关系，二是构成关系。语素与词之间是组成关系，语素与语素组成词，比较特殊的情况是一个语素组成一个词，单纯词就是由一个语素组成的，如：

（1）她爱诗，并且爱用歌唱的音调教我们读诗。直到现在我还记得她读诗的音调，还能背诵她教我们的诗……

例（1）中的词有"她、爱、诗、并且、用、歌唱、的、音调、教、我们、读、直、到、现在、我、还、记得、能、背诵"。

其中的单纯词有"她、爱、诗、用、的、教、直、到、读、我、还、能"，合成词有"并且、歌唱、音调、我们、现在、记得、背诵"。

合成词由于是由两个或两个以上的语素构成的，词的内部有结构关系，如：

（2）并且（联合）　歌唱（联合）

例（2）"并且"是联合关系，指语素"并"与语素"且"在词中的结构关系是并列的，没有主次之分；因为"并"就是"且"，"且"就是"并"。现在还有"讨论并通过"与"讨论且通过"的说法，二者意思完全一样。因此"并且"是联合结构。

"歌唱"中"歌"与"唱"的结构关系也是并列的，也没有主次之分，因为"歌"就是"唱"，"唱"就是"歌"，现在还有"高歌一曲"与"高唱一曲"的说法，其中"歌"与"唱"的意思相同，语法功能相同，句法位置相同。因此"歌唱"是联合关系。

（3）音调（偏正）　现在（偏正）　背诵（偏正）

例（3）"音调"指"说话、读书的腔调"，是偏正关系，因为这是由"～调"模式类推而来的，除了"音调"外，还有"小调、老调、字调、色调、曲调、声调、步调、语调、笔调、格调、高调、基调、情调、腔调、咏叹调"等。例（3）的"现在"指"这个时候，说话的时候"，是偏正关系，因为这是由"～在"模式类推而来的，除了"现在"外，还有"内在、外在、正在、存在、所在、实在、健在、潜在"。例（3）的"背诵"指"不看原文凭记忆而念出读过的文字的读书方法"，是偏正关系，因为这是由“～诵”模式类推而来的，除了“背诵”外，还有“朗诵、吟诵、默诵”等。

(4) 我们（附加）

例（4）“我们”指“称包括自己在内的若干人”，是附加关系，因为这是由“～们”模式类推而来的，除了“我们”外，还有“人们、他们、你们、老师们、同学们、孩子们、家长们”等。

(5) 记得（补充）

例（5）“记得”指“想得起来；没有忘掉”，是补充关系，因为这是由“～得”模式类推而来的，除了“记得”外，还有“认得、见得、来得、舍得、免得、省得、显得、觉得、值得、晓得、落得、懂得、懒得”等。

（二）词或短语构成句子

句子与词和短语的关系不是组成关系，而是构成关系，构成的关键就是看有没有语气语调。如果有就是句子，在书面上分别用句号“。”、问号“?”和感叹号“!”构成。没有就不是句子。

(6) 郭大刚：后来拍广告去，人家劝我，你，你演不了电视剧，一跟着好几个月，就混饭吃，不挣钱哪，全中国你数数，挣钱的就这几个人，不要以为干影视都挣钱，糊涂！

(7) 王小英：对。

例（6）郭大刚说的话有10个逗号，1个感叹号，共11个小句，但只是一句话。例（7）只有一个词“对”，也是一句话。

这表明当词或短语加上了语气语调就构成了句子。词或短语跟句子的关系是构成关系。因为句子的构成只与语气语调有关而与词的多少无关。

二、句子成分变化

句子成分原来只有六个：主语、谓语、宾语、定语、状语、补语。现在由六个增加为八个，除主语、谓语、宾语、定语、状语、补语不变外，增加了述语和中心语。这是为了适应层次分析，句子成分是两两相对的，增加两个成分之后就能将句子成分对应起来，变成五对直接成分，如：

(8)（我们班的）同学 || ［都］换〈好〉了（新）校服。

定语＋主语中心语＋状语＋述语＋补语＋定语＋宾语

另外还有独立语。独立语不是句子成分，只是句子中在意义表达上必需而在结构上不与句子其他成分发生结构关系的成分，如：

(9) 小王，你好！

称呼语，主语＋谓语

(10) 说实话，我很喜欢学华文。

插入语，主语 + 述语 + 宾语

(11) 这天气，看样子，又要下雨了。

主语，插入语，状语 + 谓语

例（9）表称呼的称呼语“小王”，例（10）表语气的插入语“说实话”，例（11）表判断的插入语“看样子”，这三个成分都独立于句子成分之外，都是独立语。

由此可见，独立语在句子中表称呼、语气、判断等义，而不是句子成分的成分，也不是句子成分。

句子成分有层次。第一层级：主语、谓语。第二层级：述语、宾语、定语、状语、补语。中心语是主、谓、宾内部的成分。

这一层次与人们应用句子时的表达密切相关，如：

(12) 我们这个班的同学 || 都做完了语法作业。

主语 + 谓语

(13) （我们这个班的）同学

定语 + 中心语

(14) 我们 = 这个班

同位

(15) （这个）班

定语 + 中心语

(16) [都] 做完了语法作业

状语 + 中心语

(17) 做完了 | 语法作业

述语 + 宾语

(18) 做〈完了〉

述语 + 补语

(19) （语法）作业

定语 + 中心语

从例（12）到例（19）的分析可以看出华语句子结构的层次性和句子成分的对应性。

三、成分对应

（一）句子的八大成分

主语、谓语、述语、宾语、定语、状语、补语和中心语是华语句子的八大成分。它们在句子中分别扮演不同的角色，有不同的语法意义。

主语是句中谓语陈述的对象，回答谁、什么等问题。

谓语是句子中陈述主语的部分，回答怎么样、是什么等问题，如：

(20) 小王 || 已经走了。

(21) 东西 || 已经搬走了。

例（20）主语是“小王”，说的是“～已经走了。”可以回答“谁走了”的提问。例（21）主语是“东西”，说的是“～已经搬走了。”可以回答“什么搬走了”的提问。

例（20）谓语是“已经走了”，说的是“小王～。”可以回答“小王怎么样了”的提问。例（21）谓语是“已经搬走了”，说的是“东西～。”可以回答“东西怎么样了”的提问。

述语由及物动词构成，表示动作行为，一般要直接涉及句子中的宾语，回答怎么、如何等问题，如：

(22) 小王已经去了 | 中国。

(23) 产品已经运到 | 中国了。

例（22）述语是“去”，说的是“小王～了中国。”可以回答“小王怎么样了中国”的提问。例（23）述语是“运到”，说的是“产品～中国了。”可以回答“产品怎么样中国了”的提问。

宾语是句中述语直接涉及的对象，表示对象、受事、结果、处所等，有的甚至还可以是施事、当事等，一般回答什么、谁等问题，如例（22）的“中国”、例（23）的“中国”是宾语，回答“小王去了哪里”、“产品已经运到哪里了”。

定语是修饰或限制名词性中心语的成分，表示人、事或物存在的时间、地点、状态、数量、原因等，一般回答怎样、如何、多少等问题，如：

(24) 聪明的小王已经去了中国。

(25) 出口的产品已经运到中国了。

例（24）定语“聪明”，说的是“～小王已经去了中国。”可以回答“怎样的小王已经去了中国”的提问。例（25）定语是“出口”，说的是“～产品已经运到中国了。”可以回答“什么产品已经运到了中国”的提问。

状语是修饰或限制动词、形容词词性中心语的成分，表示动作行为发生或状态存在的时间、地点、状态、方式、目的等，一般回答何时、何地、何态、何种方式或目的等问题，如：

(26) 聪明的小王刚刚去了中国。

(27) 出口的产品刚刚运到中国。

例（26）状语“刚刚”，说的是“聪明的小王～去了中国。”可以回答“聪明的小王何时去了中国”的提问。例（27）状语是“刚刚”，说的是“出口的产品～运到了中国。”可以回答“出口的产品何时运到了中国”的提问。

补语是补充或说明述语的成分，表示动作行为的结果、趋向、程度、可能、时间、处所等，一般回答什么结果、什么趋向、何种程度、什么时间、什么地方等，如：

(28) 小王看电影看得非常高兴。

(29) 出口的产品做得非常好。

例 (28) 补语"非常高兴"，是说"小王看电影看得～。"可以回答"小王看电影看得如何"的提问。例 (29) 补语是"非常好"，是说"出口的产品做得～。"可以回答"出口的产品做得如何"的提问。

中心语是相对修饰语而言。名词性成分的修饰语是定语；动词、形容词性词语的修饰语是状语，如：

(30) 小王已经看完了电影。

(31) 出口的产品做得非常好。

例 (30) 中心语是述补短语"看完"，中心语前面的修饰成分是状语，说的是"小王已经～了电影。"可以回答"小王已经如何了电影"的提问。例 (31) 中心语是名词"产品"，中心语前面的修饰成分是定语，说的是"～的产品做得非常好。"可以回答"什么产品做得非常好"的提问。

(二) 五对对应关系

这八大成分可以构成五组直接对应的关系，这些关系体现在句子中就形成五对句子成分，如：

(32) 小王休息了。　主语 ⟷ 谓语

(小王) 学习华语语法。　述语 ⟷ 宾语

(小王学习) 华语语法。　定语 ⟷ 中心语

(小王) 认真学习。　状语 ⟷ 中心语

(小王) 学习得很认真。　述语 ⟷ 补语

可归纳为：

主语 ⟷ 谓语

述语 ⟷ 宾语

定语 ⟷ 中心语

状语 ⟷ 中心语

述语 ⟷ 补语

这五对对应关系表现在句子成分中就是五对对应的句子成分。要说明一下的是"谓语"是针对主语而言的，一个句子除了主语就是谓语，除了谓语就是主语，因此述语、宾语、定语、状语、中心语等都是谓语内部的成分。当然，述语、宾语、定语、状语、中心语也可以是主语内部的成分，如：

(33)（三班的）同学||［都］换〈好〉了（新）校服|| 很好。

主语 + 谓语

例（33）主语是“三班的同学都换上了新校服”，其中主、谓、述、中心语、宾、定、状、补都有。谓语“很好”只有状语和中心语。

(34) 我||知道（三班的）同学||［都］换〈好〉了（新）校服。

主语 + 谓语

例（34）主语是“我”，谓语是“知道三班的同学都换好了新校服”，述语是“知道”，宾语是“三班的同学都换好了新校服”，这里面主、谓、述、中心语、宾、定、状、补都有。主语只有一个代词“我”。

因此从宏观上看，句子成分的对应是全面的，从微观上看，具体句子中的成分对应则是丰富多彩的。

（三）两个注重

1. 注重语素分析还是词的分析

语素是比词低一级的语言单位，短语是比词高一级的语言单位。由于华语的词大多缺乏明显的形态标志，又由于书面语中保留了相当数量的古汉语成分，所以一个语言单位究竟是语素还是词，是词还是短语，有时难以确定，如“诗歌”与“诗词”、“牛马”与“牛羊”、“老好人”与“老人好”等。

语素、词、短语是组成关系，是语言的静态单位；句子是语言的动态单位、使用单位；词、短语与句子的关系是构成关系。既然是这样一种关系，那么当分不清语素与词、词与短语的时候，组成关系也就难以分清，如：

(35) 这里四面漏风

(36) 我要炒饭

例（35）“四面”可以是词“到处”，也可以是短语“东南西北四个面”。例（36）“炒饭”可以是词“炒饭”，也可以是短语“炒一份饭”的缩写“炒饭”。因此当一时不能分清的时候，各级语法单位也就没有办法处理。

2. 注重知识还是注重应用

从教学上讲，从学习知识的角度看，分清语素和词、词和短语很有意义。因为只有这样才能保证知识的科学性、系统性和准确性。但在实际应用中一般人则不会去计较语素、词、短语之间的界限，只要能在特定语境中实现交际，达到交际目的就行了。因此很多人反映，语法很难学，学了也没有什么用。

我们要说的是，这种看法是错误的，是不了解语法的人说的。语法确实有些难，名词术语、概念理论等很多、很杂，也很不容易弄清楚。但我们要知道，语法既然是语言的一个重要组成部分，是语言的三大要素之一，那么就有必要下大力气学好。如果不能准确记住名词术语、理论方法、分析手段，那么一定要培养华语的语感，会听、会说、会读、会写，这四种能力一样都不能少。因为，华语语法的学习和水平的提高，离不开这四种技能。因此我们教学语法的口号是管用（绝大部分规则都少有例外）、易懂（绝大部分规则都好理解）、好学（绝大部分规则都容易学习）。

总之，一切都要围绕提高华语语言交际能力来进行语法教学。

思考与练习

1. 语素、词、短语、句子、句群五级语法单位之间有哪些关系？

2. 请指出对应的成分。

（1）小王已经做好了明天去香港的准备。“小王”对应（　）。

A. 已经做好了明天去香港的准备　B. 参观

C. 同意　D. 去香港

（2）小王已经做好了明天去香港的准备。“已经”对应（　）。

A. 做　B. 小王　C. 明天去香港　D. 做好了明天去香港的准备

（3）小王已经做好了明天去香港的准备。“去”对应（　）。

A. 做　B. 明天　C. 香港　D. 香港的准备

（4）小王已经做好了明天去香港的准备。“好了”对应（　）。

A. 做　B. 小王　C. 明天去香港　D. 去香港的准备

（5）小王已经做好了明天去香港的准备。“准备”对应（　）。

A. 小王　B. 明天　C. 去香港的　D. 好了

3. 按要求回答。

（1）指出组成关系（　）。

A. 走开！　B. 快点。　C. 买股票　D. 卖股票！

（2）指出构成关系（　）。

A. 谁？　B. 你去　C. 他不去　D. 一定去

（3）“牛羊”是（　）。

A. 词　B. 短语　C. 语素　D. 句子

（4）“牛气”是（　）。

A. 词　B. 短语　C. 语素　D. 句子

（5）“开车”是（　）。

A. 述宾短语　B. 词　C. 单纯词　D. 合成词

4. 分析判断语序后，给实词找出正确的位置。

（1）A 都 B 没有 C 去 D。（中国来的老师）（　）

（2）A 老师 B 都 C 还 D 没有来。（现在）（　）

（3）A 我们 B 是不是马上 C 告诉 D？（学生）（　）

（4）今天 A 的心情 B 很好 C 感觉 D。（心旷神怡）（　）

（5）他 A 的 B 脸 C 的 D。（红通通）（ ）

5. 分析判断后，给虚词找出正确的位置。

（1）他是 A 我 B 朋友 C 朋友 D。（的）（ ）

（2）小王 A 在雨里 B 慢慢 C 走 D 着。（地）（ ）

（3）小李 A 高兴 B 跳 C 了 D 起来。（得）（ ）

（4）无论 A 是谁 B 见到 C 他 D 都要来报告。（了）（ ）

（5）A 现在 B 需要马上 C 这个事儿 D 说清楚。（把）（ ）

第三章　词　类

第一节　为什么要划分词类

一、功能与词类

词类是词的语法分类。划分词类的标准是词的语法特征，主要是词的语法功能。词的语法特征是指词充当句法成分的能力、词与词的组合能力、词的重叠能力和词的黏附能力。词充当句法成分的能力、词与词的组合能力，即词的语法功能，如：

（1）印尼的小王已经做好了工作。

例（1）主语是“印尼的小王”，谓语是“已经做好了工作”，定语是“印尼”，主语中心语是“小王”，状语是“已经”，述语是“做”，宾语是“工作”，补语是“好”。

功能不同的词组合能力也不同，如：

（2）＊小王了工作　做了工作　＊好了工作

（3）＊很小王　＊很做　很好

（4）印尼的小王　＊印尼的做　印尼的工作

（5）＊小王小王　做做　好好

例（2）述宾结构只能由及物动词与名词组合，因此只接受“做了工作”的组合而不接受“小王了工作”、“好了工作”。

例（3）状中结构只能由副词与动词或形容词组合，因此只能接受“很好”为状中结构而不能接受“很小王”、“很做”。

例（4）定中结构只能由名词加“的”修饰名词的组合，因此只能接受“印尼的小王”为定中结构而不能接受“印尼的做”、“印尼的工作”；只是“印尼的工作”中“工作”是名词而不是动词，这是因为“工作”兼属名词与动词两类词。

例（5）名词一般不能重叠，因此不能接受“小王小王”的组合；有的动词能够重叠，因此“做做”能够接受；有的形容词能够重叠，因此“好好”能够接受。

因此可以说，词充当句法成分的能力，主要指能不能充当句法成分，充当何种句法成分。词与词的组合能力，主要指哪些词与哪些词可以组合及其组合的方式和构成的语法关系，也包括对哪些词与哪些词不能组合的考察。

我们在生活中用于交际的是一个个的句子，而每个句子又是由词组成的。而不同的词在句子中所起的作用是不相同的，如下面的几组词在组合时是不一样的：

(6)　　一　　　二　　　三　　　　四

小王→吃　刚—吃　吃→饱→了　吃→饭

小李→喝　又—喝　喝→多→了　喝→水

小张→写　才—写　写→好→了　写→字

例（6）一共四组，第一组由指人名词“小王、小李、小张”等分别与行为动词“吃、喝、写”等组合，即“名＋动”，表示人发出的动作。第二组由表时间、频率、条件等的副词“刚、又、才”等分别与动作行为动词“吃、喝、写”等组合，即“副＋动”，表动作行为发生时的状态。第三组由动词“吃、喝、写”分别与形容词“饱、多、好”和动态助词“了”等组合，即“动＋形＋助”，补充说明动作行为的程度或结果。第四组由动词“吃、喝、写”等分别与指物名词“饭、水、字”组合，即“动＋名”，表动作行为与所关涉的对象或结果。比较这四类组合：

(7) 名＋动　副＋动　动＋形＋助　动＋名（组合）

小王吃　刚吃　　吃饱了　　　吃饭

小李喝　又喝　　喝多了　　　喝水

小张写　才写　　写好了　　　写字

主＋谓　状＋中　述＋补　　　述＋宾（结构）

例（7）中的“小王吃”等是被陈述与陈述关系，“小王”是被陈述的对象，“吃”是陈述，陈述“小王”在做什么。“刚吃”是修饰与被修饰关系，“刚”是时间，修饰“吃”发生在刚不久的时候。“吃饱了”是动作行为与补充说明的关系，“吃”这一动作的结果是“饱了”。“吃饭”是动作行为与对象的关系，“吃”的对象是“饭”。

这就构成了相应的结构关系。如：

(8)　一　　　　二　　　　三　　　　四

小王吃　　刚吃　　　吃饱了　　吃饭

小李喝　　又喝　　　喝多了　　喝水

小张写　　才写　　　写好了　　写字

主谓结构　状中结构　述补结构　述宾结构

从例（8）可以看出，华语词语的组合中，当指人名词与指人的动作动词组合成“名＋动”时，常常构成主谓关系。时间频率或条件副词与动作行为组合成“副＋动”时，常常构成状中关系。人的动作行为动词与性状形容词组合并带上动态助词组合成“动＋形＋助”时，常常构成述补关系。人的动作行为动词与物质名词组合成

“动＋名”时，常常构成述宾关系。

可见，这些词在造句中所起的作用是不同的。按不同的组合标准，就可以划分为不同性质的词类。而词类就是词的语法分类，换言之，就是根据词的语法功能，即词在造句中的作用所划分出来的词的类别。

词类不是词的意义分类。词类是语法分类，其最大特点是抽象性与同类词的功能上的一致性。功能上的一致性就是指同一类词所能充当的句子成分是一样的。

词或短语能充当哪些句子成分就是它们的功能。一般的情况是名词充当主语或宾语、动词充当谓语或述语、形容词充当定语、副词充当状语。补语可以由形容词、动词等充当。而主语、宾语、中心语由名词充当。

二、词类的划分

建立“词类”的概念，有利于我们在语法研究和语法教学中分析、描写、说明各种语法规则。

根据词在造句中的作用给词分类，就能更好地教习华语。因为要说明汉语语法的前后顺序以及搭配的特点，用词类来进行说明是最简洁明了的，因此划分词类是非常必要的。如果没有词类划分，没有建立起词类概念，要对句子进行相关分析，对句子错误进行分析判断与指明如何修改是很困难的，如：

（9）＊老王讲刚完了话。

因华语是SVO，即“主述宾”语序，状语在主语与述语之间。例（9）中的副词状语“刚”应当出现在动词“讲”前面而不是后面，所以“老王讲刚完了话”中状语“刚”出现在了述语“讲”后面，不能接受。正确的说法应当是“老王刚讲完了话”。

（10）＊老李课才好了备。

同样，华语的SVO语序应主语在句子的最前面，述语在中间，宾语在句子的最后面。例（10）“老李课才好了备”中，宾语“课”放在主语之后，述语“备”放在句子的最后，这不符合华语语法规则，而正确的说法应当是“老李才备好了课”。

（11）＊老张写字错了又。

例（11）“老张写字错了又”也不能接受，原因是句子中的状中结构的状语副词“又”应该在中心语“写”前面，补语“错”应该在述语“写”的后面。正确的说法应当是“老张又写错了字”。

通过对例（9）、例（10）和例（11）的分析，我们看到，这些错误总的原因是没有遵守华语的语序规则：

SVO＝“（定）主＋［状］述〈补〉＋（定）宾”

因此，有了词类概念我们就能够解释句子的结构，对句子进行分析，同时指出句子的错误并明确指出错在哪里，应该如何修改等。

总之，词类的划分可能达到三个目的：一是更好地进行教学；二是分析句子以避免错误；三是对已经出现的错误进行分析以找出修改的途径。

不仅如此，在实际的华语教学中我们会碰到很多意想不到的错误，如：

（12）＊……但到中国学华文，我遇到幸而一位很好的老师，而且叫我最深的印象。

例（12）“叫我最深的印象”不能接受，这是因为抽象的“印象”不能“叫”而只能是“留下印象”或“给我留下最深的印象”。正确的说法是：

（13）……但到中国学华文，我幸而遇到一位很好的老师，而且给我留下了最深的印象。

（14）＊我最深印象的老师

例（14）“最深印象的老师”不能接受，而应当是“印象最深的老师”。错在程度副词“最”不能直接跟名词“印象”组合，而应当跟形容词“深”组合，如：

（15）我印象最深的老师

（16）＊从小学到大学毕业，没有一位都给我留下很深的印象。

例（16）“没有一位都给我留下很深的印象”不能接受，这是错把“都”的“竟然”义作“全部”义理解造成的。因为“没有一位”已经表明是指“全部”了，不能再用“都”。正确的说法如下：

（17）从小学到大学毕业，都没有一位给我留下很深的印象的老师。

（18）＊在星期六她有时间她喜欢帮忙她父母的商店。

例（18）“帮忙她父母的商店”不能说，因为“帮忙”是一个不能直接带宾语的动词，这是因为不知道一般动词“帮助”与离合动词“帮忙”的区分而造成的。正确的说法如下：

（19）在星期六她有时间她喜欢在她父母的商店里帮忙。

可见，在华文教学中，特别是在海外的华文教学中，划分词类不仅是可能的，而且是十分必要的。划分词类是为了更好地讲语法，也是为了更好地学语法。从词类角度来解释语法规律、纠正语法错误、进行语法教学，这本身就体现了语法规律。这在海外华文教学中显得特别重要。

思考与练习

1. 划分词类的作用和意义是什么？
2. 运用所学的词类划分知识进行鉴别判断。

（1）名词是（　）。

A. 刚才　　B. 刚刚　　C. 刚强　　D. 刚来

(2) 动词是（ ）。

A. 来信　　B. 来人　　C. 来电　　D. 来到

(3) 形容词是（ ）。

A. 绝色　　B. 白色　　C. 喜色　　D. 好色

(4) 副词是（ ）。

A. 突然　　B. 忽然　　C. 淡然　　D. 决然

(5) 连词是（ ）。

A. 连　　B. 接　　D. 但是　　D. 连接

3. 词是能够进行分析的。运用词类知识完成句子。

(1) 这篇课文中我不认识的华文是（ ）个别的。

A. 很　　B. 非常　　C. 极　　D. 特别

(2) 为了（ ）我的学习目标，我要看很多书。

A. 达成　　B. 是　　C. 通过　　D. 实现

(3) 他很（ ），不容易生气，喜欢开玩笑。

A. 随和　　B. 忍耐　　C. 个性　　D. 坚硬

(4) 这里的人是最友好的和最（ ）的。

A. 乐趣　　B. 有趣　　C. 兴趣　　D. 失趣

(5) 我（ ）还见到过他。

A. 刚　　B. 马上　　C. 刚才　　D. 永远

4. 按要求造出正确的句子。

(1) 我们 作业 完 语法 做 了（ ）

A. 我们语法作业做完了。　　B. 我们做完语法作业了。

C. 我们作业语法做完了。　　D. 语法作业我们完做了。

(2) 了 糊涂 我 道 题 这 把（ ）

A. 这道题把我弄糊涂了。　　B. 我把这道题弄糊涂了。

C. 这道题我把弄糊涂了。　　D. 我这道题把弄糊涂了。

(3) 门 去 走 开 出 不（ ）

A. 走开门不出去。　　B. 开门不出去走。

C. 走开不出去门。　　D. 出去开门不走。

(4) 告诉 学习 努力 老师 我们（ ）

A. 老师告诉我们努力学习。　　B. 老师我们努力学习告诉。

C. 我们学习告诉老师努力。　　D. 老师我们告诉努力学习。

(5) 要 时间 浪费 不 一定（ ）

A. 不一定浪费要时间。　　B. 一定要浪费时间不。

C. 一定不要浪费时间。　　D. 不浪费要时间一定。

5. **按要求分析判断词的类别。**

“划分词类不仅是可能的，而且是十分必要的。划分出来的这十类是为了更好地讲和学语法。”指出这句话中词的类别，并将词列在相应的词类后。

（1）名词：

（2）动词：

（3）形容词：

（4）数词：

（5）量词：

（6）代词：

（7）副词：

（8）连词：

（9）助词：

第二节 汉语词类划分的标准

一、词的语法特征

华语的词，可以从不同角度、依据不同的标准分类。语法上所说的词类，是指词的语法分类。词的语法分类是根据词的语法特征来进行的。词的语法特征包括词在形态、组合能力、造句功能三个方面表现出来的特征。

（一）形态

形态指词的形态标志和变化形式，在英语中形态就是一个词出现在不同的句法位置上，表现不同的时、态的时候有不同的变化形式，如：

（1）人：man men woman women

是：to be being been is are was were

走：to go going went gone

好：good better best

我：I me

华语虽然没有印欧语系那样丰富的形态变化，但有些词类也具有一定的形态标志和变化规则，比如有的在构造上有词缀作标志，有的可以有重叠的形式等，如：

（2）人：人们 人儿 *人子 *阿人 *人了 *人过 人人

桌：*桌们 桌儿 桌子 *阿桌 *桌了 *桌过 桌桌

舅：*舅们 舅儿 *舅子 阿舅 *舅了 *舅过 舅舅

我：我们 *我儿 *我子 *阿我 *我了 *我过 *我我

走：*走们 *走儿 *走子 *阿走 走了 走过 走走

好：*好们 好儿 *好子 *阿好 好了 好过 好好

例（2）通过增加后缀“们、儿、子”，前缀“阿”，助词“了、过”，“AA”式重叠等方式来区分华语的词类。

根据分析归纳，用这些华语中广义的“形态”来检验，能对部分词语进行词类划分，如：

（3）名词：人 桌 舅

动词：走

形容词：好

代词：我

例（3）尽管能对“人、桌、舅、走、好、我”等词进行词类划分，但这类广义的形态所能覆盖的词语极为有限，如：

（4）房：＊房们　＊房儿　房子　＊阿房　＊房了　＊房过　＊房房

是：＊是们　＊是儿　＊是子　＊阿是　＊是了　＊是过　＊是是

例（4）中的“房”是名词，“是”是动词，但跟前面的“人”、“走”相比，在跟词缀组合与重叠中存在很大差别。

因此华语的这些词缀或助词能够对华语的词进行分类，但很不全面也缺乏普遍性，因为任何一类词在与词缀或助词的结合上都有大量的例外存在。因此这种广义的形态不能作为鉴定华语词类的标准。

华语是不依赖形态变化表达语法意义的，因此没有必要用严格的形态作为划分华语词类的标准。因为华语不存在严格意义上的形态，而这些广义的形态又缺乏普遍性与唯一性，故华语的词类不能以此为判断标准。

尽管如此，这类广义形态还是可以作为一类词内部划分小类时的标准，特别是从语义上给词类再分小类时。

（二）组合能力

词的组合能力指的是哪类词可以和哪类词组合，哪类词不能和哪类词组合，如名词能与数量词组合，不能与副词组合。如：

（5）名词：三个人　＊很人　＊不人　人们

动词：＊三个走　＊很走　不走　＊走们

形容词：＊三个好　很好　不好　＊好们

代词：＊三个我　＊很我　＊不我　我们

例（5）表明名词、动词、形容词和代词的区分可以从这些组合能力上表现出来。

名词可以与数量词组合，可以说“三个人、三匹马”，不能说“不人、很人”等。形容词可以与副词结合，如可以说“很好、不好”等。一般动词能与否定副词组合，而不能与程度副词组合，如可以说“不走”而不能说“很走”等。

再如介词经常与名词、代词等组成介词短语，充当状语或定语，而别的虚词就没有这种组合能力。助词、语气词有一定的附着性，附着在别的词语或句子后边，表示一定的语法意义，如：

（6）介名：从广州来　在家里学习

介动：＊从走路来　＊在思考里学习

名助：＊三个人了　三个人的

动助：走远了　走远了的

名语气：人呢？＝（人在哪儿呢？）

名语气：＊人吧！＝（＊可能是人吧？）

动语气：＊走呢？＝（＊往哪儿走呢？）

动语气：走吧！ =（让我们走吧！）

由此可见，词与词的组合能力是词的语法特征之一，有覆盖面广、特点明确、鉴别相对直接的特点，可以作为我们划分词类的一个标准。

（三）造句功能

词的造句功能是指词在句子中能否充当句子成分，能充当什么成分，或是能起什么语法作用等，比如名词经常充当主语、宾语，动词经常作谓语，形容词经常作谓语、定语等。凡是实词都能充当句子成分，而虚词则不能充当句子成分，如虚词中的介词、连词等便不能直接充当句子成分。介词与它后面的名词、代词之类组合成短语以后才能作句子成分，连词只起语法结构作用，它本身是不作句子成分的。至于虚词中的助词、语气词，则只有语法作用，同样不作句子成分，如：

（7）（很多）员工［都］做〈完〉了（今年）的报表。

定语 中心语 状语 述语 补语 定语 宾语

形 名 副 动 动 助 名 助名

例（7）主语是“很多员工”，谓语是“都做完了今年的报表”。主语中形容词“很多”充当定语，名词“员工”充当主语中心语；谓语中副词“都”充当状语，及物动词“做”充当述语，动词“完”充当补语，时间名词“今年”充当宾语的定语，名词“报表”充当宾语的中心语。

华语中各词类主要作的句子成分如下：

名词：主语、主语中心语；宾语、宾语中心语

动词：述语、部分补语

形容词：定语、部分补语

副词：状语

这些词类与句子成分的对应，就是词类的功能。这虽然不是绝对的、唯一的，但也有一定的稳定性和倾向性，特别是从出现频率上看，能够作为区分词类的标准之一。

二、主要标准和辅助标准

（一）三条标准作用的大小

划分词类时，形态、组合能力和造句功能这三个方面的特征都起作用。但是，它们所起的作用的大小是不一样的。特别是华语不依赖形态表达语法意义，没有像俄语、德语、英语一样发达的形态。因此华语词类的语法特征主要表现在组合能力和造句功能这两个方面，尤其表现在组合能力这一方面。

因为一些词的意义基本相同，形式上没有什么变化，功能也基本相同，因此就必须以组合能力作为划分词类的主要标准，如“刚”、“刚才”的区别：

(8) 刚，表示行动或情况发生在不久以前。

刚才，指刚过去不久的时间。

从词义上看不出“刚”与“刚才”在词类上的不同，所以要通过组合能力的比较来判断这两个词的词类。这需要提供相同的组合对象造句进行比较，如：

(9) 他刚从中国回来。

*刚他从中国回来。

十年前他刚学华语的时候，一个汉字都不认识。

*这是刚的事儿。

(10) *他刚才从中国回来。

刚才他从中国回来。

*十年前他刚才学华语的时候，一个汉字都不认识。

这是刚才的事儿。

例（9）中“刚”充当状语，不能位于句首表时间，可用于过去表时间，不能充当定语。例（10）中“刚才”能充当状语，能位于句首表时间，不能用于过去表时间，能充当定语。

将“刚”与时间副词“才”比较，将“刚才”与时间名词短语“几分钟前”比较，如：

(11) 他才从中国回来。

他几分钟前从中国回来。

*才他从中国回来。

几分钟前他从中国回来。

十年前他才学华语的时候，一个汉字都不认识。

*十年前他几分钟前学华语的时候，一个汉字都不认识。

*这是才的事儿。

这是几分钟前的事儿。

从例（11）得知，“刚”与“才”功能相似，“几分钟前”与“刚才”功能相似。

由此可见，“刚”是时间副词，表示事情发生在已经过去的不久之前。“刚才”是时间名词，表示几分钟以前的时间。

所以，组合能力对于名词、动词、形容词等类别的划分来说，可以作为主要标准，而另外的广义形态标准和功能标准只能作为辅助标准。

这是因为，另外两个方面的特征各有突出的弱点，如形式标记，它一看便知，不可取代性特别强，但它说明不了多少现象，解释力是极弱的。再以造句的功能来说，如果以这方面的特征作为标准，其覆盖面是百分之百，但是只能得出一个大概的结论。因为，某个成分固然可以由某类词充当，但也可以由其他的词类充当。相对来说，组合能力方面的特征覆盖面比形式标记大得多，不可取代性又比造句功能强得多。因此，在三个方面的特征里，只能以组合能力方面的特征作为主要标准，而其他的标准可以作为辅助标准。

（二）标准的使用

在应用这三条标准时，应当协调使用。

第一，在各个标准所引出的结论完全一致的时候，可以从各个方面对一个词所属的类作出解释。比如“可爱”是个形容词，它可以受程度副词修饰，不能带宾语，在组合能力方面符合形容词的特征；它可以充当定语、谓语等成分，在造句功能方面符合形容词的特征；它由“可”和“爱”组成，“可”作为构词成分，是前缀，构成形容词，往往成为形容词的形式标记，如：

（12）他的孩子很可爱。

孩子的一些行为很可气。

有些孩子没有爹妈很可怜。

这些小偷非常可恨。

第二，在主要标准的解释有所不足的时候，可以借助辅助标准。比如“雪白”，在组合能力上不能带宾语，也不能受程度副词修饰。不能受程度副词修饰，是由于它本身已经包含有表示程度的语素。在造句功能上，它跟一般形容词一样，可以充当定语、谓语等成分。这样，通过主要标准的检验，并且借助于辅助标准的配合，便可以断定这个词是形容词，如：

（13）他有一件雪白的衬衫。

*他的衬衫很雪白。

他的皮鞋贼亮，他的衬衫雪白。

*他想今天下班以后雪白衬衫。

第三，主要标准和辅助标准如果有矛盾，要服从主要标准，像“~头”结构的词，如“石头、由头、看头”一般是名词，其中的“头”是名词的形式标记。但“滑头”则是兼类，如：

（14）他是老滑头（名词）

他这个人太滑头（形容词）

总体上把它判定为形容词时，主要是依据其能受程度副词的修饰，而不管它形式上是不是带有“头”。

（三）词的意义

词的意义对语法特征具有参考的作用。词的语法特征和词的意义有一定的联系。一般地讲，有相同的语法特征的词，在意义上也会有相同之处；反过来说，在意义上有共同之处的词，也往往具有相同或相近的语法特征，如：

（15）小王笑了，这个同学看起来很高兴。

小张哭了，这个员工看起来很悲伤。

小李跑了，这个男生看起来很害羞。

小吕打人了，这个男人看起来很凶狠。

例（15）中“小王”、“小张”、“小李”、“小吕”、“同学”、“员工”、“男生”、“男人”，“笑”、“哭”、“跑”、“打”，“高兴”、“悲伤”、“害羞”、“凶狠”等三组各有相同的语法特征，都可以提取出更概括的意义：人、动作行为、性质状态等。因此在对词的语法特征进行考察时要借助词的意义。主要原因有两个：

第一，只有参考词的意义，才能有把握地根据语法特征去判别词性，如：

（16）飞机：飞行的工具，由机翼、机身、发动机等构成。

飞翔：在天空中盘旋地飞。

飞快：非常迅速。

例（16）“飞机”由动语素“飞”和名语素“机”构成，指一种“飞行器”。“飞翔”由动语素“飞”和“翔”构成，指一种飞行的方式。“飞快”由动语素“飞”与形语素“快”构成，指速度快。这些语义可以作为参考：飞机是一种工具，是名词；飞翔是一种动作，是动词；飞快是一种状态，是形容词。

第二，只有参考词的意义，划分词类时才能始终贯彻“分合”的同一性原则。

总之，词类划分中只有参考词的意义，才能做到准确合理。当然，词的意义毕竟只是“参考”的因素，而不是语法上的“根据”。词的语法特征，才是划分词类的客观标准。

（四）词性判别的方法

词性判别要依据词的语法特征，但语法特征情况多样，并不统一，而具体的词千千万万，它们的情况错综复杂。有的词语法特征比较明显，有的词并没有什么明显的语法特征。有的词可以直接指明其词性，有的词却只能用间接的方法说明它属于哪一类。从论证问题的角度讲，情况不同，采取的证明方法也应有所不同。

1. 直判法

这是根据某类词的语法特征直接判定某个词属于某一类，是一种直接证明的方法。能这样判断的词大多是各类词类中典型的、不会产生分歧的词，同时也是常用词，如：

（17）人　手　足　口　天　地　国　家　山　水（名词）

听　说　读　写　跑　跳　走　打　叫　喊（动词）

好　坏　高　低　大　小　胖　瘦　长　短（形容词）

一　二　三　四　十　百　千　万　兆　亿（数词）

个　只　条　件　本　盏　次　遍　回　趟（量词）

直判法有简单、快捷、效率高的特点。因此在一般的典型词语的词类分辨中常常用到直判法。

2. 排他法

当直判法不能起作用时，就需要做适当的分析比较，然后再判断词的所属类别。这类方法就叫做排他法。所谓排他，是通过排除其他各种可能，借以肯定只有某种可能。这是一种间接证明的方法。这一方法可以在难以根据语法特征直接判定词性的时候采用，但所列举的前提是穷尽遍举的，如：

(18) 出处：有出处 ＊他出处了 ＊很出处
出差：＊有出差 他出差了 ＊很出差
出奇：＊有出奇 ＊他出奇了 很出奇

例（18）先确定这几个词都兼名词、动词、形容词，于是用“有～”组合来排除动词和形容词，用“他～了”来排除名词、形容词，用“很～”来排除名词、动词，特别是非心理活动动词。经过排除，最终得出的结论是，排除了“出处”的动词和形容词身份，确定是名词；排除了“出差”的名词、形容词身份，确定是动词；排除了“出奇”的名词、动词身份，确定是形容词。

因此，排他法实际上是一种在直判法基础上逐步缩小词类范围的判断方法。这种方法能够对一些由一个相同语素分别与其他语素组合而成的双音节合成词起作用。

此外，对一些难于直判，用排他法也有困难的词，还有其他方法可以选用。

3. 类比法

这是指用已知词类的词与未知词类的词进行比较，看两个词的相同点与不同点。如果相同点多则判断为同一类词；如果相同点少，则为不同的词类。

第一，比较有相同语素的词。用已经明确词类的词 A、B 跟没有明确词类的词 C 进行比较，看和哪一个相同点多，从而判断 C 词的词类。如对已知的形容词“稳定”、副词“逐步”和未知词类的词“稳步”进行类比：

(19) 形容词：稳定——工作稳定 ＊稳定提高 很稳定
副 词：逐步——＊工作逐步 逐步提高 ＊很逐步
不明词：稳步——＊工作稳步 稳步提高 ＊很稳步

例（19）通过类比得出结论“稳步”与“逐步”有共同点，而与“稳定”没有共同点，因此判定“稳步”是副词而不是形容词。

第二，比较没有相同语素的词。如对已明词类的不及物动词“休息”、名词“地位”、形容词“漂亮”与不明词类的“出名”进行比较：

(20) 待定词：出名——要出名了 很出名 ＊有出名
名 词：地位——＊要地位了 ＊很地位 有地位
动 词：休息——要休息了 ＊很休息 ＊有休息
形容词：漂亮——＊要漂亮了 很漂亮 ＊有漂亮

例（20）通过类比得出结论，“出名”与名词“地位”没有共同点，与动词“休息”有共同点，同时也与形容词“漂亮”有共同点，因此判定“出名”不是名词，而是一个动词，同时又是一个形容词。

（五）兼类、活用与同音

1. 词的兼类

词的兼类现象指的是有少数词具有两类词的语法功能，既具备甲类词的特点，又具备乙类词的特点。兼类词主要存在于名词、动词和形容词之间，如：

（21）一份报告　一个通知　有困难（名词）

报告上级　通知学生　端正态度（动词）

非常端正　非常困难（形容词）

因此，“报告、通知”兼属名词与动词；“困难”兼属形容词与名词；“端正”兼属形容词与动词。

当然，一个词兼属甲乙两类，在具有甲类特点时并不具有乙类特点，在具有乙类特点时并不具有甲类特点，如：

（22）我正在写一份报告。（名词）

我要报告上级。（动词）

*我正在写一份报告上级。

例（22）表明“报告”同时具备名词与动词的功能，是一个兼属名词与动词的兼类词，但当“报告”作为名词使用时不具备动词的功能，同时当“报告”作为动词使用时，也不具备名词的功能。

可以这样说，一个兼类词进入句子后，其功能是单一的而不是兼属的。同时兼类也可能发生在名词兼动词以外，如：

（23）他在家。（动词）

他在家学习。（介词）

他一直在学习。（副词）

例（23）表明“在”兼具动词、介词和副词三类词的功能。这在华语中是比较特殊的一个词。

2. 词的活用

词的兼类指某个词经常具备两类词的特点，而词的活用是由于修辞的需要把甲类词临时当作乙类词来用。比较“热”与“志气”、“中国”的不同用法：

（24）热做功推动蒸汽机。（名词）

把饭热一下！（动词）

今天很热。（形容词）

（25）我们青年人有志气。（名词）

我爷爷也志气了一辈子。（动词）

（26）世界上有一个中国。（名词）

你也太中国了。（形容词）

例（24）“热”是兼类词，同时兼名动形三类词。例（25）“志气”是名词，可以临时活用为动词。例（26）“中国”是名词，也可以临时活用为形容词。

兼类词有三个特点：

第一，用法是固定的。这种用法是随时都存在的，不是临时变化出来的。

第二，用法是全民的。大家都这么用，所有以华语为母语的人都知道这么用。

第三，用法是收入词典中的。这种用法在词典中有明确的记录，也有典型的例子，能够通过查询词典找到这些用法。

活用则与兼类完全不同，能形成鲜明的对比。活用也有三个特点。

第一，用法是临时的。这种用法只是偶尔用一下，有很大的偶然性，使用的目的性很强。其或者是有特定的语言环境，或者只是为了达到某种特定的修辞效果而这样用，因此是不确定的。

第二，用法是个人的。这种用法只是个别人这么用，用了以后可能有人跟着用，也可能就再也没有人用了，没有普遍性。

第三，用法是没有收入词典的。这种用法在词典中没有明确的记录，也查不到。

3. 词的同音

同音词是指“同音异义词”，指的是声、韵、调完全相同，而意义完全不同的一组词。语言的音节是有限的，要表示越来越多的客观事物就必然会产生一些同音词。这里又分为两种情况。

第一，词汇意义上的同音词。这又可分为两个小类。

一是，两个词的语音相同，字形与意义不同，如：

(27) 伤员　商缘　刚才　钢材

例（27）“伤员”指“受伤的成员（多用于军队）”，“商缘”指“商业上的缘分”；“刚才”指“刚过去不久的时间”，“钢材”指“钢锭或钢坯经过轧制后的成品，如钢板、钢管、型钢等”。

这一类同音词完全同音，字和义不同。

二是，两个词中有一个语素的音字义完全不同，有一个语素的音字义完全相同，如：

(28) 逝世　世事　缘来　原来

例（28）“逝世”指“人死了”，“世事”指“世界上的事”；“缘来”指“缘分来到”，“原来”指“发现真实情况”。这些都是同音词。

第二，两个词的语音、字形相同，词义不同。这就是语法上的同音词，如：

(29) 花已经开了。　　他很会花父母的钱。

明天我要去会朋友。　他会讲华文。

例（29）“花已经开了”中的“花”指“有性植物的繁殖器官；可供观赏的植物”，如“菊花、兰花”等。“他很会花父母的钱”中的“花”指“用、耗费”的意思，这两个“花”在语义上没有丝毫联系，是完全不同的两个词：一个是名词、一个是动词。

4. 兼类、活用、同音比较

用语音、文字、语义、语法、修辞五个标准来比较兼类、活用、同音，具体情况见下表：

表 3－1　兼类、活用、同音词比较

<table>
<tr><th></th><th>语音</th><th colspan="2">文字</th><th>语义</th><th colspan="2">语法</th><th>修辞</th></tr>
<tr><td>兼类</td><td>+</td><td colspan="2">+</td><td>+</td><td colspan="2">–</td><td>–</td></tr>
<tr><td>活用</td><td>+</td><td colspan="2">+</td><td>+</td><td colspan="2">–</td><td>+</td></tr>
<tr><td>同音</td><td>+</td><td>+</td><td>–</td><td>–</td><td>+</td><td>–</td><td>–</td></tr>
</table>

（六）现代汉语词类系统

词类是为了语法说明的方便而划分出来的，每个词类都是对一群词所作的归类概括。而概括和抽象可以从不同层次、不同角度入手，因此得出的词类也是处在词类系统的不同层次上的。可以说，词的分类是逐级进行的。

1. 实词和虚词

根据词能否作句法结构成分，可以把词分为实词和虚词两大类。能单独充当句法结构成分的是实词，不能单独充当句法结构成分的是虚词。实词与实词结合，能产生句法关系。实词在句法结构中表现出不同的组合能力，如：

(30) 我们正在非常努力地学习华文，我们学得很好。

例（30）实词有代词“我们”，名词“华文”，动词“学习”、“学”，形容词“努力”、“好”，副词“正在”、“非常”、“很”，虚词有助词“地”、“得”。

从中可以看出，实词充当的主要是主语、谓语、宾语，而副词主要充当状语。助词一般不充当句子成分。

2. 体词、谓词和饰词

根据组合能力的不同可以把实词分为体词、谓词、饰词三类。

体词是指主要充当主语和宾语的词。这主要有名词、代词、数词和名量词，其中代词主要是人称代词和指示代词。谓词是指主要充当谓语的词。这主要有动词、形容词。饰词是指主要充当修饰语的词。这主要有副词、形容词、数量词等。如：

(31) 那三个同学正在非常努力地学习华文，他们学得很好。

例（31）中的体词有“同学、华文、他们”，谓词有“学习、学、好”，饰词有“那、三、个、正在、非常、努力、很”。

数词和量词归入饰词是因为这两类词经常充当定语或补语，虽也能充当宾语但都是后面省略了中心语，因此算饰词，如：

(32) A：你有几本书？ B：我有三本。

例(32)在A的问句中，数量词“几本”是饰词，充当定语；在B的答句中“三本”虽然充当宾语，但还是饰词，因为宾语的中心语“书”被省略掉了。原因是问句中出现了“几本书”，答句就不用重复出现“书”了，这是对话省略。

比较特殊的是形容词，既是谓词又是饰词。这是因为当形容词充当谓语时是谓词，充当定语时又是饰词。因此词的功能决定词的分类，如：

(33) 年轻漂亮的小王身体很好，每年都要登山三次。

例(33)有体词“小王、身体”、谓词“好、登山”、饰词“年轻、漂亮、很、每年、都、要、三、次”。

同样是形容词，“漂亮”是饰词，“好”是谓词；“三、次”是饰词。这是因为定语、状语在中心语前是修饰语，补语在述语后是补充说明成分，也是一种修饰，也算饰词。这就是功能影响词类划分的原因。那么华语的词类划分层级如下：

(34) 词：体词、谓词、饰词
体词：名词、代词
谓词：动词、形容词
饰词：形容词、副词、数量词

例(34)表明“形容词”是比较特殊的一类词，既是谓词又是饰词。

(35) 名词：时间名词、地点名词、方位名词、指人名词、物质名词、抽象名词
代词：人称代词、指示代词、疑问代词
量词：名量词、动量词
动词：及物动词、不及物动词
形容词：性质形容词、状态形容词

例(35)名词的类有“昨天、广州、东、孔子、木头、青春”，代词有“我、这、谁”，量词有“个、次”，动词有“学习、休息”，形容词有“红、火红”。

总的来说，分得粗便于宏观掌握，便于记忆；分得细便于微观掌握，便于具体运用，当然越细越不好记忆。所以我们要在掌握它们的基本类别后，再慢慢去找出它们之间更细微的差别来。

3. 词类划分的标准

汉语词类划分不使用单一标准而使用几个标准，这是有原因的。华语为什么要多标准划分词类呢？因为华语没有像俄语、德语、英语那样的形态。一个词用于不同的语法位置、不同的时与态时，有不同的变化形式，如：

(36) I came here yesterday.（我昨天来的）
He comes to school once a week.（他每周来一次学校）
He is coming soon.（他马上就来）

例（36）英语动词“come”应用中因时态和人称不同，就有不同的变化形式：“came”、“comes”、“is coming”。而华语的表达则无论时间与人称都是“来”，“来”用于不同的时和态。

所以同样是动词，英语的形态就是一个说一不二的划分词类的形态标准。而华语的广义的“形态”变化如用 AABB 重叠形式的大都是形容词，如：

(37) 来往：来来往往　来往来往　开始来往了　＊来往起来了

研究：＊研研究究　研究研究　开始研究了　研究起来了

干净：干干净净　＊干净干净　开始干净了　干净起来了

雪白：＊雪雪白白　雪白雪白　＊开始雪白了　＊雪白起来了

高兴：高高兴兴　高兴高兴　开始高兴了　高兴起来了

例（37）中“来往、研究”是动词；“干净、雪白”是形容词，但是同一词类在重叠和与“开始～了”、“～起来了”的组合中是不一样的。同样是动词重叠，“来来往往”可以接受，但“研研究究”不能接受。同样是形容词，“干干净净”可以接受，但“雪雪白白”不能接受；“干净干净”不能接受，但“雪白雪白”能够接受。

此外，还有兼类问题，如：

(38) 高兴：高高兴兴　高兴高兴　开始高兴了　高兴起来了

亲热：亲亲热热　亲热亲热　开始亲热了　亲热起来了

从例（37）、例（38）可以看出，汉语的这种形态从本质上讲不能像英语中的形态那样对词类划分有决定性作用。

其他如带“～子”、“～儿”、“～头”词尾的，带词头“老～”、“阿～”等的大都是名词。这些都是相对的、范围有限的、不能贯彻到底的。因此汉语的形态能够在一定程度上判断一个词属于哪一词类，但范围极其有限，所以还要加上词的组合能力和充当句子成分的能力这两条来综合判断，只有这样才能确定一个词的词类。

所以，区分华语的词类应运用多标准。

思考与练习

1. 举例说明如何给汉语的词分类。

2. 分析判断词性。

（1）突然（　）　A. 名词　B. 动词　C. 形容词　D. 副词

（2）远方（　）　A. 名词　B. 动词　C. 形容词　D. 副词

（3）忽然（　）　A. 名词　B. 动词　C. 形容词　D. 副词

（4）打折（　）　A. 名词　B. 动词　C. 形容词　D. 副词

（5）折扣（　）　A. 名词　B. 动词　C. 形容词　D. 副词

3. 根据题目的提示，分析汉语的词性。

如：＊很形式/＊形式他的样子/一个形式［名词］

＊很形容/形容他的样子/＊一个形容［动词］

很形象/＊形象他的样子/一个形象［名词兼形容词］

（1）A. 平常（　）　B. 平整（　）　C. 平原（　）

（2）A. 意义（　）　B. 意料（　）　C. 意外（　）

（3）A. 明白（　）　B. 明天（　）　C. 明确（　）

（4）A. 理解（　）　B. 理论（　）　C. 理智（　）

（5）A. 打手（　）　B. 打滑（　）　C. 打扮（　）

4. 华语的兼类、活用与同音词既有个性也有共性，分析判断短语中画线部分是兼类词、活用词，还是同音词。

（1）报告情况、一份报告（　）

（2）顶好、顶球（　）

（3）开会、会面（　）

（4）中国人、很中国（　）

（5）有志气、志气一下（　）

5. 从下面的作文中找出相应词类中的词。

（1）形容词：

（2）副词：

（3）代词：

（4）连词：

（5）助词：

（6）介词：

我的打算

来中国前，我已经工作了6年多。我以前就很想学好华语，但没有好的机会，于是我就到暨南大学华文学院学华语。因为不用工作，在这儿学习对我来说算是放比较长的假。但学完后，我必须回到实际的生活。下面，我想谈一下我的打算。

第三节　实　词

一、名词

（一）名词的分类

名词是表示人、事、物、时、地和方位等名称的词。

汉语的名词可以根据不同的标准来分类，一般根据语义标准可以分为四类。

普通名词：学生、经济、河流、观念等。

专有名词：黄帝、牛顿、长江、恒河等。

时地名词：现在、过去、远处、里屋等。

方位名词：以上、之下、里面、内外等。

一部分名词有词缀标志。词缀指由两个或两个以上语素构成的词中只表示附加意义的语素。一部分名词有典型的词缀标志，一看到这些标志就可以判断出它们的词性。

第一类，前缀加上名语素构成的名词："词缀＋名语素"。

阿：阿姨　阿爸　阿妹　阿哥　阿叔

老：老师　老婆　老板　老乡　老鹰

第：第一　第二　第三　第十　第十一

第二类，名语素加上后缀构成的名词："名语素＋词缀"。

子：筷子　梳子　桌子　椅子　棒子

头：木头　馒头　石头　罐头　钉头

儿：花儿　棍儿　猫儿　画儿　桶儿

员：职员　人员　店员　会员　病员

第三类，动语素加上后缀构成的名词："动语素＋词缀"。

子：卡子　包子　对子　划子　绊子

儿：盖儿　钻儿　画儿　刺儿　抄儿

头：看头　想头　来头　盼头　对头

者：读者　弱者　旁观者　环境保护者

第四类，形语素加上后缀构成的名词："形语素＋词缀"。

子：胖子　矮子　乐子　尖子

儿：好儿　准儿　黑儿　红儿

头：甜头　苦头　急头　准头

还有一些出现频率不太高的词缀，如：

家：作家　专家　发明家　科学家

士：学士　战士　护士　斗牛士

师：教师　导师　医师　设计师

度：深度　高度　温度　准确度

学：数学　文学　哲学　人类学

法：看法　用法　说法　精算法

手：歌手　助手　能手　吹鼓手

长：厂长　班长　组长　列车长

性：人性　理性　兽性　社会性

族：蚁族　打工族　上班族　追星族　闪婚族

主义：社会主义　现实主义　个人主义

有的词缀，能给词增加一定的色彩意义。“～儿”一般用于较小巧的事物，或有喜爱的感情色彩；而“～子”一般用于稍大的事物，或有憎恶的感情色彩，如：

棍子：用树枝、竹子或金属制成的圆长条。

棍儿：用树枝、竹子或金属制成的较小的圆长条。

老头子：不惹人喜爱的老年人。

老头儿：惹人喜爱的老年人。

小胖子：肥胖的小个子。

小胖儿：肥肥的可爱的小个子。

（二）名词的主要语法特点

1. 普通名词

第一，语法功能。经常作主语和宾语，有的可以作定语和带定语，不能直接作补语，如：

（1）工人做桌子。（主语　宾语）

木头桌子。（定语　中心语）

＊工人做得桌子。（补语）

第二，组合能力。

一是，能用数量短语修饰，如：

（2）一座山　两只鸟儿　三匹马

二是，不能用否定副词“不”修饰，如：

（3）＊不工人　＊不桌子

三是，能直接用在介词后边组成介宾短语，如：

（4）对朋友真诚　把门关上

四是，表人的名词后面能够加“们”表示群体。不加“们”的名词可以是个体，也可以是群体。

(5) 同学们都来了。= 全体同学都来了。

五是，除少数单音节名词可以重叠外，双音节名词一般不能重叠，如：

(6) 人人　家家　户户　村村　餐餐……

　　*学生学生　*老师老师　*工人工人……

其实，单音节名词重叠后，性质已由名词转化为量词。因为“人人”就是“每一个人”的意思、“家家”就是“每一家”的意思。

2. 特殊名词

方位词是名词中比较特殊的一类词，这类词基本上不具备普通名词的功能与组合能力。方位词在句中基本上与介词组合充当状语或补语。

方位词可以分为单纯方位词和合成方位词。单纯方位词指方向和位置，如：

(7) 东　南　西　北　上　下　左　右　前　后　里　内　外　中　旁

合成方位词是在单纯方位词的基础上形成的，方位词经常用在其他词或短语后边，组成方位短语。方位短语的基本用法是表示处所和时间，如：

(8) 以前　之内　之间　里面　外面　中间（合成方位词）

　　床上　地上　屋里　室内　室外　城外（处所加方位）

　　上班之前　下课后　学习中　发言中（动作行为加方位）

　　三四月之间　一周之内　一年之内（时间名词加方位）

方位词与抽象名词组合一般表示某个方面或是领域，如：

(9) 学术上　经济上　数学上　化学上（抽象名词加方位）

二、动词

（一）动词概况

动词是表示动作、行为、心理活动或存在、发展变化、消失、意愿、判断等意义的词，如：

(10) 拿　走　想　有　长　变　灭　能　是

动词可以按照不同的标准来分类，不同的分类有不同的意义和用途。

第一，按能否带宾语分类，动词可分为及物动词与不及物动词两类。

一是，及物动词主要指能带受事宾语（动作的接受者）、对象宾语（动作行为涉及的对象）、结果宾语（动作行为完成后形成的结果）等的动词。

二是，不及物动词指不能带宾语和不能带受事宾语的动词，如：

(11) 吃苹果　写毛笔字　打篮球　看电影（及物动词）

　　*休息家里　*毕业暨南大学　*送行儿子（不及物动词）

很多不及物动词可以带非受事宾语。不及物动词所能带的宾语主要有以下几种：

表示行为的处所：回家 去北京

表示动作行为所凭借的工具：睡沙发

表示存在、出现、消失的事物，即存现宾语：来了两个人 死了一只猫

第二，按动词的语义分类，可分为动作动词、心理动词、关系动词、能愿动词与趋向动词。

动作动词：写 打 看 研究 叫

心理动词：爱 恨 喜欢 讨厌 想 希望

关系动词：是 叫 姓 当作 成为 像 等于

能愿动词：愿意 愿 能 会 应该

趋向动词：来 上 进 下去 起来 回去

第三，按所带的宾语分类，可分为体宾动词、谓宾动词、主谓短语宾动词、双宾动词等。

体宾动词：打（电话） 买（面包） 吃（西瓜）

谓宾动词：进行（研究） 加以（分析） 开始（讨论）

主谓短语宾动词：希望 看见 认为 觉得

双宾动词：给 教 送

第四，按动作是否能持续分类，可分为持续性动作动词与非持续性动作动词。一般来说，持续性动作动词表示的动作可以持续、可以反复进行，如：

看 写 听 说 跑 跳 坐

非持续性动作动词表示的动作是不能持续的，如：

死 结婚 到达 是

第五，按动词是否有自主性分类，可分为自主动词和非自主动词。表示动作者可以控制的动作动词叫自主动词，如：

说 唱 吃 帮助 教

表示动作者不能控制的动作动词叫非自主动词，如：

病 死 塌 知道

（二）动词的语法特点

动词的语义是表人的动作行为、心理活动、意愿判断；人或事物的存在、发展变化等。因此动词的特点是一要涉及行为发出者；二要涉及行为的对象；三要有时间的起始、延续和终结等。因此，动词一般具备以下特点：

第一，绝大多数都能带宾语。不能带宾语的和只能带施事宾语或处所宾语的是不及物动词，如：

（12）学华文 听音乐 说故事 看电视（及物动词）

＊睡觉床上 ＊请客朋友 ＊告状他们（不及物动词）

第二，动词能够前加副词“不”，多数不能加程度副词。只有表心理活动的动词和一些能愿动词能够受程度副词的修饰，如：

（13）很喜欢　很讨厌　很想念　很留意（心理动词）

很愿意　很应该　很必要　很可以（能愿动词）

第三，动词多数可以带动态助词“着、了、过”，如：

（14）学习了这一课　听着音乐　学过钢琴

第四，多数动词可以重叠，重叠后有一些不同。

一是，动词重叠的方式可以有不同。一部分动词可以重叠使用，单音节动词重叠，用AA式；双音节动词重叠，用ABAB式，动词中间加“了”。动词中间还可以加“一”，但这只限于单音节动词；双音节动词不能用中间加“一”的方式进行重叠，如：

（15）说说　想想　看看　听听　读读

说了说　想了想　看了看　听了听　读了读

说一说　想一想　看一看　听一听　读一读

（16）学习学习　讨论讨论　研究研究

学习了学习　讨论了讨论　研究了研究

*学习一学习　*讨论一讨论　*研究一研究

二是，动词重叠后，单音节动词重叠部分读轻声；双音节动词后一音节读轻声，如：

（17）看看（kànkan）　讲讲（jiǎngjiang）

讨论讨论（tǎolùntǎolun）　研究研究（yánjiūyánjiu）

三是，动词重叠后的语法意义有一些不同。

动词重叠的基本语法意义是表示动作持续的时间短或进行的次数少，即表示“少量”。如果动词表示的是持续性动作，则重叠后表示动作持续的时间短，如：

（18）他听了听就走了。

老王不好意思地笑笑，赶快出去了。

如果动词表示非持续性的、但是可以反复进行的动作，则重叠后表示动作进行的次数少，如：

（19）他看了看我们就离开了。

动作属未然，同时常用来表示时量短或动量小，有时也表示尝试，如：

（20）你调查调查再说。（量小）

这台电脑让我看看。（尝试）

动词重叠后产生了一些句法特点，这些特点跟不重叠时单独使用动词是不一样的。

第一，表示正在进行的动作的动词，不能重叠使用，动词用了“过”、“着”等动态助词后，也不能重叠，如：

（21）我正在看电视。（持续）

我看了看电视。（时间短）

＊我正在看看电视。（持续与时间短是矛盾的）

第二，重叠的动词多数情况下是充当句子的谓语，但也可以作主语和宾语，重叠的动词一般不作状语和补语，如：

（22）你看看，你看看，这样的东西谁会要？（谓语）

看看没有什么坏处。（主语）

他就喜欢看看。（宾语）

＊他［看看］地望着我。（状语）

＊他高兴得〈看看〉。（补语）

第三，重叠动词很少有否定形式，否定的用法多出现于下面两种情况。

一是，在疑问句和反问句中，这种用法往往有埋怨的意味，如：

（23）你怎么没问问我呢？

二是，在表示假设、条件的紧缩句中，这种用法往往有轻微强调的意味，如：

（24）他们刚工作的不培训培训不行。

这个事情不讨论讨论就没办法决定。

（三）比较特殊的动词

动词中比较特殊的主要是趋向动词、助动词和判断动词。

第一，趋向动词。表示动作的趋向。趋向动词可以单独作谓语，但也常用在动词后边充当补语；一般表示动作或性质变化的用“开始”，还有一种是引申用法，意义已经虚化。趋向动词附着在别的动词后边，读轻声。这一类词单独用时是一般动词，不是趋向动词，如：

（25）你上来　你下去　你起来

例（25）的“上来、下去、起来”都是一般动词而不是趋向动词。

（26）跑上来　跑下去　站起来

例（26）的“上来、下去、起来”用在动词后是趋向动词：“跑上来”中的“上来”表动作行为的“方向”；“跑下去”中的“下去”表动作行为的“持续”；“站起来”中的“起来”表动作行为的“开始”。

当趋向动词用在形容词后，趋向意义已经虚化，是趋向动词的引申用法，只表状态的开始或持续，如：

（27）好起来　高兴起来　好下去　忧愁下去

例（27）的“好起来、高兴起来”中的“起来”表“好、高兴”这种状态的开始；“好下去、忧愁下去”表“好、忧愁”这种状态的持续。这些都不是动作行为而是状态，因此都是趋向的虚化。

第二，能愿动词。又叫助动词，是一个封闭的类，数目有限，但意义比较复杂，不同于一般动词的语法特征。

能愿动词从语义上可以分为两类：一类表示意愿和对情理、事理、主客观条件、价值的主观判断，一类表示对事情发生的可能性的判断。这主要包括：

表示可能的：可能　会　要　得（děi）　能

表示对情理、事理判断的：应该　应当　要　应

表示对主客观条件判断的：能　能够　可以

表示意愿的：要　想　愿意　肯　敢

表示评价的：值得　配

表示准许、允许的：能　可以　可　准　许

能愿动词的用法跟一般动词相同：能单独作谓语，能用肯定否定并列的"X 不 X"的格式表示疑问，但能愿动词常用来修饰动词，如：

（28）你来吗？　你来不来？（一般动词）

你能吗？　你能不能？（能愿动词）

你能来吗？　你能不能来？（能愿动词修饰一般动词）

能愿动词用于双重否定有时表示强调，有时表示委婉，如：

（29）你不能来。（一般否定）

你不能不来！（双重否定表示强调的肯定）

你不能够不来。（双重否定表示委婉的肯定）

能愿动词不能重叠，不能带"了"、"着"、"过"等动态助词。能愿动词的主要功能是充任谓语（其后的成分是宾语），有时可以充任定语，如：

（30）应该的事情多着呢，我们不可能都去做。

第三，判断动词。表示判断的动词只有一个"是"。它可以单独作谓语，可以受副词修饰，但经常用在两个名词性成分之间表示判断或说明。其基本用法有三种：

一是表示同一关系，主语跟宾语是同一事物。从概念角度讲，两个概念完全一样，相当于 A = B 的判断，如：

（31）中国最大的工业城市是上海。

例（31）"中国最大的工业城市"与"上海"是完全相等的两个概念，因此属于 A = B 的判断。

二是表示种属关系，主语是宾语的一部分。从概念角度讲，两个概念完全不一样，相当于 A < B 的判断，如：

（32）小王是我们班的学生。

例（32）"小王"与"我们班的学生"是完全不相等的两个概念，"小王"这个概念小于"我们班的学生"这个概念，因此属于 A < B 的判断。

三是表示存在，主语是处所，宾语是位于处所的人或物。从概念的角度看，A 概

念是空间，B 概念是空间中的存在，因此是 A 存在 B 的判断，如：

（33）到处是高楼。（空间存在着物）

到处是人。（空间存在着人）

三、形容词

（一）一般形容词

形容词是表示性质与状态的词。形容词有自身的语法特点。

第一，性质形容词和状态形容词。形容词按照表达功能分为性质形容词和状态形容词。

性质形容词：红　黑　方　圆　美丽　大方　漂亮

状态形容词：笔直　漆黑　干干净净　香喷喷

性质形容词包括所有的单音节形容词和部分双音节形容词。状态形容词包括部分双音节形容词和三个音节以上的形容词。

第二，形容词能作谓语或谓语中心语和定语，多数可以直接修饰名词；少数性质形容词能够直接修饰动词作状语，一般要重叠或者加助词“地”才可以作状语；一部分形容词也可以作补语。如：

（34）红太阳花这里很多。（定语）

太阳花红了。（谓语）

你快说！（状语）

他慢慢地走。（加“地”充当状语）

他说清楚了。（补语）

第三，性质形容词大都可以受程度副词修饰，表示状态的形容词因为本身带有某些程度意义，不能再受程度副词修饰。这些表示程度的成分，要么是语素，要么是重叠形式，要么是重叠式后缀。如：

（35）小王很白。（性质形容词）

＊小王很雪白。（状态形容词，表程度的是语素“雪”）

＊小李很白白的。（表程度的是重叠形式“白白”）

＊地上很干干净净的。（表程度的是双音节 AABB 重叠）

＊地里很绿油油的。（表程度的是后缀“油油”重叠）

此外，还有些贬义的状态形容词是部分重叠后再加中缀“里”，如：

（36）小王古里古怪的。（中缀“里”表程度）

小李糊里糊涂的。（中缀“里”表程度）

第四，形容词不能带宾语。但是有的性质形容词兼属动词，作动词时能带宾语，如：

(37) 小王你要端正学习态度。(“端正”是动词带宾语)

第五，表示性质的形容词多数可以重叠，其重叠方式是AA式或AABB式，重叠以后用法同状态形容词。状态形容词的重叠形式是ABAB式。如：

(38) 小王的眼睛大大的。(“大大”为单音节性质形容词重叠)

小王的家干干净净的。(“干干净净”为双音节性质形容词重叠)

从这儿到小王家的路笔直笔直的。(“笔直笔直”为双音节状态形容词重叠)

第六，正向形容词和负向形容词。

正向形容词：大　长　高　胖　热　积极　美丽　聪明

负向形容词：小　短　矮　瘦　冷　消极　丑　笨

在比较句中用“没有”表比较时，通常只用正向形容词，如：

(39) 他没有我高。　　　*他没有我矮。

小王没有小李漂亮。　*小王没有小李难看。

总之，形容词表示性质和状态等，能充当定语、谓语，不能带宾语。

(二) 特殊形容词

形容词都能充当句子成分，按能否充当句子的主要成分——谓语的标准分类，可将形容词分为一般形容词和非谓形容词。

一般形容词指既能作谓语又能作定语的形容词，如：

(40) 树叶红了。(谓语)

红树叶到处都能看到。(定语)

小李很漂亮。(谓语)

漂亮的小李经常帮助别人。(定语)

非谓形容词是只能作定语的形容词，因此被称为特殊形容词，也叫区别词。

第一，非谓形容词只能修饰名词，而且后面一般不用结构助词“的”充当定语，不能充当谓语，一般起区别事物的作用，只能修饰名词表示事物的特征和分类。

单音节：雌　雄　单　双　棉　夹　正　副

双音节：小型　大型　中式　西式　初级　国营　民营

多音节：外向型　内向型　多媒体　全天候　中国式

第二，非谓形容词充当定语有一些自身的语法特点。

一是，这类非谓形容词只能充当定语而不能充当谓语，不受程度副词“很”修饰，只能在名词前边出现，作定语，如：

(41) *很雌　*很单　*很小型　*很外向型

雌老虎　单卡机　小型机场　外向型经济

二是，多数能加上“的”字组成“的”字短语，如：

(42) 我家的公司是外向型的。

公园里的这只大熊猫是雌的。

中式的（我穿的是中式的服装。）

三是，非谓形容词不能单独充当谓语、主语、宾语，但组成“的”字短语后可以充当主语或宾语，如：

（43）我家乡的机场不大，是小型的。

小型的才适合我们家乡地小人少的实际情况。

四是，不受数量词修饰，不能前加“不”，否定时用“非”否定，如：

（44）*我家的公司并不大，是不大型的。

我家的公司并不大，是非大型的。

四、数词

（一）一般数词

数词是用来表示数目的，分基数词和序数词两类。基数又包括整数、分数、小数和倍数。

第一，基数词。基数词表示数目的多少。

基数词：零 一 二 三 十 百 千 万 亿 两 半

以上表示的是整数，也可以表示分数、小数和倍数等。

基数词：百分之五 十分之一 三倍

“小于”或“减少”的情况一般不用倍数，而是用分数来表示，如：

（45）小王家的公司前年亏损人民币30万元，去年亏损20万元，比前年减少了三分之一。今年不仅没有亏损反而净赚了10万元。

第二，序数词。序数词表示次序的先后。汉语序数的基本表示法是在基数词前加“第、初”等，如：

序数词：第二 第八 初一 初五

序数词的“第”和“初”有时也可以不用，如：

（46）新来的同学是二班的，他住在华文学院宿舍楼六楼二单元一四〇五号房。

（第二班、第六楼、第二单元、第一四〇五号房）

数词加上“来”、“把”、“几”、“多”、“上下”、“左右”等表示概数，如：

（47）我们这年级有二十来个班，大班有百把个学生，中班有三十几个学生，小班有十多个人，学生大多数都是二十上下的人，每周的课有三十节左右。

（二）几个特殊数词的用法

第一，二和两。一般量词前用“两”，如：

（48）两件衣服 两本书 两个学生 两张椅子

用在位数词前不同。“十”前只能用“二”；“百”、“千”、“万”、“亿”位于数列中间时，一般用“二”，处于开头时， “百”前可用“二”，也可以用“两”，

“千”、“万”、“亿”前通常用“两”。

整数、序数、分数、小数以及基数的个位数，都用“二”，如：“第二”、“二月”、“二分之一”、“零点二”、“十二”等。

在“半”、“倍”前用“两”，如：“两半儿”；在“倍”前用“二”和“两”都可以，如：“两倍”、“二倍”。

表3－2　两、二用法

	度量衡单位	一般量词	位数词	整数、分数、小数、序数	半	倍
两	两斤 两公里	两本书 两次	两万八　两千三　两亿 两百		两半儿	两倍
二	二亩　二米		二十　二百三　三亿二千二百五十万	二　十二　三分之二 二点二　第二　二楼		二倍

第二，俩。俩（liǎ）是“两个”的意思，为口语。一般能用“两个”的地方都可以用“俩”，如：

（49）兄弟俩　母女俩　姐妹俩　俩包子　俩桌子

第三，仨。仨（sā）是“三个”的意思，用法与“俩”基本一样，但是没有“俩”常用。

（三）数词的语法特点

数词虽说只是表达数的，但在语法上也有自身的一些特点。这些特点与数学上的特点并不完全相同。

第一，数词经常和量词组合，构成一个量词短语，充当句法结构成分。量词都要与数词结合充当定语或补语，一般是名量词“本、门”等充当定语，动量词“次、遍”等充当补语，如：

（50）我们到华文学院学华文一来就买了十五本书。（定语）

每周上课要上二十次。（补语）

每次老师都要我们在课前看几遍书。（补语）

每一门课都有作业。（定语）

每一次作业老师都要评讲。（定语）

第二，数词不单独直接用在名词或动词前边，如果有则只是沿用古代文言格式或成语中的用法，如：

（51）＊一笑一说　＊三手二脚　＊四变五开

一举一动　三心二意　四分五裂

第三，数量短语通常作定语或补语、状语，如：

（52）每当考试的时候往往是一头扎进书里（状语）

以便一锤定音取得好分数（状语）

（四）数词的活用

有些数词有时不表示实在的数目，而表示与数目有关的其他一些意思，这就是数词的活用。

单个数词的活用。“三”与“九”都表示“多”。“十”表示种类繁多，花样齐全等。如：

（53）一而再，再而三　三番五次

九重天　九九艳阳天

十全十美　十恶不赦

五、量词

（一）一般量词

量词是用来计算事物或动作的单位，包括名量词、动量词和时量词。量词可以根据语法功能的不同进行分类。

第一，名量词。名量词又可以分为专用量词和非专用量词。

一是专用量词，如：

个体量词：把　个　张　本　匹

集合量词：双　群　副　批　套

度量词：尺　寸　公升　两　公斤

二是非专用量词，如：

不定量词：一些　一点

准量词：年　星期　天　小时　分　秒

复合量词：架次　人次　秒立方米

此外，还有借用量词。借用量词是指有些名词可以临时用作量词，如：

（54）三碗饭　一杯水　一桌菜

表示事物的量，有的名量词组成的量词短语只能修饰名词，如上面的例子。表度量衡单位的名量词组成的量词短语能修饰名词或形容词，如：

（55）五斤米　两尺布　三米竿

五斤重　两尺长　三米高

第二，动量词。动量词也可以分为专用动量词和借用动量词。专用动量词是专门用于具体动作行为的；借用动量词是指表示动作行为所凭借的工具以及人体的四肢器官的名词。专用动量词数量不多，借用动量词则相对多一些。

专用动量词：次　下　回　阵　顿　场　趟　遍　番

借用动量词：切了一刀　放了一枪　踢了一脚

打了一拳　看了一眼　咬了一口

买了一桶　端了一盆　运了一车

装了一船　堆了一屋　挑了一挑

第三，时量词。它是专门表示时间的量词。这是比较固定的量词。

时量词：年　月　周　星期　礼拜　日　天　小时　分　秒

（二）量词的语法特征

量词的语法特征跟其他词相比，有自己的特点。总的来说是语法特征与能充当的句子成分相对固定。

第一，位置。量词总是出现在数词后边，同数词一起组成数量短语，作定语、状语或补语等，如：

（56）小王家的公司有三百四十三个工人。（定语）

小王每天都要一遍一遍地记工人的名字。（状语）

每次去公司前小王都要把工人的名字看好几遍。（补语）

第二，重叠。单音量词大都可以重叠，量词重叠后表示“每”的意思，例如“个个”就是每一个的意思，“次次”是每一次的意思，“本本”是每一本的意思。重叠后能单独充当定语、状语、主语，不能作补语，如：

（57）个个工人对这件事都很满意。（定语）

这些人要一个一个地进去。（状语）

在这个公司里的人，个个都想做好工作。（主语）

*这些人要进去次次。（补语）

第三，功能。量词不能单独作句法成分。在“拿份报纸去看”中“份”是“一份”的省略，只有数词是“一”的时候才可以省去。量词用在指示代词后面构成指量词组。数量短语和指量短语统称为量词短语，如：

（58）你去找个工人来做这件事。（一个）

你要考虑一下这个问题。（这一个）

六、副词

（一）一般副词

副词是用在动词或形容词前面起修饰、限定作用的词。常用来说明动作行为或性质状态等所涉及的程度、范围、时间、情态以及肯定或否定的情况。

按照意义可以把副词分成不同的类别，如：

程度副词：很　十分　非常　格外　稍微

范围副词：都　全　总　总共　统统　仅仅　只

时间副词：正 刚 就 才 立刻 常常 曾经 终于
肯定副词：一定 准 必定 必然
否定副词：不 没（没有） 别 未 甭
语气副词：却 偏 难道 简直 究竟 居然 反正
频率副词：又 还 再 再三 屡次
方式副词：悄悄 亲自 一齐 相互
情态副词：猛然 依然 逐步 逐渐 渐渐 亲自 互相

有的副词只表示一种意思。

单义副词：很 简直 立刻 仅仅

有的副词可以表示多种意思。

多义副词：还 都 就 才

这些副词可以表示多种意思，如：

（59）小王还没有来。（时间）
小李比小王还胖。（程度）
小吕还要去北京。（重复）
小周还大学生呢！（语气）
现在他们都来了。（范围）
现在都三点钟了。（时间）

（二）副词的语法特点

第一，副词只能在句子中充当状语，只有个别的程度副词"很"、"极"还可以作补语，如：

（60）小王极好。（状语）
小李好极了。（补语）
小张很高。（状语）
小吕高得很。（补语）

第二，副词一般不能单说，只能在省略句中单说，如：

（61）A：你去吗？ B：不。（主观否定）
A：小王来了吗？ B：没有。（客观否定）
A：小周你不去吗？ B：也许。（有可能）
A：小张你不舒服吗？ B：有点儿。（程度轻）
A：小郑妈妈来看你了？ B：当然。（肯定）
A：小杨你什么时候走？ B：马上。（时间）
A：小董我还你钱。 B：何必呢。（客气）
A：小刘才游完泳吧？ B：刚刚。（时间）

第三，部分副词可以起关联作用，常用来连接两个动词或形容词，也可以连接两个短语或分句。它们有单用的，也有成对使用的，这是用单个副词关联两部分。也有用两个相同的副词关联的，这是双用副词关联。多数副词只能用在动词或形容词前面充当状语表时间、方式、情态等。部分表示语气的副词还可以用在句首，修饰后边整个主谓结构。如：

（62）说干就干　做好才来　你去我也去（单用关联两部分）
又快又好　越学越快　不紧不慢（双用关联两部分）
小王刚刚来把货提走了。（时间）
小张亲自来把货提走了。（方式）
小李高兴地来把货提走了。（情态）
难道你不知道小王刚刚来把货提走了吗？（语气）

语气副词用在句首起明显的强调作用。

七、代词

代词几乎能代替所有的实词和短语，所以代词的主要功能是在语句中代替其他词语。代词可以根据作用和意义进行分类，包括人称代词、指示代词和疑问代词三类。

第一，人称代词。人称是指说话人和代词所指对象之间的关系，人称代词主要是指人。因此人称代词主要对人起称代作用。“我、你、他”分别表示第一人称、第二人称和第三人称，这些代词后面都可以加“们”表示多数。其中还有一些小的不同。

一是，包含与不包含的不同。这主要是“我们”与“咱们”是否包含听话一方。

人称代词根据所指对象是否包含又可分为包含与不包含两个小类。一般来说，“咱们”和“我们”都是第一人称复数，这两个词在使用时用法有所不同。“我们”可以包括听话对方，也可以不包括听话对方，但“咱们”和“我们”对举时，“我们”不包括对方。“咱们”多用于口语，总称说话人与听话人双方。如：

（63）我们去他们家吧。（“我们”包括听话一方）
我们去海南旅游，你去哪里？（“我们”不包括听话一方）
你们来跟我们会合吧，咱们就一起去海南。（“我们”与“咱们”对举，“我们”不包括“你们”）

二是，尊称与非尊称的。这主要是“你”与“您”所含的尊敬义有不同。

一般来说“你”是非尊称，而“您”是“你”的尊称，在口语里没有复数形式，有时用“您几位”、“您诸位”表示不止一个。“您们”偶见于书面语。

三是，性别与人和物。“他”、“她”、“它”这三个词只是在书面上有所区分。“她”专指女性，“他”并不专指男性，只有和“她”对举时才专指男性。在性别不明或没有区分必要时，可用“他”泛指。表复数的“他们”也不专指男性，在复数中男性女性都存在时，只写“他们”。“它”是用来指事物的，不能指人。表示复数的时候后面加“们”。

四是，自称与他称。这主要有“自己”、“自个儿”、“别人”、“人家”、“大家”、“大伙儿”，如：

（64）她不会自己做吗？（“自己”指“她”）

书不会自个儿掉下来的。（“自个儿”指“书”）

小王马上要出差，要是有别人来找小王你就马上打电话给我。（“别人”指“另外的人”）

小王要考试，你不要去麻烦人家。（“人家”指“小王”）

这几天要考试了，大家都要认真复习。（“大家”指“所有的人”）

这几天公司要招新人了，大伙儿都要推荐一下。（“大伙儿”指“所有的人”）

例（64）表明“自己”和“自个儿”分别表示本身和本身以外的人或事物，后者用以复指句中已出现的人或物。“别人”、“人家”指说话人和听话人以外的人。“大家”、“大伙儿”指所有的人，则用来表示统括。

第二，指示代词。指示代词既有代替作用又有指称作用，都能单独使用，也可以和量词结合构成指量词组，如“这个、那个”。“这、那”指人或事物，“这儿、那儿”指处所，“这会儿、那会儿”指时间。如：

（65）这个不是你的同学老张吗？（“这个”指“你的同学老张”）

这不是你昨天掉的照相机吗？（“这”指“昨天掉的照相机”）

这儿不是去年我们来过的地方吗？（“这儿”指“去年我们来过的地方”）

这会儿不过八点半，时间还早哩。（“这会儿”指“八点半”）

此外，“这么、那么、这样、那样、这么样、那么样”指性质、状态、行为或方式，“这么些、那么些”指数量。“这”表示近指，“那”表示远指。如：

（66）这么一件东西，你竟然把它丢了！（“这么”指“东西的性质”）

拾金不昧，这样的人一定不错的！（“这样”指“人的本质”）

昨天上街不小心把钱包弄丢了，后来遇到一个出租车司机给拾到了，他不辞劳苦给送回来了。就这么样我就到《羊城晚报》做了一个广告，感谢他的拾金不昧。（“这么样”指“昨天发生的事”）

（67）今天在座的这几位朋友是我在中国广州认识的，前几天来的那几位朋友是我在中国北京认识的。（“这”近指身边的；“那”远指不在身边的）

例（67）“这”是近指，“那”是远指。

另外，还有几个比较特殊的指示代词。“每、各”指所有的个体，但“每”是逐指，有逐个的意思，着重于个体的共同之点。“各”是分指，表示有分别，着重于个体之间的分别。“某”是虚指，有所指而又不明指。如：

（68）这次到中国每人都发了一顶红帽子。（每一个人）

我们每个人都要遵守各项规章制度。（每一项）

他还和某人有来往。（不明确的某一个人）

他到过某地出差。（不明确的某一个地方）

例（68）中“每、各”指每一个；“某”指不明确的一个对象。

此外，还有“另、其余、其他”指一定范围以外的人或事物，如：

（69）这次球队没有成功，除了几个队员受伤外，其实另有原因。（“另”指“除了几个队员受伤”还有别的原因）

除了小王，其余的员工都去参加游泳比赛。（“其余”指除去小王以外余下来的人）

除了班长，其他同学都去排队。（“其他”指不包括班长的全体同学）

第三，疑问代词。疑问代词是人称代词和指示代词的疑问形式。“谁、什么、哪一个”问人或事物；“哪儿、哪里”问处所；“哪会儿、多会儿”问时间；“怎么、怎样、怎么样”问性质、状态、行为或方式；“多、多少、几”问数量；“多”还可以用来问程度。

代词可以有活用的用法。代词的活用主要指代词的虚指用法，有以下三种情况：

一是，人称代词的活用，如：

（70）大家你看看我，我看看你，面面相觑。

（71）大家你一言，我一语，说个没完。

（72）打他个落花流水。

人称代词也可以用于虚指，如例（70）和例（71），这里的“我”、“你”都不是指特定的人，而是表示不确定的对象。人称代词“他”也可以起到增加语势的作用，如例（72）。

二是，指示代词的活用，如：

（73）他看看这，看看那，什么都感到新鲜。

（74）大家说他这也不对，那也不对，你让他怎么办？

（75）你想这么样，他想那么样，怎么搞得成呢？

例（73）、例（74）中的“这、那”都是虚指。例（75）中的“这么样、那么样”也是虚指。这是代词的虚指，指示代词也可以虚指。

三是，疑问代词的活用，如：

（76）他什么也不说。（一切事情）

他对谁都很客气。（任何人）

这个地方哪儿都很干净。（每一个地方）

例（76）中的“什么、谁、哪儿”都是疑问代词，但都不表疑问。这是疑问代词的任指用法，强调所说的无一例外。“什么”指“一切事情”、“谁”指“任何一个人”、“哪儿”指“每一个地方”等。这种用法需要句子里有“都”或“也”跟它呼应，组成“什么都”、“谁都”、“哪儿都”等。

疑问代词还有表示虚指的用法，即用疑问代词来指称不愿意指明或不能确定的人、事物、地方或行为动作、性状等，如：

（77）我刚到这里不认识路，找谁问问吧。（人）

明天我们到美食街去吃点什么。（事物）

来了好几天了，我想有时间到哪儿去玩玩儿。（地方）

例（77）中的“什么、谁、哪儿”都是疑问代词，但都不表疑问。这是疑问代词的虚指用法，指所说不确定或不存在。“谁”指“可能遇到的人”、“什么”指“不确定的美食”、“哪儿”指“可能要去的地方”，这些都是不确定或不存在的。这种用法需要符合“未实现的”、“建议”、“自己提出”、“疑问代词”等几个条件。

思考与练习

1. 名词与动词、形容词的最大不同是什么？

2. 指出下面这一段话中的实词。

啊！有一个很高的先生跟他们在海边散步，沙沙沙……

（1）名词：

（2）动词：

（3）形容词：

（4）数量词：

（5）代词：

（6）副词：

3. 根据词的句法功能、组合功能和意义三个标准，分辨词类。

（1）“没有钱”中的“没有”是（ ）。

（2）“没有来”中的“没有”是（ ）。

（3）“他有一点钱”中的“一点”是（ ）。

（4）“菜有一点咸”中的“一点”是（ ）。

（5）“我把这事记录下来”中的“记录”是（ ）。

（6）“他的记录我看过了”中的“记录”是（ ）。

4. 根据词类的组合功能分析判断词性。

如：看了两（数词）本（量词）书。

（1）说了几（ ）句（ ）话。

（2）你在看什么（ ）？

（3）我们大家（ ）怎么（ ）去？

（4）车祸就（ ）突然（ ）发生（ ）了。

（5）我刚才（ ）根本（ ）就没有说。

5. 用相关代词仿照例句造句。

例如：

谁：在这儿，我谁也不认识。　　什么：他什么都知道。

怎么：他怎么都做不好。　　哪儿：我哪儿都去过了。

怎样：大家都知道怎样做才好。

（1）谁：

（2）什么：

（3）怎么：

（4）哪儿：

（5）怎样：

第四节　虚　词

一、虚词的作用

虚词在句法结构中起附着或连接作用。介词、助词、语气词的作用是附着，它们都附着在实词或短语上面，起一定的语法作用。连词的作用是连接，把两个或更多的语法单位连接起来构成一个更大的语法单位。虚词不像实词那样能在句法结构中单独充当结构成分。虚词在句法结构中的位置比较固定，总是附着在动词后边表示动作变化处于某种状态，如：

（1）他走着走着，突然跌倒了。（“着”表正在持续）

他吃了饭就上学了。（前一个“了”表完成、后一个“了”表出现新情况）

他以前也结过婚，现在是一个人过。（“过”表曾经发生）

例（1）中的“着、了、过”都是动态助词，都表示语法意义而实义不多。

有的则总是附着在句子后边，表示全句的语气，如：

（2）你今天吃了饭就去上学吗？（“吗”表疑问语气）

他刚才还好好的，怎么会突然就跌倒了呢？（“呢”表反问语气）

根据这些特点，可以把虚词分为介词、连词、助词、语气词。

此外，还有叹词和拟声词。它们都能独立成句，但在句法结构中通常不跟其他词发生结构关系，因此是两个特殊的词类。

二、虚词的类别

（一）介词

1. 一般介词

介词是把名词介引给动词说明动作行为发生的种种情况的词。

介词是虚词的一种。大多数介词是由动词虚化而来的，因此介词的语法特征还与动词有某些相似之处。介词位于名词或名词性短语、代词前，与名词性短语、代词构成介词短语。介词后的名词或代词是介词的宾语。介词短语在句子里作状语，作用是介绍出跟动作行为、性质有关的时间、处所、方式、范围、对象等。

介词的数目不多，但使用频率较高，而且每个介词往往有多种用法。介词可以按所表达的意义进行分类，一般是按能否介引施事，动作发出者、受事，动作行为承受者、当事，动作行为受益者或受损者，以及时间、处所、方位等进行分类，大致可分为以下几类，如：

介引施受：被　叫　让　由　把　将　对　给　替

介引处所、方位、时间：自　从　往　朝　向　由　在　当　于　趁　沿着　顺着

介引原因、目的、方式、手段：因　由于　为　为了　为着　凭　以　由　接着　本着　通过　根据　依照　遵照

介引与事、比较：和　跟　同　与　比

介引关涉：关于　至于　对于

2. 介词的语法特点

现代汉语的介词有些是沿用古代汉语的介词，如“于”、“以”、“自”等；有些是从古代汉语中动词演变而来的，如“把”、“被”等。另外，还有一些主要用作介词，但还保留动词的用法，属于介词、动词兼类，如“在、通过、根据”等。

介词有自身的一些特点，主要有以下几点：

第一，介词不能单说，也不能单独充当主谓等成分，如：

（3）＊他从。　　＊他把。

他从北京来。　他把书读完了。

第二，介词不能重叠，也不能带动态助词“着”、“了”、“过”等。有些介词可以有几种形式，如“为”、“为了”、“为着”，“向”、“向着”，“除”、“除了”等。这里的“着”、“了”不是动态助词，而是介词本身的构词成分。如：

（4）＊他从从北京来。　＊他把把书读完了。　＊书被被他读完了。

＊他从着北京来。　＊他从了北京来。　＊他从过北京来。

为去北京旅游，他必须每天加班一小时。

为了去北京旅游，他必须每天加班一小时。

为着去北京旅游，他必须每天加班一小时。

到北京是飞机要向北方飞行。

到北京是飞机要向着北方飞行。

除小王外，我们都去过北京旅游。

除了小王外，我们都去过北京旅游。

第三，经常用在名词、代词前边，一起组成介词短语。介词短语的主要用途是作动词、形容词的修饰语。如：

（5）北京比珠海大多了，我们一定要跟导游走，不然会迷路。

例（5）“比珠海”充当状语修饰中心语“大”；“跟导游”充当状语修饰中心语“走”。

介词“对”、“对于”、“关于”、“朝”等组成的介词短语，有时可以用来修饰名

词，但后边一般要用助词“的”，如：

（6）朝南的房间很好。

关于调动的事情现在还没有办好。

第四，介词短语不能作述语，只能介引名词给动词构成修饰或限制成分，如：

（7）＊我从北京。　我从北京来。

现代华语里的介词绝大多数是从动词演化而来的，所以有些介词还兼属介词和动词两类，如“在”、“给”、“比”等。

（8）A 组　　　　　B 组

他在家。　　　　她在办公室办公。

这本书给你。　　我们给他看门。

他比不过我。　　他比我高。

我家的大门朝南。　妈妈朝我笑着点了点头。

例（8）A 组中的“在、给、比、朝”等后边带上名词能独立成句的是动词，B 组不能独立成句的是介词。

（二）连词

1. 一般连词

连词没有实在的词汇意义，只表示一定的语法作用，即在句中起连接作用。在单句中连接词或短语表示并列或选择关系，在复句中连接分句，表示分句间的种种关系。

连接词和短语：和　跟　同　与　及　以及　并且　而　或　或者

连接小句：于是　并且　不但……而且……　或者……或者……　不是……就是……　是……还是……　要么……要么……　与其……不如……

连词的使用是比较固定的，但也有一定的变化，如：

（9）小王和小张　计划并且实施　聪明而且漂亮

一般而言，连接名词多用“和、跟、同”，连接动词多用“并、并且”，连接形容词多用“而、而且”，但也不绝对，如：

（10）正在建设的房屋和道路一定要保证质量。

这个工程一定要抓紧计划和实施。

这项决议的讨论和通过是我们天天都在盼望的。

聪明和漂亮是人人都喜欢的。

我们大家都喜欢住房的坚固和耐用。

例（10）中连接名词“房屋、道路”；连接动词“计划、实施，讨论、通过”；连接形容词“聪明、漂亮，坚固、耐用”，都用“和”而没有分别用“和、并、而”。这是因为当这些联合短语充当主宾语时，其中连词一律用“和”而不再区分名词用“和”，动词用“并、并且”，形容词多用“而、而且”，但充当谓语时则要严格区分。

2. 连词与连接关系

连接词和短语的连词表示的关系并不一样。

第一类，并列关系。前后两项地位相等，如果语义允许，前后项可以互换。表并列关系的连词如：和、跟、同、与、及、以及、及其等。

一般表示并列关系的，都连接名词。“和”的使用范围较广，还可以连接动词、形容词。在连接动词时要求有共同的宾语或共同的状语，连接形容词时只要求有共同的状语，如：

（11）我们的地球明天会更加美好和富有。

议会同时辩论和表决了这几项议案。

“跟”的口语色彩比较浓，常用于口语中。“与”的文言色彩比较浓，常用于书面语中或庄重的场合。“及”所连接的词语在意义上有主次和先后之别。如：

（12）昨天我跟小王一起去了巴厘岛。（“跟”义同“和”）

语言与言语是符号系统与应用符号系统的关系。（“与”义同“和”）

彩电、冰箱、空调及其他是当今家庭的必需品。（“及”义同“和”）

“和、跟、同”这三个词既是连词也是介词，是用来表示伴随或对象的。在具体的语句中它们是连词还是介词，可以从以下两个方面区分。

一是，看“和”连接的前后两项是否能对调位置，能对调而且基本意思不变的是连词；不能对调或对调后意思改变了的，是介词。

二是，看“和”的前面能否添上修饰语，能添上修饰语的是介词，不能添上修饰语的是连词，如：

（13）小明和小王都讲了话。＝小王和小明都讲了话。

（14）小明正在和小王讲话。≠小王正在和小明讲话。

因此例（13）中的“和”是连词而例（14）中的“和”是介词。

为了使意义表达明确，在一篇文章特别是一个句子中，同时有介词和连词出现时，一般是“和”作连词，“同”作介词，如：

（15）我们同父母和孩子去游玩。

第二类，进一层关系的连词。进一层关系指两个或以上分句之间，前一个分句的意思重要性比后一分句低。

进一层关系连词：并　并且　而且　甚至

它们表示进一层的意思。“并”一般只连接动词；“并且、而且”可以连接动词，也可以连接形容词。连接分句的连词常同起关联作用的副词配合使用。“甚至”则是在一般进一层的基础上更进一层，如：

（16）我们讨论并通过了这项决议。（动词）

她美丽而且大方。（连接形容词）

不但你能做这个软件，而且王明也会做。（连词与副词配合使用）

不但普通员工要去，而且部门经理要去，甚至他们公司的总裁和副总裁都要去。（连词连续使用共三层）

（三）助词

华语的助词是由一些功能很不相同的虚词组成的。助词是附着在词或短语上，表示附加意义的虚词，大都念轻声。

华语的助词可以按照不同的标准进行分类。按照功能，助词可以分为三类：

结构助词：的、地、得、所、等、给、似的（地）

动态助词：了、着、过、来着

其他助词：似的（一样）、所、给、来

第一，结构助词。结构助词的作用是把词语连接起来，使之成为具有某种句法结构关系的短语。常用的三个结构助词“的、地、得”都念轻声“de”，书面上因为用法的区别分别写为不同的字形。“的”经常用在定语和中心语之间。“地”用在状语和中心语之间。“得”用在动词或形容词后边，引出补语。如：

(17) 我的书　漂亮的书　借的书

(18) 高兴地跑过来　边打电话边挥手地跑过来

(19) 好得很　打得漂亮　打得他们逃跑了

例（17）“我”是代词，“漂亮”是形容词，“借”是动词，它们都能在“的”前面构成定语修饰名词“书”。例（18）“高兴”是形容词，“边打电话边挥手”是复杂的联合短语，它们都能在“地”前面构成状语修饰动词短语“跑过来”。例（19）“很”是副词，用在“得”后面补充说明“好”的程度；“漂亮”是形容词，“他们逃跑了”是主谓短语，它们都能在“得”后面构成补语，补充说明动词“打”的程度或结果。

助词“的”还常附在其他词或短语后面共同构成一个具有名词功能的“的”字短语，其功能相当于一个名词。“的”字短语具有限制、指别作用，比如“我的”区别于“你的”、“他的”；“卖菜的”指明不是“卖书的”等。“的”字短语在句中可以作主语和宾语，如：

(20) 卖菜的已经走了。　他要找一个开车的。

第二，动态助词。动态助词只有三个“着、了、过”。这主要用来表示某一过程中动作变化的状态，都念轻声。

动态助词“着”附在动词后边，表示动作正在进行或状态正在持续，如：

(21) 她看着电视。（“看”的动作仍在进行）

灯还亮着。（“亮”的状态还在持续着）

否定形式是动词前边加“没有”。“着”可以跟“正、在、正在、呢”配合使用，表示动作行为正在进行。

动态助词“了”附在动词后边，表示动作已经完成，或状态有了什么样的新情况，如：

(22) 来了客人。(“来”的动作已经完成)

条件好了也要注意节俭。(条件到了“好”的情况)

“了”有时也用于将来时，如：

(23) 等你考上了大学的时候，我再出国。

明天吃了晚饭我来找你。

否定形式是动词前边加“没有”或“没”；动词后边有名词宾语，宾语前边常常带数量词组或其他定语，如：

(24) 他刚才还在这里，我再进去就没人了。

你偏不信，没有了这个东西绝对不行。

如果宾语简单（只有一个词），一般要具备三个条件：

首先，在句尾加语气助词“了”；其次，在动词谓语或主语前用上状语；最后，宾语后边必须另有动词或动词短语。

动态助词“过”附在动词后边，表示经历过某种动作，或有过某种状态，如“上海我去过”（经历过）；“他的眼睛曾经好过”（有过“好”的状态）。“过”一般用于过去。其表达功能是说明性的，用“过”的句子常常说明一个原因。否定形式是（第一个）动词前边加上“没（有）”。

注意：如果一个动词表示的人或事物存在期间只有一次，不可能有第二次，那么这样的动词后就不能用“过”，如人只能生死一次，所以正常情况下不能说“我出生过”和“我死亡过”。

第三，其他助词。其他助词是指除结构助词、动态助词以外的助词。

其他助词：第　初　来　给　等　似的　所……

这些助词的功能特点：附加在其他词语的前面或后面，表示某种附加意义，或构成某种短语。

“第”、“初”用在数词前面，表示次序，如：

(25) 第一　第二　第三　初一　初二　初三……

“来”用来表示概数，如：

(26) 十来个人　五十来岁

“给”直接用在动词前，只起结构作用，不表任何意义，如：

(27) 我把手给划破了。　敌人给打败了。

“等”用来表示列举未尽，如：

(28) 来自北京、上海、天津等地的人最多。

“等”有时也用来表示列举之后的煞尾，后面往往带有总括前列各项的数字，如：

(29) 语文、数学、英语等三门功课都考得不错。

“似的、一般、一样、般”直接附着在词和短语后边构成“比况短语”，表示比喻或说明情况相似，相当于一个形容词，如：

(30) 鲜花似的　大海一般　雪片一样　兄弟般……

“所”用在动词前面，构成“所字短语”，具有名词性，修饰名词时要带“的”，如：

(31) 他所说的情况就是如此。

这些结构中的中心语必须是“所”后面的动词所能支配的对象。“所”字结构加上“的”也可以构成一个“的”字结构，如：

(32) 他所想到的

例（32）“他所想到的”相当于“他所想到的事情”，其中，“事情”这个对象可由“想”支配，可表述为“他想事情”。

(四) 语气词

1. 一般语气词

语气词经常附着在句末表示某种语气，一些复杂的意思或情感有时可能不通过词汇而通过语气表达出来。

常见语气词：啊、吗、呢、吧、的、了、罢了、而已、嘛。

询问语气词：吗、呢。

陈述语气词：的、了。

祈使或感叹语气词：啊、吧、呀。

2. 语气词表示的语气类别及用法

语气词的用法多种多样，如：

(33) 你们不会忘记我们的。(陈述语气)
别说了。(祈使语气)
你到过北京吗？(疑问语气)
天晴了吧？(疑问语气)
走吧。(祈使语气)
我没什么，你才辛苦呢。(陈述语气)
你还想知道什么呢？(疑问语气)
这孩子多聪明啊！(感叹语气)
我们天天打架，是狗造成的。我们和好吧。(商量的语气)

例（33）表明：语气助词可以单独或与语调及其他词一起表示各种不同的语气。与印欧语言相比，语气助词是汉语特有的一类词。

其语法特点是一般位于句子的末尾，都有缓和句子的语气的作用。一个句子末尾用上读轻声的语气助词后，使句子变长，节奏减慢，语气自然就舒缓下来。不同的语气助词可以适用的句子的语气类型是不同的，表达的语气也是有细微的区别的。

“啊”可以用于各种各样的句子，其功能是缓和语气。“吗”用于陈述句的末尾，可以构成是非句。是非问句句末语调一般是高扬的，如：

(34) 你看见我的手表了吗？

两个语气助词如果连用，还会合成一个音节。如“了 + 啊→啦”、“呢 + 啊→哪”等。语气词一般都读轻声，句子语调的高低升降变化主要体现在语气助词前的音节上，语气助词本身的音高会受到一些影响。

语气词同句类有密切联系，后面要专门讨论。

(五) 叹词

1. 一般叹词

叹词可以表示惊讶、赞美、埋怨、叹息等感情，起呼唤、应答的作用，如愤怒时常用的“哼”，欢乐时用的“哈哈”，痛楚时用的“哎哟”，呼唤人用的“喂”，应答时用的“嗯”等，都是叹词。

叹词是一种比较特殊的词类。它既没有确切的词汇意义也没有语法意义；既不是实词，也不是虚词。在结构上，叹词独立于句子结构之外，不与句子中的任何成分发生关系，也不充当任何句子成分。但每一个叹词都表达一定的意思，在意义上，叹词与所在的句子是有联系的。

2. 叹词的类别及用法

从表达的意义看，叹词可以归纳为以下几类：

表示喜悦：哈哈、嘿嘿

表示悲伤、痛苦：唉、咳

表示愤怒、鄙视：哼、呸

表示惊讶：哎呀、咦

表示醒悟、领会：哦、噢、喔、啊

表示呼唤应答：喂、嗯、欸

叹词的用途主要有以下一些：

第一，独立成句，构成非主谓句，如：

(35) 喂！你干什么啊？

第二，作插入语，如：

(36) 回头一望，哦，满山的红叶。

第三，叹词有时活用为其他词，作句子成分，如：

(37) 嘴张着，好像在喊“啊”。(活用为名词，作宾语)
他急忙“啊”了一声。(活用为动词，作谓语中心语)
电话里有“喂喂”的声音。(活用为拟声词，作定语)
人们哈哈大笑起来。(活用为形容词，作状语)
他疼得直哎哟。(活用为拟声词，作补语)

第四，叹词连用表感叹的加强或连声的呼唤、应答，如：

(38) 哎哟哟，哎呀，瞧瞧，全搞糟了。

有时同一叹词读不同的声调和语调，便表示不同的意义，如：

(39) 啊（ā）！真好哇！（表赞叹）

啊（á）？这么快呀？（表惊讶或不知道）

不要哭了，啊（á）！（表追问）

啊（à）！这么回事啊！（表特别惊讶或醒悟）

叹词表示感叹或呼应，如“唉、啊、哎呀、哼、咦、喂、哦、嗯”等。叹词的特点是能独立成句，或充任插说语，不跟别的词发生结构关系。

（六）拟声词

1. 一般拟声词

拟声词也叫象声词、摹声词、状声词。它是模拟自然界和人类声响的词，人类语言基本上都有这一类词，如“哗啦啦”（雨声）、“咚咚咚”（敲门声）、“轰隆”（炮声）等。

拟声词主要用声音来模拟事物或自然界的声音，以增添声音的实感和语言的生动性，如：

(40) 春雨刷刷地下着。

虽然是模仿自然界或人类的声音，却有很大的主观性。自然界的声音丰富多彩，五花八门，但经过人的耳朵采集，同时经过大脑的主观感知和辨识，再由具有民族性的语言的语音系统进行模拟，因此拟声词不是自然界或人类社会声音的原版再现，而是要服从一定语言的语音系统调节和制约的。

汉语中的拟声词通常是把汉字当成语音符号来使用，汉字成为构成拟声词的材料。因此拟声词只用汉字表音，跟字义无关。因此，有可能同一声音用不同的字来模拟。

2. 拟声词的音节分类

拟声词可以按音节多少进行分类，如：

第一类，单音节，如：

唰 哗 轰 嘭 砰 嘘 咻 飕 哔 当 喵 咣

第二类，双音节，如：

啦啦 哗哗 汪汪 咚咚 咚隆 呀呀 呼呼 嗖嗖 嘘嘘 嘎嘎 滴滴 答答 飕飕 隆隆 呜呜 咩咩 咕咕 叽叽 喳喳 呱呱 啪啪 喔喔 沙沙 嘻嘻 哈哈

此外，还可以按拟声词的组合形式分类，主要有 11 小类：

①AB 型：乒乓 扑通 滴答 叮当 布谷 哗啦

②AAA 型：嗡嗡嗡 呱呱呱 达达达 轰轰轰

③AAB 型：叮叮当 滴滴答 咚咚锵 噼噼啪

④ABB 型：扑通通　哗啦啦　滴答答
⑤ABA 型：吱咕吱　咯吱咯　轰隆轰
⑥AAAA 型：叮叮叮叮　当当当当
⑦AABB 型：滴滴答答　叽叽喳喳　乒乒乓乓
⑧ABAB 型：哗啦哗啦　淅沥淅沥　轰隆轰隆
⑨ABCD 型：叽里咕噜　叽里呱啦　噼里啪啦
⑩ABCA 型：咚得隆咚　锵不隆锵　啦里踏啦
⑪ABBB 型：淅沥沥沥　哗啦啦啦　轰隆隆隆

3. 比较拟声词与形容词的差别

一般将拟声词归为形容词，理由是拟声词多半用来描绘、模拟自然界的声音。同时也把表达人主观感情、情绪所兴发的声音“唉！啊呀！呜呼！”等归入拟声词。

在今天看来这只是拟声词的部分功能，但在句法功能上拟声词跟形容词还是有很大的不同，如：

（41）高兴地说　　　　非常高兴地说
叮叮当当地响着　＊很叮叮当当地响着

拟声词不能用“A 不 A”的方式表示疑问；拟声词可以和数量词结合，而形容词不能；双音节的重叠，拟声词可以是 AABB 式，也可以是 ABAB 式，形容词通常只是 AABB 式；拟声词在句中的位置比较灵活，有较大的独立性，形容词则不具备这样的特性。如：

（42）干净不干净
＊叮当不叮当
干干净净　＊干净干净
叮叮当当　叮当叮当

（43）他正在愉快地说　＊他愉快地正在说
钟声正在叮当地响　钟声叮当地在响

由例（42）、例（43）可以看出，形容词的用法相对固定而拟声词的用法相对灵活。

虽然形容词与拟声词也有相同的地方，都能够以 ABAB 方式重叠，但重叠后所表达的意义不同：形容词重叠后有强调意味和感情色彩；拟声词重叠后只是声音的延长而不产生任何附加意义。

4. 常见拟声词的语义

拟声词绝大多数都是模拟日常生活中的声音、人们常听到的声音，如：

当啷（金属磕碰声）、当当（金属的响声）、丁零当啷（金属、瓷器连续撞击声）、咚咚（击鼓、敲门声）、吧嗒（脆响的关门声）、梆梆（敲打木头声）、咕咚（重物落下声）、哗啦（东西倾倒声）、飒飒（风吹动树枝叶声）、嘎巴（树枝折断声）、瑟瑟（不大的寒风声）、沙沙/飒飒（踩沙子、飞沙击物或风吹草木声）、呼呼（电扇、风吹或飞机螺旋桨转动声）、噼里啪啦（雨点敲击房顶或鞭炮声）、吧拉/哗哗（水流声）、嘎吱/咔嚓（物体受压声）、潺潺（溪水/泉水流动声）、咕嘟（液体/沸腾/水流涌出或大口喝水声）、扑通（重物落地声）、扑哧（笑声/水/气挤出声）、隆隆（雷/爆炸/机器声）、呜呜（汽笛声）、的的（喇叭声）、滋滋（油在锅里声）、噼啪（鞭炮爆炸声）、登登（脚踏楼板声）、喔喔（雄鸡叫声）等。

思考与练习

1. 虚词与实词最大的不同是什么？

2. 分析判断后选择正确的词语完句。

（1）飞机飞（　）北京。

A. 往　　B. 给　　C. 对　　D. 朝

（2）雷声（　）地响着。

A. 轰隆隆　　B. 叮当　　C. 沙沙　　D. 呜

（3）这么好的事情，我怎么会不去（　）？

A. 吗　　B. 呢　　C. 吧　　D. 了

（4）敲钟了，（　）！

A. 叮叮当当　　B. 的的　　C. 滋滋　　D. 呼呼

（5）（　）！我中了大奖了！

A. 哈哈　　B. 唉　　C. 嗯　　D. 呸

3. 根据词类知识进行分析判断，改正句中的错误。

（1）他以前去了中国，现在印尼。（　）

（2）他穿了这么好的衣服，一定很有钱。（　）

（3）我所的知道，你一定也知道。（　）

（4）虽然你不想去，而且我想去。（　）

（5）我宁可在家里洗碗，所以不去参加他们的会。（　）

4. 根据助词的特点和用法完成下列句子。

的、地、得、着、了、过

（1）这种难办（　）事情我以前也遇到（　）。

（2）他开车开（　）飞快，为此吃（　）不少亏。

（3）每次考完后我都要仔仔细细（　）检查几遍卷子。

（4）春节我不加班了，妈妈正盼（　）我回家过年呢。

（5）这本书已经看（　）三天（　），还没有看完。

5. 根据介词的特点和基本用法，完成下列句子。

被、把、对于、关于、至于

（1）这道题（　）我难住了。

（2）我买了几本（　）中国的书。

（3）我下周一定要回家，（　）怎么回家则要看情况。

（4）（　）你来说，做当前的工作比回家重要。

（5）上周五，我（　）老师表扬了，说我学习进步大。

第五节　词类辨析

一、名词、动词和形容词的区别

名词、动词和形容词是词类中的三大类别，使用频率高，有时容易混淆，需要认真区别。名词常误用为动词或形容词，例如：

(1) ＊他一连睡眠了十二个小时。

＊他对计算机很钻研，所以会搞这些程序。

例（1）“睡眠”是名词，误用为动词；“钻研”是动词，不能受“很”的修饰。因此这两句都是错误的。

名动形的主要区别有以下两点：

第一，名词常作主语、宾语，动词、形容词常作谓语，如：

(2) 障碍消除了。　＊阻碍消除了。

他消除了障碍。　＊他消除了阻碍。

＊他障碍了我们发展。　他阻碍了我们发展。

例（2）“障碍”、“阻碍”充当主语、宾语时，“障碍”可以接受而“阻碍”不可以接受。充当谓语时“障碍”不行，“阻碍”可以。这表明“障碍”与“阻碍”的句法功能不同，通过分析判明“障碍”是名词而“阻碍”是动词。这正与功能符合：名词充当主语、宾语而一般不充当谓语；动词充当谓语而不充当主语、宾语。

第二，名词能受名量短语修饰，不能受副词修饰；动词和形容词能受副词修饰，不能受名量短语修饰。抽象名词前边虽然不能加表示具体数目的数量短语，但是可以加“一种”或“这种”这样的数量短语或指量短语。如：

(3)　一个人　＊人过西瓜　＊不人　＊很人（名）

＊一个吃　吃过西瓜　不吃　＊很吃（动）

＊一个好　＊好过西瓜　不好　很好（形）

这可用“数量～”、“～名”、“不～”、“很～”格式来检验。

二、动词和形容词的区别

动词和形容词都能作谓语，因此可以合称为谓词。由于它们的语法功能相同，因此容易发生相混现象。它们的区别主要有以下三点：

第一，及物动词能带宾语，形容词不能带宾语。

（4）延长时间　会期延长了　＊很延长　＊延长的道路

＊漫长时间　＊会期漫长了　很漫长　漫长的道路

例（4）“延长”可带宾语，可直接充当谓语说明情况变化；不能加程度副词“很”，不能加“的”直接充当定语。“漫长”不能带宾语，不能直接充当谓语说明情况变化；能加程度副词“很”，能加“的”直接充当定语。“延长”是动词而“漫长”是形容词。

不及物动词虽不能带宾语，但在其他形式上有所不同。

第二，双音节动词和双音节形容词的重叠形式不同，如：

（5）休息休息　休息一下　＊休休息息

＊肥胖肥胖　＊肥胖一下　肥肥胖胖

高兴高兴　高兴一下　高高兴兴

例（5）“休息”可进行 ABAB 式重叠，可在后面跟动量词“一下”，但不能进行 AABB 式重叠。“肥胖”刚好相反，不可进行 ABAB 式重叠，不可在后面跟动量词“一下”，但可以进行 AABB 式重叠。“高兴”的情况特殊一些，既跟“休息”一样可进行 ABAB 式重叠，也可后跟动量词“一下”，还可进行 AABB 式重叠。故“休息”是动词，“肥胖”是形容词，“高兴”是形容词兼动词。

第三，动词可用于被动，形容词不能；形容词可用于比较而动词一般不能，如表 3－3：

表 3－3　动词与形容词在几种短语中的比较

	谓语	宾语	被动	比较
1	＊小王批评	批评小王	小王被批评了	＊小王比小李批评
2	小王漂亮	＊漂亮小王	＊小王被漂亮了	小王比小李漂亮

通过比较可以判断“批评”不能直接独立充当谓语，可带宾语，可用于被动，不能用于比较，因此是动词。“漂亮”可以直接独立充当谓语，不可带宾语，不能用于被动，可以用于比较，因此是形容词。

三、形容词和副词的区别

形容词和副词都常作修饰语，具有修饰、限制的语法作用，因此容易混淆。

其区别可以从以下两个方面来看：

第一，形容词除能作状语外，还能作定语，能修饰名词；而副词则只能作状语，不能作定语去修饰名词，如表 3－4：

表 3－4　形容词与副词在几种短语中的比较

	谓语	定语	被动	比较
1	事情很突然	突然事件	突然想起	突然之间
2	＊事情很忽然	＊忽然事件	忽然想起	＊忽然之间

“突然”能充当谓语、定语、状语，能位于时间方位语前；“忽然”不能充当谓语、定语，也不能位于时间方位语前，但可以充当状语。

通过比较发现“突然”是形容词，“忽然”是副词。

第二，形容词能单独用来回答问题，而副词除个别词（“也许”、“不”、“没有”等）外，一般不能单独用来回答问题。形容词表示性质、状态，意义比较实在，可以单独回答问题，如“她漂亮吗?”可以回答“漂亮”；而副词意义较虚，多数不能单独回答提问，如问“你已经到广州了吗?”不能单独回答“已经”，而要说“到广州了”。

四、动词和副词的区别

动词与副词的区别一般来说是比较明显的，不太容易发生相混现象。但是个别的几个词如“在”、“比较”、“没有”等有时是动词，有时是副词，需要区别一下，如表 3－5：

表 3－5　动词与副词所作句子成分比较

	A 组	B 组
1	他在家。	他在看电视。
2	你把他们俩比较一下。	他的成绩比较好。
3	我没有钢笔。	我没有看见他。

这里的 A 组是动词，可以作谓语，后边常带宾语。B 组的副词总是用在动词或形容词前面，作状语。

五、动词和介词的区别

动词表示动作、行为等意义，意义比较实在，能单独作谓语，单独回答问题；介词的意义比较虚，有些介词是动词虚化来的，介词不能单独用来充当成分，必须和名词结合构成介词短语才可以作句子成分，也不能单独用来回答问题。

一般不容易混淆动词和介词，但有一些词兼具动词和介词两种词性，要注意区别它们用法的不同。

动词和介词兼类的词：在　朝　到　把　由　用　拿　靠　管　给　叫　连　让　替　通过　经过　顺着……

这些词在作动词时，可以单独作谓语或述语；作介词时，它总是与后面的名词或代词等组合成介词短语作状语，如表3－6：

表3－6　动词与介词所作句子成分比较

	A组	B组
1	他经过学校。	经过一年的努力，他考上了大学。
2	他在家。	他在图书馆看书。
3	你让他一次。	我钱包让小偷偷走了。

因此，动词直接作谓语。而介词与名词组合为介词结构再充当句子成分。

思考与练习

1. 如何区分名词、动词和形容词？

2. 根据虚词的知识，分析判断下列句子并改错。

（1）他的错误障碍了他的进步。（　）

A. 正确　　B. 错误　　C. 修改：

（2）这是一个忽然事件。（　）

A. 正确　　B. 错误　　C. 修改：

（3）我把宿舍打扫得干净干净的。（　）

A. 正确　　B. 错误　　C. 修改：

（4）因为我有学过华语，所以能听懂老师的课。（　）

A. 正确　　B. 错误　　C. 修改：

（5）A：这个书包很好看吗？　B：很。（　）

A. 正确　　B. 错误　　C. 修改：

3. 根据语法知识，分析判断后按要求完成下列句子。

（1）学校很（　）。　A. 美丽　B. 美化　C. 美人　D. 美工

（2）（　）学好华语。　A. 努力　B. 答应　C. 智慧　D. 争力

（3）（　）正好九点。　A. 刚　B. 一会儿　C. 今天　D. 刚才

（4）这次他不（　）。　A. 答案　B. 答应　C. 答词　D. 答对

（5）他（　）不懂。　A. 彻底　B. 完全　C. 一切　D. 所有

4. 用“乘、以前、几把、高兴、考过”填空，完成下列句子。

（1）我昨天买了（　）椅子。

（2）他（　）飞机从马来西亚来到广州。

（3）我（　）看过这几本书。

（4）他最后（　）了 HSK 八级。

（5）走着走着，他（　）地唱起来。

5. 判断画线词语的词性。

（1）这是我<u>昨天</u>（　）买的书。

A. 名词　B. 动词　C. 形容词　D. 副词

（2）我们<u>永远</u>（　）不会忘记今天。

A. 名词　B. 动词　C. 形容词　D. 副词

（3）学生<u>应该</u>（　）严格要求自己。

A. 名词　B. 动词　C. 形容词　D. 副词

（4）小王很<u>了解</u>（　）他的爸爸。

A. 名词　B. 动词　C. 形容词　D. 副词

（5）公司有几辆<u>大型</u>（　）汽车。

A. 名词　B. 动词　C. 形容词　D. 副词

第四章　短　语

第一节　短语及其类别

一、一般短语

短语是意义上和语法上能搭配而没有句调的一组词，所以又叫词组。它是大于词而又不成句的语法单位，如：

(1) 小王学习　学习华文　认真学习　学习得认真

短语可以从多种角度进行观察，不同的角度可分出不同的类别。最重要的有两种分类：一是结构类别，主要看短语的内部结构类型；一是功能类别，主要看它在更大的单位里担任职务的能力，即按充当句子成分的能力来分类。

二、短语的结构类别

短语的结构类别可以分为两大类：词组和结构。所谓词组就是实词和实词按照一定的结构方式组合起来的短语。词组包括偏正短语、述宾短语、述补短语、联合短语、主谓短语五种基本的结构类型，在五种基本结构类型之外还有同位短语、数量短语、兼语短语和连谓短语等。

所谓结构就是实词和虚词的组合，包括介词结构、“的”字结构、“所”字结构等。

(一) 偏正短语

偏正短语前面的成分修饰、限定后面的成分，前面是修饰语，后面是中心语。偏正短语可以分为两类：定中短语和状中短语。

定中短语由定语和中心语两部分组成。后一部分的中心语主要是由名词充当；前一部分是定语，对中心语起修饰限制作用。两部分是修饰与被修饰的关系。定语由形容词、名词、数量短语充当时，不一定要用“的”，而由各类短语充当时，通常都要借助于“的”来连接。如：

(2) 五朵金花　木头房子　温暖的春天　美丽的花园

状中短语由状语和中心语两部分组成。后一部分是中心语，主要由动词或形容词充当；前一部分是状语，对中心语起修饰限制作用。两部分是修饰和被修饰的关系。状语由副词以及时间、处所名词充当时，通常不用“地”，而由形容词、动词、名词以及各类短语充当时，一般要借助于“地”来连接，如：

(3) 更加努力　积极支持　高兴地说　慢慢地走

定中短语和状中短语主要依据中心语来判断区别。第一，名词或名词性词语前面的修饰语一般是定语；第二，动词或形容词性词语也称谓词或谓词性词语前面的修饰语，一般应该是状语。但也有个别例外，如：

(4) 同学们的支持　这本书的出版　她的美丽

这说明除了中心语之外，还要看修饰语的性质以及整个偏正短语所处的语法位置。名词或人称代词作修饰语，不管它的中心语是动词还是形容词，一般应该是定语；副词作修饰语，不管它的中心语是名词还是数量短语，一般应该是状语。在结构形式上，凡是两个词语之间已经使用或可以添加结构助词“的”的就是定中短语；凡是两个词语之间已经使用或可以添加结构助词“地”的就是状中结构。

(二) 述宾短语

述语就是及物动词，带上宾语组成短语就是述宾短语。述宾短语由述语和宾语两部分组成。前后有支配和被支配、关涉和被关涉的关系。前一部分是述语，主要由及物动词充当，宾语一般是体词或体词性短语，也可以是谓词、谓词性短语或主谓短语。如：

(5) 一组：修理汽车　尊敬老人　了解情况

二组：停止进攻　进行研究　打算辞职

三组：喜欢音乐　喜欢听音乐　欢迎批评　欢迎您批评

例（5）第一组短语中动词是带体词性宾语，叫做体宾动词。第二组短语中动词是带谓词性宾语，叫做谓宾动词。第三组短语中动词既可以带体词性宾语，也可以带谓词性宾语，叫兼体动宾动词。

另外还有一些相对特殊的动词。这些动词所带的宾语跟一般动词所带的宾语相比，有一些不同。

第一，双宾动词是能够带双宾语的动词，可分为四类。

给予义动词：赠、奖、给、卖、交、教、递。

(6) 小王送小李一本书　小张给小吕一个作业本

获取义动词：取、拾、偷、捡、娶、买。

(7) 小周拿小郑一本书　小吴买小杨一套房

给予义和获取义动词：借、租、欠。

(8) 我借他五十块钱

我向他借五十块钱　我借给他五十块钱

我租他一辆车

我向他租了一辆车　我租给他一辆车

称呼义动词：叫、称、称呼。

(9) 人们叫他诸葛亮　你爸称呼他二叔公。

第二，粘宾动词不单用，必须带宾语。

粘宾动词：具有、属于、成为、懒得、企图。

(10) 他们具有国际先进水平　我懒得理他

(三) 述补短语

由述语、补语两部分组成。前一部分是述语，主要由动词或形容词充当；后一部分是补语，对述语加以补充说明。两部分是补充和被补充的关系。述语和补语之间有的直接组合，有的靠助词“得”组合。根据带不带“得”的情况，补语可分为六类。

第一，数量补语，不能带“得”，由数量短语说明动作的次数或动作延续的时间，如：

(11) 来了三趟　去了一回

第二，情态补语，必须带“得”，说明动作或有关事物的状态，如：

(12) 打得鼻青脸肿　笑得肚子疼

第三，结果补语，不带“得”，表示动作的结果。结果补语可以由形容词或动词充当，如：

(13) 听清楚　看明白

第四，趋向补语，不带“得”，表示动作的趋向，如：

(14) 跑过来　拿过去　走进去

第五，可能补语，结果补语和趋向补语的中间插入“得/不”，表示可能性或不可能性，如：

(15) 看得见　看不见　拿得出来　拿不出来

第六，程度补语，补语由副词充当，表示程度，如下所示：

(16) 好极了　好得很

(四) 主谓短语

由主语和谓语两部分组成。主语是谓语陈述的对象，谓语是说明和陈述主语的。两部分是陈述和被陈述的关系。充当主谓短语的谓语可以有三类，如：

第一，动词性谓语，如：

(17) 电影开演　我们上课

第二，形容词性谓语，如：

(18) 他很高　公园漂亮　街道不漂亮

第三，名词性谓语，如：

(19) 今天星期天　明天春节

(五) 联合短语

由两个或两个以上部分组成，各部分之间有并列、承接、递进、选择等关系。有的直接组合，有的靠关联词语组合，有的成分之间用顿号或逗号隔开，如：

(20) 学校、医院和工厂（并列关系）
讨论并通过（承接关系）
不但雄伟而且壮观（递进关系）
北京或者上海（选择关系）

联合短语连接的可以是词与词的组合，也可以是短语和短语的联合，还可以是词与短语的联合，不论是何种语法单位的联合，都必须是语法性质相同或相近的。其次，只有表示并列关系的，其构成成分才可以不用连词来连接，如“金、银、铜、铁、锡”等。即使是并列关系，也往往通过连词来显示层次、分清主次，如：

(21) 爷爷奶奶、爸爸妈妈和我（分清辈分层次）
美国、英国及其他国家（分清主次）

(六) 同位短语

同位短语前后两个部分所指内容相同，在句子中充当同一个句法成分，意义上构成复指关系，如：

(22) 鲁迅先生　春城昆明　爷孙俩　他自己　生日这天

(七) 数量短语

数词和量词组合，构成数量短语，主要有两类。

第一，数词+量词，如：

(23) 一个　两件　三遍　四次

第二，代词+量词，如：

(24) 这个　那件　这回　那次

(八) 兼语短语

兼语短语是由一个述宾短语跟一个主谓短语套合而成的，述宾短语的宾语兼任主谓短语的主语。典型兼语短语的谓语动词往往带有使动性，如：

(25) 我请你去=我请你+你去
我叫他来=我叫他+他来
对面有人上车=对面有人+人上车
我们选她当班长=我们选她+她当班长

例(25)中“你”既是前一个动词“请”的宾语，同时又是后一个动词的主语，因此“你”就同时兼宾语与主语，故名兼语。“他”是“叫”的宾语又是“来”的主语。“人”是“有”的宾语又是“上车”的主语。“她”是“选”的宾语又是“当班长”的主语。

（九）连谓短语

连谓短语由两个或两个以上的动词性词语连用构成，表示连续的几个动作。这里要求所有的动作都是由主语所代表的主体发出来的，而且动作都具有前后的顺序。其常见的类型有：

第一，表示前后动作，后者是前者的目的。

（26）他到海里游泳 = 他到海里 + 他游泳

他开车去雅加达 = 他开车 + 他去雅加达

第二，肯定与否定两方面说明一个动作。

（27）他站着不动 = 他站着 + 他不动

他拿着不放 = 他拿着 + 他不放

第三，由动词“来”、“去”跟其他动词构成。

（28）他来上班 = 他来 + 他上班

他打球去 = 他打球 + 他去

第四，由动词“给”跟其他动词构成。

（29）他买书给你 = 他买书 + 他给你

他拿苹果送你 = 他拿苹果 + 他送你

第五，由动词“有”、“没有”跟其他动词构成。

（30）他有事不能来 = 他有事 + 他不能来

孩子没有钱买玩具 = 孩子没有钱 + 孩子买玩具

第六，前面动词的受事宾语也是后面动词的受事。

（31）他买份报看 = 他买份报 + 他看

他白捡一台电脑用 = 他白捡一台电脑 + 他用

第七，比较特殊的一种，动词 + 形容词。

（32）他看了高兴 = 他看了 + 他高兴

他听了很激动 = 他听了 + 他很激动

与兼语不同的是连谓的两个动作行为都是同一个对象发出来的。

（33）他请我去 = 他请我 + 我去（兼语）

他开门出去 = 他开门 + 他出去（连谓）

（十）介词结构

介词结构是指介词在前跟其他词语组合而成的结构，主要作用是引进跟动作有关的对象，包括时间、处所、范围、施事、受事、工具、对象、目的、原因等，如：

第一，表示时间。

（34）自今天开始　从三点零三分到四点零三分

第二，表处所。

（35）在工厂里　从北京

第三，表施事。

（36）被警察盘问　给他打了

第四，表受事。

（37）把门关上　将他扔出去

第五，表工具。

（38）用电脑　绘图　使大碗吃

第六，表对象。

（39）对同学　向他

第七，表目的。

（40）为了完成任务　为国家

第八，表原因。

（41）因为下雨　由于某种原因

介词结构的后一成分通常由名词性词语充当，也可以由谓词性词语充当，如：

（42）对调动非常有利

为了实现公司的目标

介词短语的功能相当于副词，但又不完全相同，因为它有时可以充当定语。如“关于天体物理的学术报告”等。

（十一）“的”字结构

“的”字结构由结构助词“的”附加在其他词语之后构成，主要作用是使谓词性成分转化为名词性成分，同时在语义上也起转化作用，如：

（43）玻璃的　卖菜的　红的

“的”字结构的前一成分如果是名词性的词语，加上“的”以后，词性没有改变，但意义已经改变了，如：

（44）玻璃（玻璃本身）≠玻璃的（玻璃做的东西）

卖菜（行为本身）≠卖菜的（卖菜的人）

红（颜色）≠红的（红颜色的东西）

例（44）“名词+的”是“用~做的”；“动词+的”是“做~的人”；“形容词+的”是“~的东西”。“的”字结构都是名词性的，无论前面是什么词。

注意结构助词“的”跟语气词“的”的区别，如：

（45）喊了好久，卖菜的才过来。（结构助词）

别催他，他会去卖菜的。（语气词）

作为结构助词的“的”不能去掉，因为它参与了结构的组合；而语气词“的”只是增强句子的强调语气，即使去掉“的”，句子也能成立，而且句意不变。

（十二）“所”字结构

“所”字是这类结构的标志，出现在动词的前面。“所”字结构的作用在指称事物（限于受事），如：

（46）所说　所做　所想　所见　所闻　所调查　所收集

“所”字结构的作用相当于一个名词，修饰名词时要带“的”。这种结构中的中心语必须是“所”后边的动词所能支配的对象。“所”字结构加上“的”也可以构成一个“的”字结构。如：

（47）他所说的话就是这些。　这就是他所听到的。

（十三）比况结构

表比况的助词“似的”、“一样”、“般”等是这类结构的标志，出现在词或短语后面，如：

（48）飞似的跑过来　狮子一样凶猛　姐妹般友爱

比况结构经常与“像”、“如”、“跟”一类的动词配合使用，构成一个述宾短语，如：

（49）像小河一样　如雷鸣一般　跟苹果似的……

比况短语是用整个短语表示比喻或说明情况相似，因此它经常用来修饰人或物，相当于一个形容词。

三、短语的功能类别

短语和词一样是语言材料。它的造句功能和某些词类的造句功能性质相当。参照词的语法分类给短语进行分类就是短语的功能分类。

（一）名词性短语

名词性短语指造句功能相当于名词的短语。它们经常充当主语、宾语、定语等，包括：

（50）定中结构（我的书）　　量词短语（一个）
“的”字结构（开车的）　方位短语（桌子上）
“所”字结构（所见）　　同位短语（首都北京）
由名词组成的联合短语（桌子和椅子）
由名词组成的主谓短语（今天晴天）……

（二）动词性短语

动词性短语指造句功能相当于动词的短语，它们经常充当谓语，有时充当主语以及其他成分，如：

（51）打是亲，骂是爱。（动词充当主语）
加以研究（动词充当宾语）

喜欢打球（述宾结构充当宾语）
开门出去很不好（连谓结构充当主语）
讨论并通过（由动词组成的联合结构）
慢慢儿地跑（由动词作中心语的状中短语）
研究完了（由动词作述语的述补短语）
小王出来了（由动词作谓语的主谓短语）

（三）形容词性短语

形容词性短语指造句功能相当于形容词的短语，它们经常充当谓语及其他成分，如：

（52）大家都很好（谓语）　非常好的邻居（定语）
很容易做（状语）

形容词性短语包括：

（53）比况短语：比他　联合短语：光荣而伟大
状中短语：非常好　述补短语：漂亮极了
主谓短语：同学们好

思考与练习

1. 短语的主要类型有哪些？如何判断短语的功能？

2. 根据所学短语的语法知识分析判断后选择填空。

（1）我们都走（　）
A. 主谓　B. 定中　C. 状中　D. 述宾

（2）老朋友的朋友（　）
A. 主谓　B. 定中　C. 状中　D. 述宾

（3）高兴地说（　）
A. 主谓　B. 定中　C. 状中　D. 述宾

（4）说得很高兴（　）
A. 主谓　B. 述补　C. 状中　D. 联合

（5）讨论并通过（　）
A. 主谓　B. 述补　C. 状中　D. 联合

3. 根据实词与实词、实词与虚词结合的相关知识分析判断后选择填空。

（1）主谓结构（　）
A. 温暖春天　B. 春天温暖　C. 春天冬天　D. 秋天夏天

（2）述宾结构（　）
A. 理直气壮　B. 天天优惠　C. 整理房间　D. 刻意追求

（3）述补结构（　）

A. 看到结果　　B. 懂得道理　　C. 说得太快　　D. 亏得大家

（4）连谓结构（　）

A. 开门见山　　B. 听之任之　　C. 说三道四　　D. 哥哥姐姐

（5）状中结构（　）

A. 根本原因　　B. 三天完成　　C. 今天春节　　D. 明年春节

4. **词组也叫短语，结构也可以称作短语，根据所学语法知识分析判断后指出下列短语的结构类型。**

（1）几个看热闹的（　）

A. 的字　　B. 偏正　　C. 数量　　D. 主谓

（2）所见所闻（　）

A. 的字　　B. 联合　　C. 连谓　　D. 主谓

（3）开门出去看看（　）

A. 连谓　　B. 偏正　　C. 联合　　D. 主谓

（4）一种清洁能源风能（　）

A. 复指　　B. 偏正　　C. 联合　　D. 主谓

（5）广州的城市的格局（　）

A. 复指　　B. 偏正　　C. 数量　　D. 主谓

5. **根据所学知识，按题目要求组成正确的短语。**

（1）（定中）把　饭　完　了　吃　人　的（　）

A. 把饭吃完了的人　　B. 把人的饭吃完了　　C. 把饭吃完人的了

（2）（主谓）书　被　走　拿　我（　）

A. 我被拿走书　　B. 书被我拿走　　C. 被我拿走书

（3）（联合）聪明能干　高大帅气（　）

A. 高大帅气又聪明能干　　B. 高大帅气的聪明能干

（4）（状中）两　进　去　个　个　两（　）

A. 进去两个两个　　B. 两个进去两个　　C. 两个两个进去

（5）（述补）天　一　书　读（　）

A. 一天书读　　B. 读书一天　　C. 读一天书

第二节　短语的层次分析

一、层次分析和直接成分与间接成分

（一）句法结构的层次性

短语至少要两个词，组合就是有层次的。如：

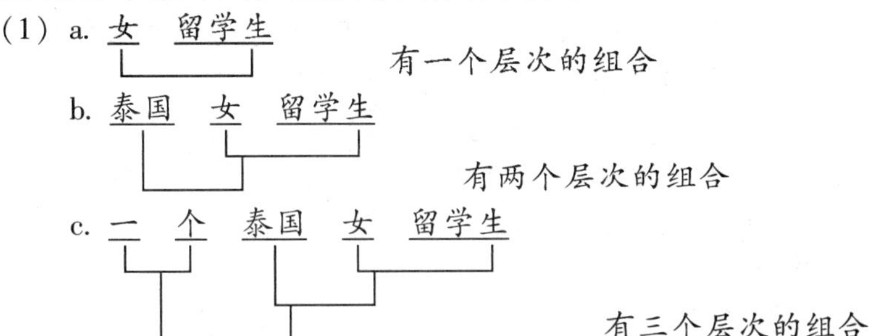

一般来说，两个词构成的短语只有一个层次，三个词组成的短语有两个层次，四个词组成的短语有三个层次等等，以此类推，如：

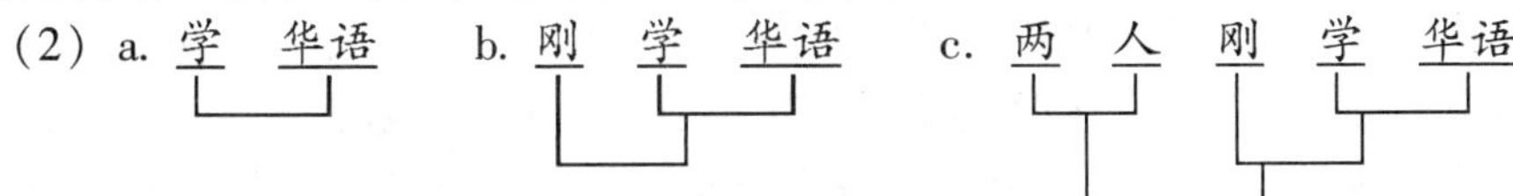

不管层次多少，层次分析的目的都是要揭示内在的结构层次，也就是一层包一层的层次构造。

（二）直接成分

句法结构的组成成分可以是词，如“一件新呢子大衣”就由5个词组成。直接组成一个层次的两个部分就是这个结构的直接组成成分，如“一件”与“新呢子大衣”。其中还可以切分为“一＋件”两个直接组成成分；“新＋呢子大衣”两个直接成分。还可以再切分为“呢子＋大衣”两个直接成分。分析如下：

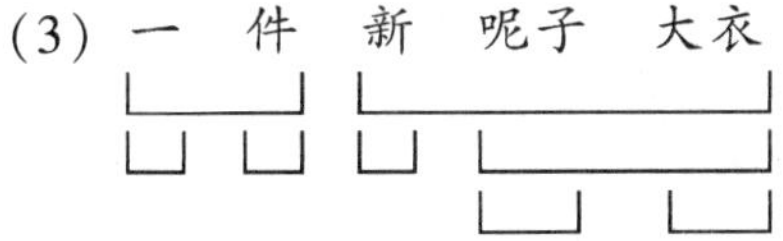

层次分析法就是逐层、顺次地找出句法结构的直接成分的分析方法。

（三）间接成分

一般来说，不同层次之间成分之间的关系就是间接成分，如“一个泰国女留学生”中的第一层次的“女”与“泰国”之间的关系就是间接成分之间的关系。有些搭配不能成为可接受的组合，如：

（4）一个泰国女留学生

一+泰国=*一泰国

一+女=*一女

一+留学生=*一留学生

个+泰国=*个泰国

个+女=*个女

个+留学生=*个留学生

这些都是不能搭配的，因此这些都是不同层次的成分；而“泰国女”、“泰国留学生”等能搭配，但与原来的意思不完全相同，因此搭配只能是按层次来组合的。

分析“一件新的中式呢子大衣”的结构层次：

（5）（一+件）+{新的+[中式+（呢子+大衣）]}

=一件+{新的+[中式+（呢子大衣）]}

=一件+{新的+[中式呢子大衣]}

=一件+{新的中式呢子大衣}

=一件新的中式呢子大衣

（四）直接成分间的结构关系

句法结构中有着客观存在的不同层次，同时每一层次上的直接成分之间又存在着一定的句法关系，我们在进行层次分析的时候，除了找出直接成分外，还要指出结构中直接成分之间的句法关系，如分析“昨天在教室里跟小王一起学华文”这一短语：

首先，将直接成分“昨天”与“在教室里跟小王一起学华文”切分开，并确定是偏正关系；

其次，将“在教室里”与“跟小王一起学华文”切分开，并确定是偏正关系；

然后，将“跟小王”与“一起学华文”切分开，并确定是偏正关系；

再次，将“一起”与“学华文”切分开，并确定是偏正关系；

最后，将“学”与“华文”切分开，并确定是述宾关系。

（6）昨天+{在教室里+[跟小王+（一起+（学+华文））]}

=昨天+{在教室里+[跟小王+（一起学华文）]}

=昨天+{在教室里+[跟小王一起学华文]}

=昨天+{在教室里跟小王一起学华文}

=昨天在教室里跟小王一起学华文

二、层次分析的四原则

四原则指如何保证分析出来的层次和结构与意义相一致的四条标准。

（一）语法原则

语法原则是指一个短语切分出来的两部分要有语法关系，如果没有语法关系就不是短语，如：

（7）科学性　知识经济化　反恐怖主义者

笑嘻嘻　黑不溜秋

例（7）中“性、化、者、嘻嘻、不溜秋”都是语素，都是构词标志。因此以上的五个单位都是词而不是短语。如果能分成两部分，且其间有语法关系就是短语，如：

（8）咬文/嚼字（谓词性并列）

我/与华文（体词性并列）

和平/世界（偏正：定中）

努力/学习（偏正：状中）

建设/家乡（述宾：及物动词 + 宾）

笑弯了/腰（述宾：不及物动词 + 补 + 宾）

生/在 1988 年（动补）

美得/很（形补）

家乡/美丽（主谓）

例（8）的这些切分都符合句法结构，切分出来的两部分都有句法关系，符合句法原则。因此这是正确的切分。

（二）意义原则

划分出来的两部分能单独成立，如不能成立则要么是短语本身不能成立，要么是划分的层次有错误，如：

（9）

A 组	B 组
笑弯了/腰	*笑/弯了腰
看了三天/书	*看了/三天书
一朵/大红花	*一朵大/红花

例（9）A 组的切分都符合短语的原句语义，切分出来的两部分都有独立的语义。B 组则相反，切分出来的两部分虽然有的能够成立，如“笑”、“看了”、“红花”等有意义，但“弯了腰”、“三天书”、“一朵大”则意义不明，以华语为母语的人也不这样组合，因此是违反意义原则的，是不正确的切分。

（三）忠实原则

要忠实于原意，而不能改变原意，如：

（10）

A 组	B 组
我/带上门出去	*我带上门/出去
一年/三百六十五天	*一年三百/六十五天

不/回家吃饭　　　　　＊不回家/吃饭

例（10）A 组的切分都符合短语的原句语义，切分出来的两部分都有独立的语义而且符合短语的原意。B 组则相反，切分出来的两部分虽然有的能够成立，如“我带上门”、“出去”、“不回家”、“吃饭”等都有意义，但“一年三百”则意义不明。此外，这些切分出来的独立片断不是原来短语的语义，至少不一致。因此这些违反了忠实原则，是不正确的切分。

（四）最简原则

能划分出来的词就一定要划分出来，如：

（11）非常棒　　　非常　棒

例（11）两个词“非常”、“棒”组合成的偏正短语，切分到最后，一共两个词，构成一个层次，是偏正结构。

（12）我的身体非常棒　　　我　的　身体　非常　棒

例（12）五个词“我”、“的”、“身体”、“非常”、“棒”组成偏正短语，切分到最后，一共两个层次，五个词，“的”不充当成分。

因为层次分析可以对任何复杂的结构进行逐层切分，包括词的内部构造也可以进行层次切分，语音的内部结构也可以进行内部切分。句法结构的层次分析到词为止，即切分的终点是分析出每个实词，但是不需要切分到语素。如果是数量短语也可以不再切分。凡是助词“着、了、过、的、地、得”以及语气词，都可以不切分。凡是成语、熟语、固定短语一律不再切分。即每个短语进行分析要划分到词为止，一般是二分，并列、连谓、兼语等可以多分。

三、层次分析的一般步骤

一般步骤指为了保证分析出来的层次和结构与意义相一致所遵循的先后顺序。

（一）凭停顿最自然划分第一层

短语层次划分最关键的是确定第一层，第一层次总是在停顿最自然处，所谓停顿最自然处就是结构最松散处。那么判断一个短语的结构最松散处，可以用添加语气词和移动成分的方法来检验，如七个词组成的主谓短语“他曾经到小王的公司打工”第一层次的切分：

（13）他曾经到小王的公司打工

他，呀，曾经到小王的公司打工

他曾经，呀，到小王的公司打工

他曾经到，呀，小王的公司打工

＊他曾经到小王的，呀，公司打工

＊他曾经到小王的公司，呀，打工

例（13）用语气词“呀”插入尝试，断定第一层应该在“他”与“曾经到小王的公司打工”之间停顿最为自然。因此整个短语的切分应当是第一层主谓结构，第二层状中结构，第三层连谓结构，第四层述宾结构，第五层定中结构。具体如下：

（14）他/曾经//到////小王的/////公司///打工

如果分析与组合刚好相对，就是切分对了；否则就是错了。

一般而言，前置修饰语与整个短语的结构最松散，其次是主谓之间的结构，再次是状中之间的结构，然后是动宾之间的结构，最后是中补之间的结构。

（二）定二分与多分顺序

句法结构的直接成分通常只有两个，进行切分的时候，一般也就采用二分法。但是有的句法结构里包含的直接成分不止两个，那就要进行三分或多分，如：

（15）温柔、善良、美丽的小芳

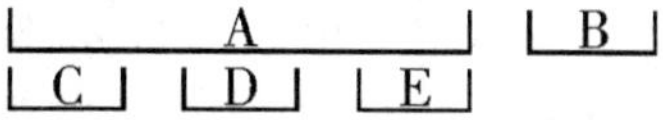

A　B

C　D　E

整个结构的直接成分是 A、B 两项，实行的是二分法。但 A 的直接成分是并列的 C、D、E 三项，所以 A 只能三分。

（三）以左统右顺序

左边的修饰或限制成分要管辖右边的修饰或限制成分，越接近中心语所管辖的范围就越小。反之则是以右统左，如：

（16）一本/重要的//新编///教材

一本＋｛重要的＋［新编＋（教材）］｝

例（16）是以左统右：“一本”修饰“重要的新编教材”；“重要”修饰右边的“新编教材”；“新编”修饰右边的“教材”。名词与名词组合的定中结构绝大部分都是“以左统右”。有特殊情况，如：

（17）在///教室//上课的/同学

｛［在＋（教室）］＋上课的｝＋同学

例（17）基本上是以右统左，是少数。因为这是动词性短语修饰名词加“的”而变成的定中结构。

一般来说在书面语中，状中结构“以左统右”占 94% 左右。

（四）先状后宾顺序

当一个短语既有状语又有宾语的时候，划分层次时先划状语后划宾语，如：

（18）在教室/上//语法课　今天/包//饺子

要/孝敬//父母　要/独立//自主

例（18）的切分是比较符合一般情况的，但也不绝对，有先划宾语或状语都可以的，如：

(19) 努力/学习//华文　　努力//学习/华文

例（19）“努力＋学习华文”是先状后宾，这占了大多数。“努力学习＋华文”是先宾后状，这种情况是少数。这类既可以先状后宾，也可以先宾后状的组合华文中是极少数。

（五）先宾后补顺序

当一个短语既有宾语又有补语的时候，在一般情况下是先把宾语划分出来然后划分出补语，如：

(20) 吃//完了/饭　　说//错了/话

例（20）“吃完了＋饭”是先宾后补，即先切分出宾语然后再切分出补语。“说错了＋话”也是如此。

但也有特殊情况，如：

(21) 拿//出来/一本书　　拿//一本书/出来　　拿出//一本书/来

例（21）“拿出来＋一本书”是先宾后补；“拿一本书＋出来”是先补后宾；“拿出一本书＋来”是先补后宾。奇怪的是这三种组合、两种切分都是对的，都可以接受。

这在华语中是极少数，仅限于复合趋向动词充当补语且宾语嵌在补语之中的情况。类似的还有“推出来一辆车”、“推一辆车出来”、“推出一辆车来”等。但总的说来规则还是有的，特殊情况在短语的层次分析中还是存在的：先宾后补占大多数；先补后宾占少数；宾在补语之中，只限于趋向补语，是极少数。

四、层次分析法的图解

层次分析法在使用的时候，可以采用多种图解法。

（一）切分法

这是最常用的方法。它把要分析的短语作为一个整体，从大到小，依次逐层切分，如：

(22) 他　爸爸　买了　一辆　汽车

他	爸爸	买了	一辆	汽车
主		谓		
偏	正	述	宾	
			偏	正

（二）组合法

这也是最常用的方法。这要先把要分析的短语切分为一个个的单词，然后从小到大，依次逐层组合起来，如：

(23) 他 爸爸 买了 一辆 汽车

偏正　　　　偏正

述宾

主　谓

（三）括号法

用数学中的大中小括号显示句法结构中的层次，如：

(24)（他 爸爸）[买了（一辆 汽车）]

偏正 主谓　　述宾　偏正

（四）画线法

这一方法就是第一层次用一根竖线或斜线来表示，第二层次用两根竖线或斜线来表示，第三层次用三根竖线或斜线来表示，其余以此类推，如：

(25) 他 || 爸爸 | 买了 || 一辆 ||| 汽车

偏正　　主谓　　述宾　　　偏正

他//爸爸/买了//一辆///汽车

偏正　主谓 述宾　　偏正

以上四种图解法各有优缺点，但一般我们分析短语时，多采用“切分法”，优点是因为短语比较短，可以一目了然，把握全局。而对复句分析往往采用“组合法”和“画线法”，优点是因为复句比较长，这样分析容易把握全局。“括号法”由于括号种类的限制，往往只是作为一种辅助手段。最后一种是树图法。

（五）树图法

把有关的结构分析用竖线与斜线连接起来，揭示短语内部的结构关系，这类线条像一棵树的结构一样，如：

(26)

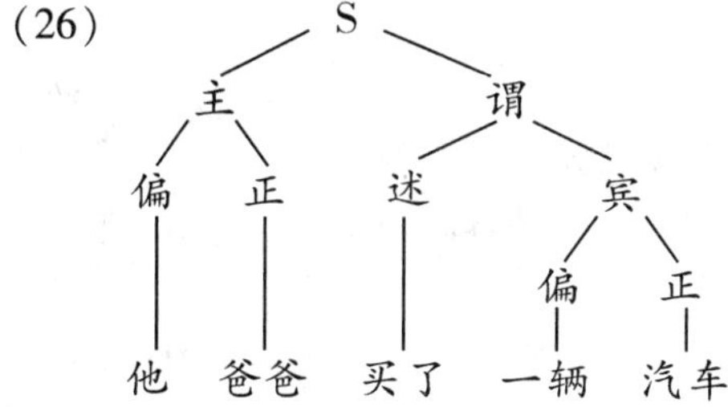

“树形图”分析法主要是生成语法在分析华语句子的生成结构时用，一般情况下比较少用。

思考与练习

1. 短语划分的四原则和五步骤分别是什么？

2. 根据短语的层次分析原则和步骤，分析下列短语的层级。

（1）只有一个层次的是（　）。

A. 奥林匹克　　B. 爸爸妈妈　　C. 你知道什么　　D. 他刚来

（2）有两个层次的是（　）。

A. 所见所闻多　　B. 所见所闻很多　　C. 所见所闻真不少

（3）有三个层次的是（　）。

A. 她年轻、聪明、漂亮、大方　　B. 我知道她既年轻又聪明

C. 我知道她聪明漂亮　　D. 我知道她年轻

（4）有四个层次的是（　）。

A. 找几个看门的　　B. 三个学生　　C. 四个老师　　D. 几个工人

（5）有五个层次的是（　）。

A. 他挤得我转不开　　B. 来人是我哥哥　　C. 爸爸妈妈哥哥姐姐

3. 根据短语层次分析原则，对下列短语进行直接成分分析。

（1）“他说错了话”中“他”的直接成分是（　）。

A. 说错　　B. 错了　　C. 说错了　　D. 说错了话

（2）“我看不下去了”是（　）短语。

A. 主谓　　B. 状中　　C. 动宾　　D. 动补

（3）“不想让他知道”是（　）短语。

A. 连谓　　B. 兼语　　C. 动宾　　D. 动补

（4）“广州一天一个样”中“一天”的直接成分是（　）。

A. 广州　　B. 一个　　C. 一个样　　D. 样

（5）“一个一个地进来”是（　）短语。

A. 状中　　B. 兼语　　C. 述宾　　D. 述补

4. 遵循短语层次分析原则与步骤，用短语层次分析法分析以下短语。

（1）我们都做完了语法作业（　）

A. 我们/都//做///完了////语法作业

B. 我们/都//做////完了///语法作业

C. 我们//都/做////完了///语法作业

D. 我们//都///做/完了///语法作业

（2）不去不好（　）

A. 不/去//不///好

B. 不//去/不//好

C. 不//去//不///好

D. 不///去//不/好

(3) 这本书小王看过了（　）

A. 这/本//书///小王////看/////过了

B. 这///本//书/小王//看过了

C. 这本书/小王//看///过了

D. 这////本/书//小王///看过了

(4) 今天不是星期一（　）

A. 今天/不///是//星期一

B. 今天/不//是///星期一

C. 今天//不是/星期一

D. 今天///不//是/星期一

(5) 走了一个人过来（　）

A. 走了/一///个//人///过来

B. 走了/一////个///人//过来

C. 走了/一//个///人////过来

D. 走了/一个//人///过来

5. 用树图法分析“我送他一本书”正确的是（　）。

(1)

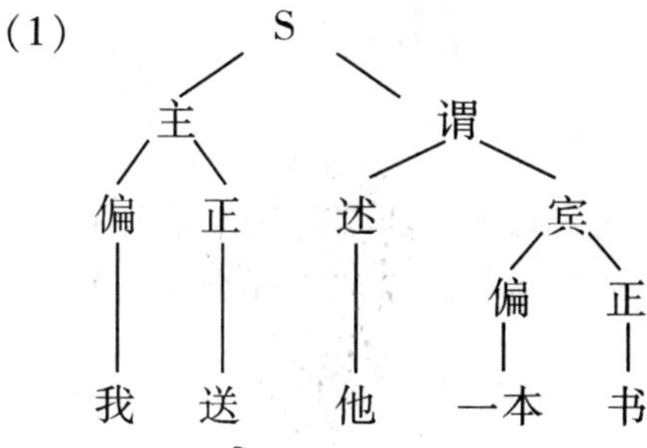

(2)

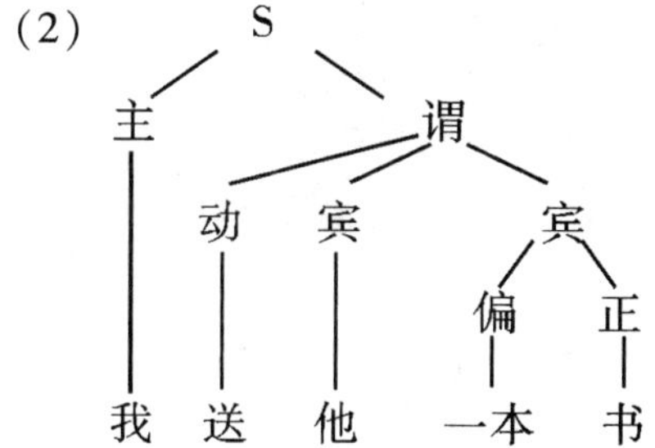

第三节　短语的多义现象

一、短语的多义类型

语言中的短语有的跟词一样具有多义性，如：

(1) 进口皮包

我爸爸今天要去进口皮包。

我妈妈今天要去买一个进口皮包。

例（1）“进口皮包”是偏正短语与述宾短语的重合，在“（今天要去）进口皮包”中是述宾短语；在“（一个）进口皮包”中是定中短语。

可见，多义短语实际上是两个或两个以上不同类型的短语重合在一起，通过一种结构形式表现出来的。它和多义词一样，在一定的语境里和具体的语句中，通常只能体现一种结构类型，表示一种意义。多义短语有多种类型，用在句子中都可能产生多义，常见的有：

（一）语法组合多义

第一，词类不同。

(2) 饭正热着呢。（形容词/动词）

他原来是个教师。（名词/副词）

第二，词和短语同形。

(3) 他要炒菜。（名词，指“一份炒菜”/述宾结构，指“炒一个菜”。）

存款很多。（名词，指“他的存款”/述宾结构，指“存那个款”。）

第三，结构关系不同。

(4) 进口彩电（述宾/偏正）

生物化学（偏正/联合）

第四，结构层次不同。

(5) 老教授楼　老/教授楼　老教授/楼

两个医学院的学生

两个/医学院的学生

两个医学院/的学生

第五，结构关系与层次组合不同造成的多义。

(6) 发现了敌人的哨兵

发现了/敌人的哨兵

发现了敌人/的哨兵

咬死猎人的狗

咬死/猎人的狗

咬死猎人/的狗

（二）语义组合多义

第一，语义关系不同，如：

（7）关心他的老师

他很不错，经常关心他的老师。

他关心老师。

他很关心他的老师。

这位老师很不错，就是经常关心他的老师。

老师关心他。

这位老师就是关心他的老师。

例（7）“关心他的老师”，既可以理解为“他关心老师”，也可以理解为“老师关心他”，具体作哪种理解要看当时的语境。孤立地看这两种可能都是存在的。

（8）这个人谁也不认识

咱们在这儿住了 20 多年，这个人谁也不认识。

刚来到一个新地方，这个人谁也不认识。

例（8）“这个人谁也不认识”既可以理解为“谁也不认识这个人”，也可以理解为“这个人不认识谁”。这里如果没有语境帮助的话，必须作出相应的调整才可以消除多义。

消除多义常用的手段：

一是提供语言环境，如针对例（7）、例（8）的多义。

二是改变语序，同样如针对例（7）、例（8）的多义。

三是增添词语，如针对例（7）、例（8）的多义。

第二，语义指向不同。语义指向就是直接陈述的对象。

（9）我吃饱了饭（饱 → 我）

我吃过了饭（过 → 吃）

我吃完了饭（完 → 吃、饭）

例（9）补语“饱”的语义指向是“我”。补语“过”指向“吃”。而补语“完”既可以指向“吃”，也可以指向“饭”：前者即吃完了，饭还有；后者即饭完了，但还没有吃饱。

（10）他在火车上写字。

①他在火车上，字写在本子上。

②他在火车上，字写在火车上。

③他在火车顶上，字写在天桥上。

④他在火车外，字写在火车上。

例（10）①“在”语义分别指向“火车”和“本子”，即“他在火车上”，“字”“在本子上”；②“在”只指向“火车”，即“他在火车上”，“字”也“在火车上”；③“在”分别指向“车顶”与“天桥”，即“他在火车顶上”，“字”“在天桥上”；④“在”分别指向“火车外”与“火车上”，即“他在火车外”，“字”“在火车上”。因此语义指向也是一种陈述与被陈述的关系。

二、分化多义的方法

在交际活动中，真正产生多义的情况并不多见，这主要是由于种种条件的制约排除了多义的可能性。消除多义的方法主要有以下几种：

（一）利用语音手段分化多义

不少多义现象一旦经过口头使用便不再有多义，这就要通过语音手段来分化。

第一，轻声。多义是由轻声与非轻声造成的，如果标明轻声多义就消失了。

（11）我想起来了。（非轻声，起床）

我想起来了。（轻声，想出来了）

第二，声调。多义是由声调造成的，标明声调就无多义了。

（12）她背着妈妈去医院。（bèi，隐瞒）

她背着妈妈去医院。（bēi，用背驮）

第三，重音。多义由重音造成，标明重音多义也就避免了。

（13）一天就卖了两车菜。（重音落在“一天”上，表示卖得比较多）

一天就卖了两车菜。（重音落在“两车”上，表示卖得比较少）

第四，停顿。多义是由停顿造成的，标明停顿可以起到显示结构层次的作用。

（14）穿好/衣服+上街。

穿/好衣服+上街。

（二）通过更换词语分化多义

这种方法多适用于由同音词语造成的多义。更换其中的某个关键性词语，往往可以消除多义，如：

（15）两个医学院的学生。（有多义）

两位医学院的学生。（无多义）

两所医学院的学生。（无多义）

（三）通过改变句式分化多义

这种方法多用于由多义词语造成的多义。变换句式，有时就可以消除多义。

（16）这个人又上台了。（有多义）

这个人又上台演出了。（无多义）
这个人又上台掌权了。（无多义）

思考与练习

1. 分化多义短语有哪些方法？

2. 根据多义知识，分析判断下列多义或单义短语。

（1）饭正热着呢（ ）

A. 饭是热的　B. 正热着饭　C. 饭还热　D. 饭热得很

（2）送泰国教材（ ）

A. 把教材送给泰国　B. 送泰国出版的教材给人

C. 送教材的给泰国　D. 送教材泰国给人

（3）泰国的语言研究（ ）

A. 研究泰国的语言　B. 泰国学者的语言研究

C. 泰国的语言研究所　D. 泰国研究语言

（4）两个同学的建议（ ）

A. 两位同学的建议　B. 两项同学的建议

C. 两个学校同学的建议　D. 一个学校两项建议

（5）发现了他们的哨兵（ ）

A. 哨兵发现了他们　B. 他们发现了哨兵

C. 哨兵他们发现了　D. 哨兵他们都有发现

3. 根据所学语义指向的知识进行分析判断，指出属于语义前指的组合。

（1）"不想带人去上课"，"不"指向（ ）。

A. 上课　B. 带人　C. 去上课　D. 带人去上课

（2）"鸡不吃了"，"吃"指向（ ）。

A. 鸡　B. 吃　C. 了　D. 人

（3）"他不打了"，"打"指向（ ）。

A. 他　B. 人　C. 不　D. 了

（4）"这个人谁也不认识"，"认识"指向（ ）。

A. 谁　B. 人　C. 认识　D. 这

（5）"一天就挣两百元"，"就"指向（ ）。

A. 一天　B. 挣　C. 两百元　D. 元

4. 根据分化多义短语的知识，指出能用哪些方法消除短语的多义。

（1）他背着孩子去做（ ）

A. 语音　B. 添加　C. 设立语境　D. 更改词语

（2）他想起来了（　）

A. 语音　B. 添加　C. 设立语境　D. 更改词语

（3）一年就花五千元（　）

A. 语音　B. 添加　C. 设立语境　D. 更改词语

（4）除了他小王最怕小李（　）

A. 语音　B. 添加　C. 设立语境　D. 更改词语

（5）连我都不认识（　）

A. 语音　B. 添加　C. 设立语境　D. 更改词语

5. 用所学分化多义短语的知识，分析下列多义短语。指出能用更换词语的方法分化多义的选项。

（1）两个工人的计划（　）

A. 两位　B. 两项　C. 两人　D. 两计划

（2）听重大新闻（　）

A. 重要大事　B. 重庆大事　C. 重庆大学　D. 听取重要

（3）他才一个人（　）

A. 只有一个人　B. 他只是一个人　C. 只有他一个人　D. 仅仅他一个人

（4）我看不下去了（　）

A. 太不好看了　B. 太残忍了

C. 我认为不下去了　D. 我看天太晚了

（5）三个报社的记者和编辑（　）

A. 很多人　B. 记者是报社的编辑不是报社的

C. 三个报社　D. 记者和编辑一共三个人

第五章　单　句

第一节　句子成分分析

一、句子成分

句子成分就是句子的组成成分。一般来说，短语加上语气和语调就构成了句子。从语用上看，句子由指称与陈述两部分构成。在句法结构上，主语是陈述的对象，即指称，谓语是陈述主语的部分。因此大多数句子由主谓短语加上语调构成，这种句子叫主谓句。表示各种句子成分的符号如下：

|| 主语和谓语的分界　（　）定语

= = = = 主语中心语　[　] 状语

____ 谓语中心语　～～～ 宾语

〈　〉补语　____ 兼语

从结构上来说，主谓句的成分也就是主谓短语的组成成分。而主谓短语的主语和谓语本身可能又是短语，因此可以进一步划分出其他成分。句子成分可以分为八种：主语、谓语、宾语、述语、定语、状语、补语、中心语。这八种成分不是在一个平面上一次组成的，而是两两相对一层一层地组合起来的，如：

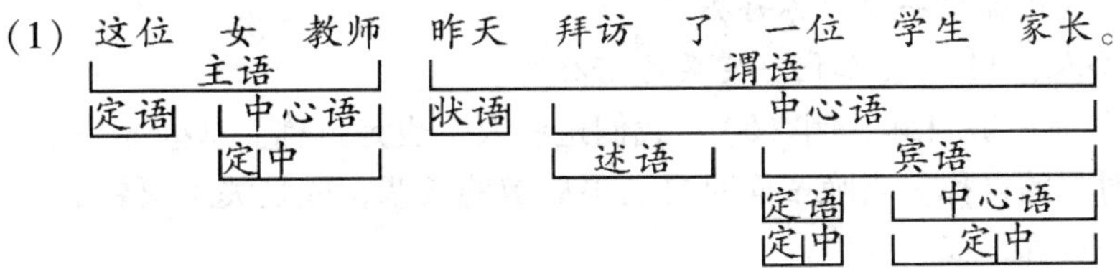

例（1）的句子成分结构是：

主语：这位女教师

定语：这位

中心语：女教师

谓语：昨天拜访了一位学生家长

状语：昨天

述语：拜访了

宾语：一位学生家长

定语：一位　学生

中心语：家长

从上面可以看出，主语和谓语才是组成主谓句的直接成分，而其他成分都是充当主语和谓语的短语里的成分。

（一）主语

1. 主语的构成材料

一个句子通常可以分为两个部分：主语和谓语。主语是叙述、说明、描写的对象，谓语是对主语的叙述、说明和描写。

• 常见主语

主语可以有名词性主语和谓词性主语。名词性主语由名词性成分充当，包括名词、数词、名词性的代词和名词性短语等，多表示人或事物。作为被陈述的对象，在句首能回答“谁”或“什么”等问题，如：

（2）小王 || 来了。

例（2）的主语是“小王”，可以针对主语提问“谁来了?”谓语是“来了”，可以针对谓语提问“小王怎么了?”

（3）教室 || 很大。

例（3）的主语是“教室”，可以针对主语提问“什么很大?”谓语是“很大”，可以针对谓语提问“教室如何?”

• 用于自称的主语

代词常常用于自称，自称可分为一般自称、尊敬对方的自称、不尊敬对方的自称三小类，自称也构成主语。

第一，一般自称。一般的自称通常用人称代词，如：

（4）我，|| 无论如何一定要办好公司。

（5）我们这些人，|| 无论如何一定要办好公司。

例（4）“我”是一般自称。例（5）“我们这些人”也是自称。这些都是主语。

第二，尊敬对方的自称。当晚辈面对自己很尊敬的长辈，或是关系很熟的长辈时常常用尊敬对方的自称，如：

（6）学生 || 无论如何，一定要办好公司。

侄儿 || 无论如何，一定要办好公司。

（7）王宗仁 || 无论如何，一定要办好公司。

（8）王宗仁我 || 无论如何，一定要办好公司。

例（6）、例（7）、例（8）是含有尊敬对方、有亲近色彩的自称。例（6）用自己和听话人之间的关系“学生”、“侄儿”自称，听话人一般是自己的“老师”或“叔叔”。例（7）用自己的名字。例（8）用“姓名+我”自称，对方是熟悉或自己所尊敬的长辈。

有时也用“我们”自称指“我”，这常常用在学术论文中。

（9）我们‖认为，是否开公司一定要看自己的实力。

例（9）中“我们”指“我”，这也是一种尊重对方或读者的自称。

第三，不尊敬对方的自称，也是不客气的自称，如：

（10）我王某人‖无论如何，一定要办好公司。

（11）王某人‖无论如何，一定要办好公司。

（12）我王宗仁‖无论如何，一定要办好公司。

例（10）、例（11）、例（12）都是不尊敬对方的、不客气的自称。例（10）“我王某人”是用“我+姓+某”形式，例（11）“王某人”是用“姓+某人”形式，例（12）“我王宗仁”是用“我+姓名”形式。

谓词性主语有动词、形容词、谓词性的代词、动词性短语、形容词性短语等。这是以动作、性状或事情作陈述对象的，其谓语总是由非动作性谓词、判断动词、形容词等充当，如：

（13）认真地学习数学‖是对的。

笑‖是具有多重意义的语言。

2. 主语的意义类型

主语的意义类型是就主语所表示的人、事物和谓语所表示的动作之间的语义关系来说的。概括起来大概有三种：施事、受事和当事。施事主语表示动作、行为的主体。受事主语表示承受动作、行为的客体。当事主语表示非施事、非受事的人或事物，如：

（14）狼‖吃了小羊。（施事主语：狼 → 吃羊）

小羊‖被狼吃了。（受事主语：羊 ← 被狼吃）

这件事情‖和他无关。（当事主语：这件事 ← 他）

（二）谓语

1. 谓语的构成材料

谓语通常由谓词性词语充当，主要由不及物动词与形容词构成，在一定条件下也可由名词、数量短语等名词性词语充当。由不及物动词充当的谓语是陈述主语的行为或动作行为完成后所处的状态；由形容词充当的谓语是陈述主语的性状；由名词性词语充当的谓语大多表示人的特征或籍贯、星期或节假日；由数量短语等充当的大多表示时间、重量或乘法计算。如：

（15）小王‖休息了。　老王‖退休了。（行为完成后的状态）

小张‖非常高。　小李‖很漂亮。（自身的状态）

衣服 || 湿了。　天 || 亮了。(目前的状态)

小吕 || 黑头发。　孔子 || 山东人。(人的特征或籍贯)

今天 || 星期三。　明天 || 清明节。(星期或节假日)

现在 || 三点半。　这条鱼 || 三斤半。(时间或重量)

三五 || 十五。　三七 || 二十一。(乘法计算)

例(15)不及物动词充当谓语,"休息了、退休了"分别陈述"小王、老王"。形容词充当谓语,"非常高、很漂亮"分别陈述"小张、小李";"湿了、亮了"分别陈述"衣服、天"。名词充当谓语,"黑头发、山东人"分别陈述"小吕、孔子";"星期三、清明节"分别陈述"今天、明天"。数量词语充当谓语,"三点半、三斤半"分别陈述"现在、这条鱼"。数词充当谓语,"十五、二十一"分别陈述"三五、三七"。

2. 谓语的意义类型

谓语的意义类型主要看谓语对主语的作用,可以分为三大类:叙述、描写和判断说明,如:

(16) 他 || 工作了。(叙述:他 → 工作)

他 || 信心十足地工作着。(描写:他→信心十足地;他 → 工作着)

他 || 工人。(判断说明:他 → 工人)

(三) 述语和宾语

述语和宾语在句子中是两个直接成分。

1. 述语的构成材料

述语一般由及物动词充当,既可以由带宾语的动词充当,也可以由单独的及物动词带上宾语成为述语,还可以由动词带上补语或动态助词构成。述语和述语中心语通常用及物动词,在存现句里也可以是不及物动词。有时候,某些不及物动词必须带上补语之后才能带宾语,因为这里的宾语只跟补语发生某种语义联系,如:

(17) 我们 || 学习 | 华文。

同学们 || 打完了 | 篮球。

单竖线前面的是述语,后面的是宾语。例(17)"学习 | 华文"是由单独的及物动词充当述语;"打完了篮球"是由及物动词"打"带上补语"完"再带宾语"篮球"组成的。

2. 宾语的构成材料

宾语跟主语相似,也分名词性宾语和谓词性宾语两类,如:

(18) 他 || 学习 | 华文。

他 || 喜欢 | 打篮球。

其中谓词性词语充当宾语有一定的条件,即只能出现在能带谓词性词语的动词后边,如:

(19) 最有效的保护是丨休息。

成功的秘诀在于丨勤奋。

3. 宾语的意义类型

宾语和述语的关系比较复杂，大概可以分作三种：受事宾语、施事宾语、当事宾语。受事宾语表示动作行为直接支配、关涉的人或事物，包括动作的承受者；施事宾语表示动作、行为的发出者、主动者，可以是人或自然界的事物；当事宾语表示施事、受事以外的宾语，即非施非受宾语。如：

(20) 我吃丨苹果。(受事宾语)

来丨客人了。(施事宾语)

我是丨学生了。(当事宾语)

(四) 定语

定语是一种修饰语。在短语中，它主要用来修饰名词。

1. 定语的构成材料

定语可由名词、动词、形容词、数量词、代词、拟声词以及介词短语加上结构助词“的”构成，也就是说实词和短语大都可以作定语，如：

(21) (木头) 桌子 (销售) 计划 (漂亮) 姑娘

(一个) 书包 (他) 的计划 (叮叮当当) 的声音

(在教室里) 的学生

2. 定语的意义类型

定语和中心语的关系多种多样，总的可以分为两类：描写性定语和限定性定语。

描写性定语的作用主要是描绘人或事物的性质、状态，突出其中本来就有的某一特性，使语言更加形象生动，如：

(22) (两本) 书 (干干净净) 的书

(紫色) 的书 (那个非常可爱) 的小姑娘

限定性定语的作用主要是给事物分类或划定范围，使语言更加准确严密。这种定语越多，中心语所指的人或事物的范围就越小。一般说来，名词性词语、动词性词语和区别词作定语多是限制性的，表示人或事物的领有者、时间、处所、环境、范围、用途、质料、数量等，如：

(23) 妈妈买 (两斤) 肉。(数量)

这是 (过去) 的事情。(时间)

我们班有 (十个) 同学。(归属、领属)

3. 定语和助词“的”

定语和中心语的组合，有的必须加“的”，有的不能加“的”，有的可以加可以不加。其规则是数量短语或数词、量词作定语，表示限制关系时后面不能用“的”。

数量短语作定语表示描写关系时，后面要用“的”。短语作定语，一般要加

“的”，如：

（24）老师在课堂上给我们讲了（一个）故事。（限定性定语）

他买了（一条三斤）的鱼。（描写性定语）

（刚做好）的饭　（从老挝来）的朋友（短语作定语）

4. 多层定语

在一个偏正短语中，有时可能包含几个修饰语，这样的修饰语叫多项定语。多项定语可分为三种类型：并列关系、递加关系和交错关系。如：

（25）这是（爸爸和妈妈）的东西。（并列关系）

（她的一件刚买的红色羊皮）大衣丢了。（递加关系）

老师批评了（我们班的那位调皮而又聪明）的同学。（交错关系）

多层定语的排列次序比较复杂，数量短语位置比较灵活。从离中心语最远的词语算起，多层定语的一般顺序为：

表示领属关系的词语（谁的）→表示时间、处所的词语（什么时候/地方）→指示代词或量词短语（多少）→动词性词语和主谓短语（怎么样）→形容词性词语（什么样的）→表示质料、属性或范围的名词、动词（什么）

这些层次体现在定语中就是多层定语中词语的先后顺序，如：

（26）小王的那件　刚　从中国　带来的　新的　羊皮大衣

谁　　数量　时间　地点　怎么样　什么样　什么

（五）状语

1. 状语的构成材料

在短语中，状语是用来修饰动词和形容词的，如：

（27）努力学习　详细说明　很漂亮　非常好……

状语不只是由副词充当，还可以由时间名词、能愿动词、形容词（特别是表示状态的形容词）充当；介词短语、量词短语和其他一些短语也可以作状语，如：

（28）昨天晚上我［确实没有］认真思考。

小王的妈妈［昨天从中国］来看她了。

2. 状语的意义类型

状语的意义类型可以分为两种：限制性状语和描写性状语。

第一，限制性状语。它主要用来表示时间、地点、方向、程度、状态、否定、方式、目的、范围、对象、数量和语气等。

（29）小王［三点钟］到。（时间）

他们［在201教室］上课。（地点）

他们［朝东西］走去。（方向）

小张［非常］高。（程度）

小宋［高高兴兴］地走了。（状态）

小周［不］知道这件事。（否定）

小吕［用看中国报纸的方式］学习华文。（方式）

小杨［为了学好华文］去了中国。（目的）

他们［都］来了。（范围）

小明［对我］笑一笑。（对象）

小杰［三本三本］地借书。（数量）

小静［难道］不知道我的手机号码吗？（语气）

第二，描写性状语。它在语法结构上主要也是修饰谓词性成分的，在它的语义指向上有些是描写动作状态，指向谓词性成分，有些是描写动作者的情态，指向名词性成分，就是说语法结构关系和语义关系不都是一致的，从语义上看不全指向谓词性的词语，而是有的指向名词性词语（主语或宾语）。如：

（30）小王［飞快］地跑了。（飞快→跑：指向谓语）

小张［高兴］地走了。（高兴→小张：指向主语）

他们［圆圆］地排成了一个圈。（圆圆→圈：指向宾语）

3. 状语的位置

状语一般都放在主语的后面，一些表示时间、范围、情态、条件、关涉对象或者语气的状语有时还可以出现在主语前面，特别是由“关于”组成的介词短语作状语，只能出现在句首。放在主语前的状语叫句首状语，如：

（31）［昨天］他去北京了。

［关于这件事情］我们已经讨论过了。

4. 状语和“地”

助词“地”是状语的标志。状语后面加不加“地”的情况很复杂。

单音节副词作状语，一般不加。形容词里，单音节形容词作状语比较少，也大都不能加“地”。多音节形容词可以加也可以不加，但是加了之后往往有强调的意味。

（32）您［慢］走。

小张［快］跑！

［热烈］欢迎新同学。

［热烈］地欢迎新同学。

5. 多层状语

状中短语整体加上状语，就会形成多层状语，例如：

（33）许多同学昨天在教室里都为她唱了生日歌。

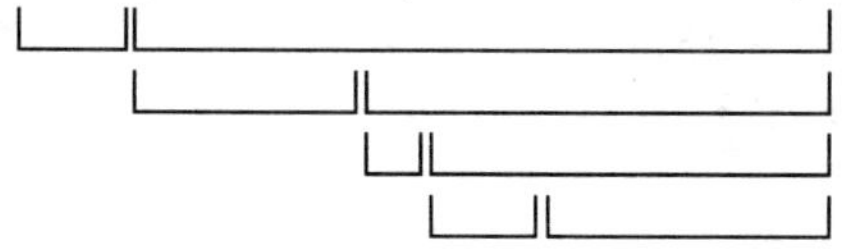

分析顺序也和分析多层定语一样，左边的状语修饰右边的中心语。这种状语叫做

递加关系的多项状语。

另外还有并列关系的多项状语，如：

(34) 这个办法对老师对同学都很方便。

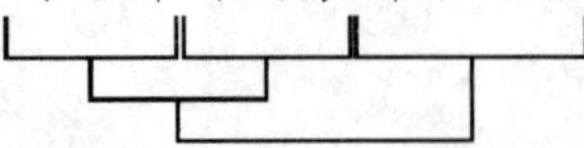

多层状语的排列顺序不太固定，有时候位置不同，意思也不一样，例如："都不去"和"不都去"意思不同。

多层状语的一般次序：

表示时间的名词（什么时间）→表示处所的介词短语（什么地方）→表示对象的介词短语（同谁）→表示范围的副词（什么范围）→表示情态的形容词（怎样）

这些层次体现在状语中就是多层状语中词语的先后顺序，如：

(35) 刚刚在教室跟他们一起热烈地讨论。
　　时间　地方　对象 范围 情态

（六）补语

1. 补语的构成材料

典型的补语是位于动词或形容词后的谓词性成分，主要是结果补语、趋向补语、情态补语。这些补语在结构上有一个共同的特点，即绝大部分包括两个表述，如：

(36) 他喝醉了。(他喝酒 + 他醉了)

别的语言很少有类似汉语的这种表述，汉语的补语句子，在其他语言中很可能用两个句子来表达。

补语可以由谓词性词语、数量短语和介词短语充当。由谓词性词语充当的补语，有的直接加在中心语之后，有的要用"得"字。由数量短语、介词短语充当的补语都是和中心语直接组合的。

(37) 他吃饱了。　　他吃得很饱。
　　他吃了三天。　他出生在泰国。

2. 补语的意义类型

补语用来说明动作、行为的结果、状态、趋向、数量、时间、处所、可能性或者性状的程度、事物的状态等，如：

(38) 这个字写〈错〉了。(结果补语)
　　他高兴得〈跳起来〉。(程度补语)
　　这个报告他听得〈很高兴〉。(状态补语)
　　她跑〈过来〉了。(趋向补语)
　　我们看了〈三遍〉。(数量补语)
　　我们老师出生〈于 1964 年〉。(时间补语)
　　他把对联贴〈到门的两边〉。(处所补语)

这个东西要〈不得〉。(可能补语)

3. 补语和宾语的顺序

补语和宾语都在动词后面，两个成分同时出现，就有个排序问题。其顺序排列有三种情况：

第一，先补后宾。这是最常见的顺序，如：

(39) 他看了〈三天〉书。

我们走〈进〉了教室。

第二，先宾后补。补语在宾语后是有一定限制的，如：

(40) 她去过美国〈两次〉。

我等了你〈三个小时〉。

代词宾语必须放在动量补语前面。

第三，宾在中间。宾语在两个趋向补语中间，如：

(41) 她拿〈出〉一本书〈来〉。

例(41)“来”是“拿出书”的补语，“出”是“拿”的补语，二者属于两个层次。

(七) 中心语

中心语是偏正(定中、状中)短语、中补短语里的中心成分。中心语根据同它相对成分的不同可以分为三种：定语中心语、状语中心语、补语中心语。如：

(42) 他是个聪明的孩子。(定语中心语)

他已经来了。(状语中心语)

教室里粉刷得很漂亮。(补语中心语)

在有多层定语或状语的偏正短语里，每一层定语或状语所修饰的中心成分都是中心语，因此有的中心语是短语，有的是词。述补短语也是如此。

(八) 句子的特殊成分

句子的特殊成分，也有的把它叫做独立成分。句子的特殊成分可以分为复说语和独立语两种。

1. 复说语

复说语是两个词语同指一个事物，一个用在句首或句末，另一个用在主语或谓语里，句首或句末不属于主语或谓语的那个词语叫复说语。复说语有两种，一种是称代式复说语，另一种是总分式复说语。

• 称代式复说语

称代式复说语大都用在句首，有时也用在句末，句中有个代词来指称它，如：

(43) 环境保护，那是人人都愿意做的。

我见过她，那位中国小姐。

蔚蓝的大海，蔚蓝的天空，我感觉这些是最可爱的。

例（43）“环境保护”与“那”指同一个对象，“那”是代词，是称代式复说语。“她”与“那位中国小姐”指同一对象，“她”是代词，是称代式复说语。“蔚蓝的大海，蔚蓝的天空”与“这些”指同一对象，“这些”是代词，是称代式复说语。

• 总分式复说语

句首或句末的复说语同句中相应的部分有总分关系。

第一，句首的复说语是总说，句中同它相应的分说是分句的主语，如：

（44）父子俩：一个办学校，一个开公司。

这些议论，有的是对大海的，有的是对天空的。

例（44）“父子俩”与“一个”、“一个”指共同的对象，“父子俩”是总说，“一个”与“一个”是分说，是总分式复说语。“这些议论”是总说，“有的”、“有的”是分说，一起构成总分式复说语。

第二，复说语是分说部分出现在句末，总说部分是句中谓语动词的宾语，如：

（45）学了华文以后他们就要实现计划了：在广州、上海、北京各开一家公司。

小王家有五兄弟：王宗仁、王宗义、王宗礼、王宗智、王宗信。

例（45）“计划”是“实现”的宾语，所指的就是后面的解说部分“在广州、上海、北京各开一家公司”。“五兄弟”是“有”的宾语，所指的就是后面的解说部分“王宗仁、王宗义、王宗礼、王宗智、王宗信”。

这就是总分式复说语中的总说语与分说语共同充当宾语。

2. 独立语

独立语就是句子里的某个实词或短语，跟它前后别的词语没有结构关系，但又是语义上所必需的成分。

独立语在句子里的位置大都比较灵活，可以出现在句首、句中或句末，包括插说语、称呼语、感叹语和拟声语。

• 插说语

在一个句子中间插入一个成分，它不作句子的任何成分，也不和句子的任何成分发生结构关系，同时既不起连接作用，也不表示语气，这个成分称为插说语。书面上一般用三角符号标示在插说语的下面，如：

（46）大家知道，他们公司的经营不怎么样。

他呀，看样子，不会来了。

他们不会来了，不用说。

例（46）“大家知道”是表提醒的插说语；“看样子”是表判断的插说语；“不用说”是表强调的插说语。

位置灵活是插说语的另一大特点，如：

（47）据说，今年第二号台风“珍珠”已经在太平洋上生成。

今年第二号台风“珍珠”，据说，已经在太平洋上生成。

今年第二号台风“珍珠”已经在太平洋上生成，据说。

例（47）“据说”是表消息来源的插说语。“据说”放在句首，是为了凸显信息来源，这一消息不是说话人自己掌握的信息而是从别人那里得来的信息。“据说”放在句中，是为了凸显“今年第二号台风‘珍珠’”的情况：已经形成，然后才说信息来源。“据说”放在最后，是为了凸显整个完整的信息：先报道信息，后说明信息的来源。

插说语有其独特的作用，也能表达很多信息，主要有以下几类。

第一，表示感叹、惊讶、渲染气氛。这常常用叹词来表示，如：

（48）唉，怎么偏偏遇上这样的人！

例（48）“唉”表示感叹，是对自己遇到这样的人自认倒霉。

（49）咦，她们去哪儿了？

例（49）“咦”表示疑惑，是对这出乎意料的情况不理解，是自己问自己：完全没想到她们不见了。

第二，表示提醒和强调。常用“你看”、“你听”、“你说”、“你想想”、“你记住”、“他知道”、“大家知道”等，如：

（50）你看，他们怎么能这么说呢？

例（50）“你看”是提醒听话人注意，同时也是说话人想争取听话人同意自己的看法。

（51）大家知道，我们公司经营得很好。

例（51）“大家知道”是提醒听话人，引起大家注意：我说的是很明白的、有根据的。这也是强调自己说的话的正确性。

此外，还有表示强调的插说语：“严格地说”、“不客气地说”、“不瞒你说”、“说句公道话”、“毫无疑问”、“没问题”、“不用说”、“不可否认”、“说真的”、“说实在的”、“老实说”等，如：

（52）老王的公司，不用说，当然是做得很好的。

例（52）“不用说”表示强调，一是强调自己所介绍的对象众所周知，不用解释；二是强调所说的非常明白、非常重要和不容置疑。

（53）老实说，他们的公司一开始也不是做得很好。

例（53）“老实说”是强调，一是强调自己所说的话的真实性和重要性；二是想引起大家注意，表明诚意。

第三，表示推测和估计。常用“我看”、“我想”、“依我看”、“照我看”、“想来”、“看来”、“看样子”、“看起来”、“说不定”等来表示，如：

（54）在中国开公司，依我看，说不定现在是最好的时机。

例（54）用“依我看”对“在中国开公司现在是最好的时机”表示推测和估计，

特别是用“说不定”来进一步补充，也显示了说话人在强调这一看法只是推测，并不是最后的结论。

(55) 看样子，他们的公司经营得不错。

例 (55) 用“看样子”对“他们的公司经营得不错”表示推测和估计，显示了说话人对这一判断还不是十分肯定。

第四，表示依据和来源。表示依据的插说语有“在……看来”、“据……看来”、“按……说来”、“正如……所说”等，如：

(56) 在父母看来，孩子是永远也长不大的。

例 (56)“在父母看来”是依据，因为“孩子是永远也长不大的”这一看法本来是错误的，但因有了“父母看来”这一依据，这种本来错误的说法也能够接受了。

(57) 正如你上次说的，我们都应该去大学进修。

例 (57)“正如你上次说的”是依据，因为“我们都应该去大学进修”这一看法只是个别人提出来的，可能不是所有的人都同意的，但因有了“你上次说的”这一依据，这种说法也就能够接受了。

表示来源的插说语有“据统计”、“据报道”、“听说”等，如：

(58) 据统计，目前世界上的人口已经达到 70 亿了。

据说，目前世界上的人口已经达到 70 亿了。

例 (58)“据统计”与“据说”都是说明“目前世界上的人口已经达到 70 亿了”这一消息的来源，因为这一消息不是说话人亲自去统计的而是根据别人而得来的。

第五，表示总括和归纳。常用“总之”、“总而言之”、“一句话”、“由此可见”等，如：

(59) …… 总之，无论如何，搞好经济发展是世界进步的根本。

…… 一句话，无论如何，搞好经济发展是世界进步的根本。

例 (59)“总之”与“一句话”都是用“无论如何，搞好经济发展是世界进步的根本”对前面所说的话作总括和归纳。

插说语是信息交流时必须有，但在句子成分上一定无关的成分，因此跟语言环境的关系密切而跟句子结构无关。

● 称呼语

称呼语指的是在称呼某人或者某物时所用的词语。这里分为称语与呼语两类。称语不是独立成分而是句子中的主语；只有呼语才是独立成分，它是被称呼人在眼前时的呼语。

当面称呼对方，引起对方的注意，或是表示尊敬，或是表示亲近，或是表示厌恶，或是表示威胁。这时称呼语就是独立成分。

这可根据不同情况选用不同的词语来进行，如：

(60) 这位先生，您来了？里面请。(陌生关系)

(61) 王仁刚先生，您来了？里面请。(关系一般)
(62) 王先生，您来了？里面请。(关系一般)
(63) 王主任，您来了？里面请。(关系一般)
(64) 小王，你来了？里面请。(关系较亲密长辈对晚辈)
(65) 王老，您来了？里面请。(关系亲密晚辈对长辈)
(66) 宗仁先生，你来了？里面请。(关系亲近平辈)
(67) 王老师，您来了？里面请。(关系亲近师生或尊称)
(68) 宗仁叔，您来了？里面请。(亲戚或长辈)

例（60）“这位 + 先生”是陌生人之间用的称呼语。例（61）“姓名 + 先生”、例（62）“姓 + 先生”、例（63）“姓 + 职位”是相识但关系一般的人之间用的称呼语。例（64）“小 + 姓”是关系较近长辈对晚辈的称呼语。例（65）“姓 + 老”是关系较亲密晚辈对长辈的称呼语。例（66）“名 + 先生”是关系亲近平辈之间的称呼语。例（67）“姓 + 老师”是关系亲近师生之间的称呼语。例（68）“名 + 单音节亲属称谓”是关系亲密亲戚或长辈之间的称呼语。

● 感叹语

感叹语是表示感情的呼声，如惊讶、感慨、喜怒哀乐等感情和应对等。

(69) 啊呀，你怎么忘记带东西了！

● 拟声语

模拟声音的词语，给人以真实感，以加强表达效果。拟声语充当插说语有渲染气氛的作用，如：

(70) 轰！山上的石头滚下来了。

例（70）“轰”是模拟山上的石头滚下来的声音，这是自然界发出的声音。

(71) 咔嚓，老王折断了一根棍子。

例（71）“咔嚓”是模拟人折断棍子的声音，这是人弄出来的声音。

拟声语模拟各种各样的声音，如同在现场听到真正的声音一样，这样在说话的时候显得生动形象、逼真自然。

(72) 咚咚，咚咚，响起了一阵急促的敲门声。

(73) 外面响起了一阵急促的敲门声。

例（72）“咚咚，咚咚”是模拟人敲门的声音，读起来显得生动逼真，比没有拟声语的例（73）要好得多。

二、句子成分分析法

句子的结构分析有两种方法，一种是句子成分分析法，一种是层次分析法。由于句子的结构也就是短语的结构，所以句子的层次分析与短语的层次分析是一样的。

（一）分析步骤

句子成分分析的步骤一般来说有四步，主要是在句子成分分析完成之后进行形式上的标记。

第一步，用双竖线把主语和谓语划开。

第二步，如果主语是名词性偏正短语，划出定语和中心语；如果是其他短语，看作一个整体充当句子成分。

第三步，如果谓语是述宾或述补短语，用﹏﹏划出宾语，宾语如果是名词性偏正短语还应分析出定语和中心语，如有补语则用〈　〉划出补语。

第四步，如果谓语是谓词性偏正短语，或宾语、补语前边的是谓词性偏正短语，划出状语和中心语。

应用句子成分分析法分析示例如下：

(74) [昨天]（我们）班||转〈来〉了（几位）（新）同学。

（这本）词典||十块钱。

屋子里||一个人也没有。

老师和同学||[都]鼓励她。

妈妈||寄给我一封信。

这||是（我的）书包。

（二）划分句子成分的基本原则

充当句子成分的不一定是词，有些是短语，如联合短语、同位短语、方位短语、数量短语、介词结构、“的”字结构、“所”字结构、比况结构等，它们在任何时候都作为一个整体充当句子成分。主谓短语只有在单独充任主谓句时才分析，作句子成分时都看作一个整体。名词性偏正短语作主语、宾语应该分析出中心语和定语，作其他成分时也看作一个整体。谓词性短语（偏正、述补、述宾、连谓、兼语）作谓语应分析出谓语中心语及其他成分，作其他成分时也看作一个整体。

任何句子成分都应该是一个语法单位（词、短语或复句形式），如果划出的某个成分不是语法单位，这种分析就是不正确的，如：

(75) 这||是(一个工人）的建议。

*这||是(一条工人的建议)。

这||是(一条)（工人）的建议。

例（75）中分析出来的“一个工人＋的建议”是正确的，但“一条工人＋的建议”是错误的，应当是“一条＋工人的建议”，因为句子的语义中心和语法结构中心不完全一致。在语义不变的情况下，句法结构可以不同，如：

(76) 他俩||进行了交谈。

(77)（他）的字||写得〈很好〉。

例（76）谓语中心是“进行”，谓语的语义中心是宾语“交谈”。例（77）谓语中心是“写”，谓语的语义中心是“很好”。

有的句子语义结构相同但句法结构不同，如：

（78）我‖看〈完〉了（三本）书。

（79）我‖［把那三本书］看〈完〉了。

（80）（那三本）书‖［被我］看〈完〉了。

例（78）、例（79）、例（80）的语义结构完全一样，即“施事＋动作＋对象＝我看书”，其谓语中心是“看”，谓语的语义中心是宾语“完”，但结构不同。例（78）是“主谓宾”句；例（79）、例（80）是“主状谓补”句。例（78）主语是施事“我”，例（80）主语是对象“书”。例（78）无状语，例（79）状语中有动作涉及的对象“那三本书”，例（80）状语中有施事“我”。

思考与练习

1. 句子成分是什么？

2. 根据分析句子的方法和步骤，按要求分析下列句子。用“＿＿”标出句子的主语；用“＿＿”标出谓语；用“～～”标出宾语。

（1）小王吃苹果。

（2）小王的妈妈看完了一本书。

（3）小王的妈妈和爸爸去了中国。

（4）小王的妈妈把那本书看完了。

（5）小王的爸爸被小王的妹妹拉走了。

（6）船上的员工都做好了准备。

（7）我们都做完了语法作业。

（8）都不去不太好。

（9）他们把那几本书弄丢了。

（10）几个看热闹的正在门口休息。

3. 根据分析句子的方法和步骤，按要求分析下列句子。用“（ ）”标出定语；用“［ ］”标出状语；用“〈 〉”标出补语。

（1）小王没有去中国。

（2）小王的妈妈已经去了中国。

（3）小李被小王批评了。

（4）小张把小王批评了一顿。

（5）他拿出来一个面包。

（6）我们公司今年已经完成了三千万元的业绩。

(7) 那几本书被他们送给别人了。
(8) 我们几个人都知道不去不太好。
(9) 你们所说的正是我们打算做的。
(10) 他们几个跑得飞快。

4. 根据所学的独立语知识，分析下列句子并按要求回答问题。

(1)“听说你要去中国了?”插说语是(　)。
A. 听说　B. 你　C. 要　D. 去中国
(2)“老师，这个字怎么写?”称呼语是(　)。
A. 这个字　B. 怎么　C. 老师　D. 写
(3)“哇，我过了六级了!”感叹语是(　)。
A. 我　B. 过了　C. 六级　D. 哇
(4)“哗哗哗，下雨啦!”拟声语是(　)。
A. 下　B. 雨　C. 哗哗哗　D. 啦
(5)“在我看来，语法也不难。”插说语是(　)。
A. 在我看来　B. 语法　C. 也　D. 不难

5. 根据所学的语义分析知识，按要求进行分析判断然后回答问题。

(1)“我送他一本书。”当事是(　)。
A. 我　B. 送　C. 他　D. 书
(2)“来人了。”结构是(　)。
A. 主谓　B. 述宾　C. 偏正　D. 述补
(3)“人来了。”结构是(　)。
A. 主谓　B. 述宾　C. 偏正　D. 述补
(4)“鱼卖完了。”“鱼”是(　)。
A. 宾语　B. 主语　C. 定语　D. 状语
(5)“东西被他拿走了。”“他”是(　)。
A. 施事　B. 受事　C. 当事　D. 结果

第二节 句子的语义分析和语用分析

一、语义分析

（一）词典义与分析

对句子进行语义分析不同于词义分析。词义是词典中可以注明的意义，语义则是在结构中体现出来的意义，如：

（1）我：指自己。（词典里记载的意义，简称词典义）

买：拿钱换东西，与“卖”相对。（词典义）

书：书籍，装订成册的著作。（词典义）

例（1）是对“我”、“买”、“书”进行词义分析，也就是词义的解释。但这不是我们说的语义分析。语义主要是指名词和动词之间的含义，如“明天”指“今天过后的一天”，这是词义。在“明天我们讨论”中，“明天”除了有词义之外，还说明了“我们讨论”的时间，这是语义。语义通常包括施事、受事、工具、时间、处所等。语义分析就是分析这类意义，如：

（2）我买书。（语义：施事 + 动作 + 对象）

（3）我送你书。（语义：施事 + 动作 + 与事 + 对象）

（4）明天在学校我送你一本书。（语义：时间 + 地点 + 施事 + 动作 + 与事 + 数量 + 对象）

例（2）“我”是动作的发出者，是施事，“买”是我发出的动作，“书”是动作行为涉及的对象。例（3）“我”是施事，“送”是动作，“你”是参与“送”这一行为的与事，“书”是送的对象。例（4）“明天”是时间，“在学校”是地点，“我”是施事，“送”是动作，“你”是与事，“一本”是数量，“书”是对象。

（二）语义分析内涵

将句子成分与所表现出来的时间、地点、施事、动作、与事、对象等语义进行对应就是语义分析，也就是说，语义分析是分析语言单位与客观事物之间的关系。

分析句子时，指明主语或宾语是施事、受事、工具、处所、时间等，这是句子的语义分析。对句子进行语义分析可以使句子的分析更为细致，如：

（5）他吃饱了。（施事：他←饱）

他吃完了饭。（动作：吃←完/对象：饭←完）

他吃多了饭。（动作：吃←多）

例（5）中的三个句子从结构上分析，属于同一个类型。但从语义上分析会发现不同：①“饱”与表施事的“他”有直接联系，而与表受事（未出现）的“饭”没有直接联系；②“完”与受事（未出现）发生关系，而与施事不发生关系；③“多”与“吃”这一行为发生关系。

因此在句子中名词的语义就是具体语境中人或事物的名称，动词就是表示人的动作行为或事件的发展变化，形容词就是表示人或事物的性质或状态。

二、语用分析

句子类型的分析是分析语言单位与语言单位之间的关系。语义分析是分析语言单位与客观事物之间的关系。语用分析是分析语言与说话人主观态度间的关系。如：

（6）大眼睛。　　　眼睛大。

（7）老师爱学生。　学生爱老师。

（8）你去哪儿？　　去哪儿，你？

例（6）中句子的语义和语用相同，只是句法结构不同。“大眼睛”是定中结构；“眼睛大”是主谓结构。例（7）两句是句法结构和语用相同，只是在语义上施受关系不同：“老师爱学生”中的“老师”是“爱”的发出者，“学生”是“爱”的承受者；“学生爱老师”中的“学生”是“爱”的发出者，“老师”是“爱”的承受者。例（8）句法结构都相同，属于同一类型的主谓句，且为动词谓语句，语义上也没有差别，即“施事＋动作＋地点＋疑问语气”。不同的是所适应的语言环境不同，“你去哪儿？”是一般的表达，问人去的地方，“去哪儿，你？”是凸显动作行为的表达，是想先知道行为再问人。

（一）新信息和旧信息

句子用来交流思想，总是在旧信息，也叫已知信息的基础上传达新信息，如：

（9）这部电影我没有看过。

（10）我没有看过这部电影。

例（9）“这部电影”是旧信息，“我没有看过”是新信息。例（10）“我”是旧信息，“没有看过这部电影”是新信息。

语言中的省略，总是省略旧信息，如：

（11）你去哪儿？——图书馆。

（12）谁在教室里？——小王。

例（11）“我去”是旧信息，而“图书馆”是新信息，因此“我去”就没有出现在答句中。例（12）“小王”是新信息，“在教室里”因为是旧信息而没有出现在答句中。

（二）话题与说明

在交际中说出的话，通常既有话题，又有说明，如：

（13）小王他把大苹果吃完了。

（14）小王吃完了一个大苹果。

（15）那个大苹果被小王吃完了。

例（13）“小王”是话题，“他”是指称，指明一个人；“把大苹果吃完了”是陈述，说明指称的对象怎么样。例（14）“小王”是话题，同时也是指称，说明“小王”怎么样，而“吃完了一个大苹果”是陈述。例（15）“那个大苹果”是话题，同时也是指称，指明那个东西，“被小王吃完了”是陈述同时也是说明，说明指称的对象如何。

在语用中，有指称不一定有陈述，如：

（16）火！

例（16）是人们发现前面失火了，是指着那火说“火！”这是指称，由于依靠了语境，仅仅凭着指称就达到了交际的目的：告诉人们失火了赶快去救火。

如果有了陈述，就必然有指称，当然也可以有话题，如：

（17）老王身体健康。

例（17）说“身体健康”是陈述，而“老王身体健康”，“老王”就是话题，不然听的人不知道谁“身体健康”。

名词的主要功能是指称，说的是名词能够指客观现实中存在的人或事物，同时名词也用于一些人或事物的分类而不指具体的人或事物。比较不同的“学生”，如：

（18）学生小王是一个努力的人。

例（18）“学生”是“小王”，也是一个“有指”的对象，即现实生活中的小王是一个学生，这个学生就是小王。

（19）小王办了一个学生证。

例（19）“学生”不是“小王”而仅仅是用来对“证件”的分类，以区别于“教师证”、“驾驶证”等。这里的“学生”不是指活生生的人，这是名词的“无指”用法。

（20）小王买了一些纸。

例（20）“纸”是“有指”的对象，即现实生活中的小王用钱买了这些纸，这些纸可以用来写字、做作业、画画等。

（21）小王买了一些纸杯子。

例（21）“纸”是“无指”对象，即现实生活中的小王用钱买的是“纸”做的杯子，这些纸不能用来写字、做作业、画画，纸仅仅是杯子的材料，以区别于“玻璃杯”、“陶瓷杯”等。

（三）定指和不定指

指称可以分为定指和不定指。说话人认为听话人已经知道或已经了解了某一或某些确切对象，于是就把它们作为已知事物向听话人陈述，这就是“定指”。如果说话人认为听话人并不了解某一或某些确切对象，于是就把它们作为陌生事物引入话语而向听话人陈述，这就是“不定指”。如：

（22）客人来了。

（23）来客人了。

例（22）“客人”是主语，是确定的指称。因为说话时，说话人和听话人双方都知道这“客人”指的是谁，双方都不会搞错，是定指。例（23）“客人”是宾语，也是指称，是不确定的指称，因为说话人和听话人都不知道这位来的“客人”是谁，是不定指。

（24）书在抽屉里。

（25）抽屉里有书。

例（24）“书”是主语，是确定的指称。因为说话时，说话人和听话人双方都知道“书”指的是什么书，双方都不会搞错，是定指。例（25）“书”是宾语，也是指称，是不确定的指称，因为说话人和听话人都不知道这“书”指的是什么书，是不定指。

在现代华语里“不定指”一般通过数词“一”与量词组成数量短语，再放在名词之前来实现，如：

（26）一个小女孩走了进来，坐在了床边。

（27）他们家来了一个小女孩。

例（26）、例（27）中的“一个小女孩”都是“不定指”的，不管在主语还是宾语位置上，因为前面有不确定的数量“一个”限制。

在没有数量短语的情况下，出现在主语位置上的名词倾向于“定指”，而出现在宾语位置上的名词则倾向于“不定指”，如：

（28）东西被他拿来了。

（29）他拿来了东西。

例（28）中的“东西”是定指的，因为处在主语位置上。例（29）中的“东西”是“不定指”的，因为处在宾语的位置上。

如果宾语是人称代词、专有名词、某些定中短语等则是“定指”，如：

（30）他们通知了王宗仁、王宗义和王宗礼。

（31）有人叫走了他。

（32）他很喜欢这个东西。

（33）这就是世界上最深的海沟。

例（30）、例（31）、例（32）、例（33）都是定指的。例（30）是专有名词，例（31）是人称代词，例（32）是由指示代词“这”修饰的名词短语，例（33）是指世界上独一无二处所的定中短语。

（四）焦点和疑问点

说话要突出重点，在句子里，新信息的重点叫做焦点。焦点可以分为三种：

第一，句末焦点。华语句子的信息分布是旧信息在前，新信息在后。新信息中的焦点在最后，叫句末焦点。如：

(34) 小王丢了钱包。

(35) 小王钱包丢了。

(36) 他没有把车票放好。

(37) 他没有放好车票。

例（34）“钱包”是焦点。例（35）“丢了”是焦点。例（36）“放好”是焦点。例（37）“车票”是焦点。

第二，对比焦点。从语句的对比中显示焦点，如：

(38) 我今天没有课，明天有课。

(39) 他到过中国，到过美国，没有到过英国。

例（38）对比焦点是时间。例（39）对比焦点是地点。

第三，特指焦点。通常用“是”来指明焦点，如：

(40) 她是今年考上了暨南大学。

(41) 他今年是考上了暨南大学。

例（40）时间“今年”是焦点，用“是”标记。例（41）结果“考上了”是焦点，用“是”标记。

在口语里，可以用重读来指明焦点。疑问句有疑问点，也就是要求对方回答的重点。特指问的疑问点是用疑问代词“谁”、“什么”、“哪儿”、“怎么”等表示。选择问的疑问点是用肯定形式和否定形式相重叠的方式表示，如：

(42) 你今天来不来？

(43) 我们一起去行不行？

例（42）“来”与“不来”是焦点，用正反选择来标记。例（43）“行”与“不行”是焦点，用正反选择来标记。

副词“是”的叠用形式“是不是”本身不表示疑问点，作用在指明后边的词语是疑问点，如：

(44) 你是不是同意？

(45) 你是不是要来？

一般是非问用整个命题表示疑问，但是在一定的语言环境中，也可以有疑问点，如：

(46) 他今天去多媒体教室上课了吗？
他今天去多媒体教室上课了吗？
他今天去多媒体教室上课了吗？

他今天去多媒体教室上课了吗？

他今天去多媒体教室上课了吗？

例（46）要强调的焦点就是重音所在，可以分别是“他”、“今天”、“去”、“多媒体教室”、“上课”等，也可根据双方交际的需要来选择。

思考与练习

1. 句法分析、语义分析与语用分析有何不同？

2. 根据所学的句法、语义、语用分析方法和步骤进行分析判断，然后按要求选择填空。

（1）“我发了个短信。”“短信”是（ ）。

A. 受事　B. 结果　C. 当事　D. 对象

（2）“昨天杯子打破了。”“昨天”是（ ）。

A. 时间　B. 地点　C. 结果　D. 对象

（3）“井打好了。”“井”是（ ）。

A. 结果　B. 对象　C. 受事　D. 施事

（4）“门被打开了。”“门”是（ ）。

A. 结果　B. 对象　C. 受事　D. 施事

（5）“他把菜做好了。”“他”是（ ）。

A. 结果　B. 对象　C. 受事　D. 施事

3. 根据句法、语义、语用分析的特点和方法进行分析判断，然后按要求选择填空。

（1）“今天我们都去看电影。”“今天”是（ ）。

A. 时间　B. 话题　C. 施事　D. 受事

（2）“他星期天要去游乐场。”“他”是（ ）。

A. 施事　B. 话题　C. 地点　D. 时间

（3）“那件事情我们都知道。”“事情”是（ ）。

A. 当事　B. 对象　C. 受事　D. 施事

（4）“这孩子我们都喜欢他。”“我们”是（ ）。

A. 当事　B. 对象　C. 受事　D. 施事

（5）“小马被老师请到办公室去了。”“小马”是（ ）。

A. 当事　B. 对象　C. 受事　D. 施事

4. 根据语义分析汉语句子中词语的特点，然后按要求指出“不”的语义指向。

（1）“不骑车带人”，“不”指向（ ）。

A. 骑车　B. 带人　C. 骑　D. 带

(2) “不回家吃饭”，“不”指向（　）。

A. 回家　　B. 吃饭　　C. 吃　　D. 家

(3) “不知道怎么办”，“不”指向（　）。

A. 知道　　B. 怎么办　　C. 知道怎么办　　D. 以上都不对

(4) “他不是学生”，“不”指向（　）。

A. 是　　B. 他　　C. 学生　　D. 是学生

(5) “你不说我也知道”，“不”指向（　）。

A. 说　　B. 你　　C. 我　　D. 知道

5. 按华语语义分析的方法和步骤进行分析判断，然后按要求回答下列问题。

(1) “书我看过了。”中的定指成分是（　）。

A. 书　　B. 看　　C. 过　　D. 了

(2) “今天我看了一本书。”“书”是（　）。

A. 非定指成分　　B. 施事　　C. 受事　　D. 当事

(3) “他把书拿来了。”“书”是（　）。

A. 定指　　B. 不定指　　C. 话题　　D. 陈述

(4) “书被他弄丢了。”“他”是（　）。

A. 定指　　B. 对象　　C. 受事　　D. 施事

(5) “对面来了一个人，这人是他中学老师。”“一个人”是（　）。

A. 定指　　B. 不定指　　C. 陈述　　D. 施事

第三节　句子常见错误

语法错误是指从语法的角度看句子是错的，其实语法错误就是以汉语为母语的人不用或者绝大多数人不这么用。语法错误的类型与原因多种多样，但最常见的有以下几种。

一、搭配不当

搭配不当指句子中的两个成分不能搭配或搭配起来可接受程度低。

（一）主谓搭配不当

主谓搭配不当就是句子的主语跟谓语不能搭配，搭配在一起使句子错误不能接受，如：

（1）＊那一天，是上一位新老师的课，我心里有点不安，怕这个班的水平比我高得多，所以我提前几分钟到了教室。

例（1）主语“我心里”与谓语“有点不安”搭配不当。理由有三点：①“有点”与“不安”搭配不当，是因为不明白“有点”与“不安”的意思。“有点”指“有一些，数量不大或程度不深”。“不安”指“不安定、不安宁”。②不清楚“心里紧张”与“心里不安”的区别。一般是指做了什么不该做的事，或做了坏事怕被人发现才说“我心里不安”，而“心里紧张”指怕跟不上进度而过度兴奋。③与实际情况不符。上一位新老师的课，担心自己的华文水平不高，跟不上这个班的进度，这种感觉不是“不安”而是“紧张”。

因此这样表达是不能接受的，正确的表达应该如下：

（2）那一天，是上一位新老师的课，我心里有点紧张，怕这个班的水平比我高得多，所以我提前几分钟到了教室。

（二）动宾搭配不当

动宾搭配不当就是句子的动词跟宾语不能搭配，搭配在一起使句子错误不能接受，如：

（3）＊我家开了一家小餐馆，我们卖的都是万隆有特色的小吃。餐馆就在万隆郊区的小山上，客人可以一边吃美食，一边欣赏万隆的风景。一到星期六我们就很忙……我有时间就喜欢帮忙我父母的餐馆。

例（3）“帮忙我父母的餐馆”，述语“帮忙”与“我父母的餐馆”搭配不当。理由有三个：①不明白“帮忙”不能直接带宾语。②不明白“我父母的餐馆”是地点，也不能成为“帮”的对象。③不明白“帮父母的餐馆”的真正含义应当是“在餐馆里帮父母打理餐馆”。

因此这样表达是不能接受的，正确的表达应当如下：

（4）……星期六我有时间，我喜欢在父母的餐馆里帮忙。

（三）动补搭配不当

动补搭配不当就是句子的动词中心语跟补语不能搭配，搭配在一起使句子错误不能接受，如：

（5）＊我在菲律宾出生，那么我的家乡就是菲律宾。我出生在一个叫密三密斯的城市，大概一个小时飞从菲律宾首都。

例（5）述语“飞”与补语“从菲律宾首都”搭配不当。理由有三个：①“飞”不能与“从菲律宾首都”搭配。②“从”是表起点的介词，“到”是表终点的介词。③时间词经常作补语。

因此这样表达是不能接受的，正确的表达应当如下：

（6）……我出生在一个叫密三密斯的城市，从菲律宾首都马尼拉乘飞机来这个城市大概要一个小时。

（四）定中搭配不当

定中搭配不当就是句子的定语跟中心语不能搭配，搭配在一起使句子错误不能接受，如：

（7）＊……这只狗经常跑回它以前的家，每次我的家人在它以前的家找到它的时候，我们都觉得，它很可怜，还有我们感觉到它的义气对老人，因此我们都很关心它。

例（7）“它的义气对老人”是定中搭配不当。其原因有三个：①不明白华文是“定语＋中心语”顺序。②这里“义气”是中心语，“它对老人”是定语。③“义气”大多用于人，“狗”一般用“忠诚”。

因此这样表达是不能接受的，正确的表达应当如下：

（8）……这只狗经常跑回它以前的家，每次我的家人在它以前的家找到它的时候，我们都觉得，它很可怜，还有我们感觉到它对老人很忠诚，因此我们都很关心它。

（五）状中搭配不当

状中搭配不当就是句子的状语跟中心语不能搭配，搭配在一起使句子错误不能接受，如：

（9）＊……由于她喜欢开玩笑，因此课堂气氛十分活跃而且让我们兴高采烈地上课。

例（9）状语“兴高采烈”与中心语“上课”搭配不当。理由有三个：①不理解“兴高采烈”是指“兴致高，精神饱满”。②不知道“高高兴兴”与“兴高采烈”的区别，“高兴”指“愉快，兴奋”。③不明白上课时应该跟课堂气氛相符合，“高兴地上课”可以，“兴高采烈地上课”不行，应当是“兴高采烈地游行”等。

因此这样表达是不能接受的，正确的表达应当如下：

(10) ……由于她讲课风趣幽默，因此课堂气氛十分活跃而且让我们每天都在愉快的笑声里上课。

（六）介宾搭配不当

介宾搭配不当就是句子中的介词跟后面的宾语不能搭配，搭配在一起使句子错误不能接受，如：

(11) *老师三十来岁，穿着一条粉红色的裙子，个子不太高，在鼻梁上戴着一副眼镜。我一进来，她抬起头用亲切的眼光看着我，并向我开玩笑，她说：“噢，我们班来了一位帅哥了，你是不是许进荣?”

例（11）介词“向我”与“开玩笑”是介宾搭配不当。原因有两个：①“向”用于动作的方向、对象等但不能是对等的对象。②不明白“向”与“跟”的区别，“向”用于全方位的朝向、对待，而“跟”用于对等的对象。

因此这样表达是不能接受的，正确的表达应当如下：

(12) ……我一进来，她抬起头用亲切的眼光看着我并跟我开玩笑，她说：“噢，我们班来了一位帅哥了，你是不是许进荣?”

（七）关联词语搭配不当

关联词语搭配不当就是句子中的关联词语不能搭配，搭配在一起使句子错误不能接受，如：

(13) *因为我爸爸和妈妈对我说过今后要接他们的班，跟中国做贸易，那么只要我学会汉语我才做这种商业，所以我最后的打算是学好汉语。

例（13）不符合“只有……才……”、“只要……就……”的搭配要求。这是不明白华语条件复句的表达，必要条件用“只有……才……”表达，只有满足了前一个条件才能有后一个结果。充分条件用“只要……就……”表达，只要满足了前一个条件，就会有后一个结果。

因此这样表达是不能接受的，正确的表达应当如下：

(14) 因为我爸爸和妈妈对我说过今后要接他们的班，跟中国做贸易，那么只有我学会汉语我才能与中国做生意，所以我最后的打算是学好汉语。

二、多余

多余指句子中的有些成分可以不要而意思更明白，这种可以不要的成分就是多余的成分。

（一）主语多余

句中的主语本身就存在，也很清楚或在语境中能轻易找到，出现多余的主语使句子错误不能接受，如：

（15）＊我在广州，她在上海，我刚来广州时她经常给我来信，在信里她有说：她来中国学习以前她在石油公司工作，她要我好好在广州学习，她也好好在上海学习……

例（15）“她来中国学习以前她在石油公司工作”中的主语“她”是多余的，因为这是一个句子，“她来中国学习以前”只是一个时间状语而不是一个独立的句子，“她在石油公司工作”是一句话，因此这里的施事“她”是多余的。

这样表达是不能接受的，正确的表达应该如下：

（16）我在广州，她在上海，我刚来广州时她经常给我来信，在信里她说：她来中国学习以前在石油公司工作，她要我好好在广州学习，她也好好在上海学习……

（二）谓语多余

句子中的谓语本身很清楚，能在上下文或是语境中轻易找回，出现了多余的谓语使句子错误不能接受，如：

（17）＊如果你喜欢吃海鲜，万隆不是最好的选择，但万隆的小吃是非常有名的。价格便宜，种类多，各种各样的美食味道也呈现不同。

例（17）“各种各样的美食味道也呈现不同”中陈述“味道”的谓语“不同”与“呈现”重复。这是因为不明白“味道不同”就是指“美食呈现出各种各样的味道”。

这样表达是不能接受的，正确的表达应当如下：

（18）如果你喜欢吃海鲜，万隆不是最好的选择，但万隆的小吃是非常有名的。价格便宜，种类多，各种各样的美食味道各不相同。

（三）宾语多余

句子中的宾语本身很清楚，能在上下文或是语境中轻易找回，出现了多余的宾语使句子错误不能接受，如：

（19）＊……大四时候，我和同学在哥哥的公司实习，一个月以后我实习完了。哥哥要经理对我们每个人的实习鉴定我们的全部经过、优点和优缺点。

例（19）“鉴定我们的全部经过、优点和优缺点”是宾语多余。原因有三个：①不明白“鉴定”的意思是指“对人的优缺点的鉴别和评定”。②“鉴定”就是对整个过程或人进行整体的鉴别和评定，因此不能说“鉴定全部经过”。③一般情况下很少用述宾结构“鉴定经过”而用状中结构“对＋对象＋进行鉴定”。

因此这样表达是不能接受的，正确的表达应当是：

（20）……哥哥要经理对我们每个人的实习进行鉴定。

（四）定语多余

句子中的定语本身很清楚，能在上下文或是语境中轻易找回，出现了多余的定语使句子错误不能接受，如：

（21）＊普吉岛是很好玩的地方，海又漂亮又干净。你们去过了吗？在普吉岛有很多菜很好吃，我有朋友他们不是泰国人，他们告诉我他们很喜欢吃泰国菜。泰国菜的辣、酸、甜、咸泰国菜都有，你们吃过了吗？如果你吃过了，你觉得好吃不好吃？

例（21）“泰国菜的辣、酸、甜、咸泰国菜都有，你们吃过了吗”中定语多余，因为“泰国菜的辣、酸、甜、咸”与“泰国菜”所指对象重复，因此不能接受。

这样表达是不能接受的，正确的表达应当如下：

（22）……我有朋友他们不是泰国人，他们告诉我他们很喜欢吃泰国菜。辣、酸、甜、咸泰国菜都有，你们吃过了吗？如果你吃过了，你觉得好吃不好吃？

（五）状语多余

句子中的状语本身很清楚，能在上下文或是语境中轻易找回，出现了多余的状语使句子错误不能接受，如：

（23）＊我爱一个人，我认识她一年了，我觉得她是一位好女孩。现在她是我的女朋友，她在新加坡一面学习一面工作，我爱她不是因为她漂亮，是因为她的心很好，我跟她谈恋爱差不多半年，我们关系很好，虽然我跟她现在不在一个国家，从以前到现在我们互相相信，我觉得她很特别担心我的生活。

例（23）“她很特别担心我的生活”是状语多余。原因有三个：①“特别”有两个意义：一是指“与众不同、不普通”，这时是形容词；二是指“格外、超过寻常”，这时是副词。②一般说“很特别”是指“很与众不同、很不普通”，这是“特别”充当谓语。③句中的“很特别担心”中“很”与“特别”都充当状语，这时是状语多余。

因此这样表达是不能接受的，正确的表达应当如下：

（24）……相互信任，我觉得她特别关心我的生活。

（六）补语多余

句子中的补语本身很清楚，能在上下文或是语境中轻易找回，出现了多余的补语使句子错误不能接受，如：

（25）＊她说以后如果学习完了，回到俄罗斯跟我一起工作，然后我打电话给她告诉她要去中国。她非常伤心也有一点想哭。但是她明白我来中国要学习汉语，所以她让我去中国学习。我们很相信以后我们会一起……

例（25）“我打电话给她告诉她要去中国”是补语多余，原因是“打电话给她”与“告诉她”意思重复。因为“打电话”本身就是在向接电话的人传递信息，不然就没有必要打电话。因此“打电话给她告诉她”中的“给她”是补语多余，应当去掉。

因此这样表达是不能接受的，正确的表达应当如下：

（26）她说以后如果学习完了，回到俄罗斯跟我一起工作，然后我打电话告诉她我要去中国……

（七）关联词语多余

句子中的关联词语本身很清楚，在上下文或语境中能够轻易找回，出现了多余的关联词语使句子错误不能接受，如：

（27）＊我在法国出生，所以从而我的家乡是法国。法国有很多好玩的地方，也有很多美食……

例（27）“我在法国出生，所以从而我的家乡是法国”中“从而”多余。原因有三个：①不明白“因为……所以……”固定搭配中可以只用后一个“所以”而不用“因为”。②不明白“从而”是指“表示结果或进一步的行动。用于后一小句开头，与前一小句主语相同”。③是把“所以”与“从而”看作意义相同的词来用。

因此这是不能接受的，正确的表达应当如下：

（28）我在法国出生，所以我的家乡就是法国……

（八）助词多余

句子中的结构助词本身很清楚，在上下文或语境中能够轻易找回，出现了多余的助词使句子错误不能接受，如：

（29）打篮球是我的爱好。没想到他也喜欢打篮球。有可能他知道我们是同班同学，所以他常常跟我聊天，也有时候给我打了一个电话。

例（29）“也有时候给我打了一个电话”中“了”与整个表达不一致。原因有三个：①不明白“了”在句中动词后表动作行为已经结束。②华文中还没有发生的行为、经常性的行为、每天都要发生的行为，一般不能在句中动词后用“了”。③不明白“有时候”也是表达经常性的行为。除此之外，当有多个动作行为时，只在最后一个用“了”。

因此这样表达是不能接受的，正确的表达应当如下：

（30）打篮球是我的爱好。没想到他也喜欢打篮球。有可能他知道我们是同班同学，所以他常常跟我聊天，有时候也给我打一个电话。

三、残缺

残缺指句中有些应该出现的成分没有出现，这使句子不能接受。

（一）主语残缺

句中应当出现的主语没有出现，这使句子错误不能接受，如：

（31）从小学到大学毕业，都没有一位给我留下很深的印象。但到中国学汉语，我幸而遇到一位很好的老师，而且给我的印象最深。

例（31）“从小学到大学毕业，都没有一位给我留下很深的印象”中没有应当出现的主语“老师”，这是主语残缺。原因有三个：①“我印象最深的老师”只是文章的题目并不是文章的开头，因此不能承题目省略主语“老师”。②不明白“一位”在文章中只有前文出现过了中心语才能省略，这里没有出现就不能省。③“没有一位”不如“没有哪位”准确。

因此这样表达是不能接受的，正确的表达应当如下：

(32) 从小学到大学毕业，没有哪位老师给我留下很深的印象，而到中国学汉语，我幸而遇到一位很好的老师，而且给我的印象最深。

（二）谓语残缺

句中应当出现的谓语没有出现，这使句子不能接受，如：

(33) *所以我第一个打算是找到女朋友。我的女朋友应该是怎么样的呢？对我的父母来说，她的样子是不重要的，我一定要注意她的性格。对我来说最重要的是一个很漂亮的太太，会照管家里的事和一点聪明。

例 (33)“会照管家里的事和一点聪明”中缺少谓语。原因有三个：①状中短语可以由状语修饰联合短语构成。②“会照管家里的事和一点聪明”是“会”加上联合短语构成，其中“照管家里的事”是述宾短语，“一点聪明”是定中短语，这两个短语不能构成联合短语。③“一点聪明”应当是“有一点聪明”，这才能与“照管家里的事”构成联合短语中的短语再受“会”修饰。不用“和”当用“并且”。

因此这样表达是不能接受的，正确的表达应当如下：

(34) ……对我来说最重要的是一个很漂亮的太太，会照管家里的事并且有一点聪明。

（三）宾语残缺

句中应当出现的宾语没有出现，这使句子不能接受，如：

(35) *……密三密斯的海鲜是全菲律宾有名的，那边有很多各种各样的，呈现出不同的味道。

例 (35)“那边有很多各种各样的”中宾语残缺。这是因为：①“各种各样的”是“的”字结构没有中心语，这不能跨越小句承前一小句的“海鲜”来省略。②“有”后面一定要有一个宾语，这又不能用“各种各样的”来充当。③因此这一小句中的宾语中心语“海鲜”一定不能不出现。

因此这样表达是不能接受的，正确的表达应当是：

(36) ……密三密斯的海鲜是全菲律宾有名的，那边有很多海鲜，能做出各种各样的味道。

（四）定语残缺

句中应当出现的定语没有出现，这使句子错误不能接受，如：

(37) *我的家好在离机场很近……印尼的菜也很引起兴趣，有地方很喜欢又辣又腻的味道……

例 (37)“印尼的菜也很引起兴趣”缺少定语。原因有三个：①“兴趣”指“喜好的情绪”一定是属于人的。②只说“印尼的菜引起兴趣”却没有说明引起“谁的兴趣”。③这是误以为前面句子中“我的”能够代替这里的“兴趣”。

因此这种表达不能接受，正确的表达应当如下：

(38) ……印尼的菜也很能引起人们的兴趣，……

(五) 状语残缺

句中应当出现的状语没有出现，这使句子不能接受，如：

(39) ＊上学期我在速成班，这学期我在中上班，我在中上班没有信心，因为我没有学语法所以语法课是最难的。

例 (39) “因为我没有学语法所以语法课是最难的”是状语残缺。原因有三个：①“我没有学语法”与“语法最难”没有必然联系，不是所有没有学过的课都难。②“语法课是最难的”对象应该是“我”，原因是“我没有学过语法”，但这种表达太突然，太主观。③“没有学过语法”与“语法课最难”应当有个对象，这个对象要用状语来引进。

因此这样表达是不能接受的，正确的表达应当如下：

(40) ……因为我没有学语法，所以对我来说语法是最难的。

(六) 补语残缺

句中应当出现的补语没有出现，这使句子不能接受，如：

(41) ＊第三天，吃午饭后我们就去车站坐车回广州，我伯伯给我们普宁的小吃特产，我回广州以后，不但从老家普宁那儿带回了特产，也带来了很快乐的心情。

例 (41) “吃午饭后我们就去车站坐车回广州”是补语残缺。原因有三个：①“吃午饭后我们就去……”是一个状中结构，“吃午饭后”是时间状语，但华语不这么表达。②“吃午饭”与“就去车站”应当有一先一后两个动作行为，这之间应当有时间上的区别。③区分时间可以用“了”，或者“完”等。

因此这样表达是不能接受的，正确的表达应当如下：

(42) 第三天，吃完午饭以后我们就去车站坐车回广州……不仅带回了特产也带回了快乐的心情。

(七) 关联词语残缺

句中应当出现的虚词没有出现，这使句子不能接受，如：

(43) ＊她非常伤心也在悄悄地哭。但是她明白我来中国要学习汉语，所以她让我去中国学习。

例 (43) “她……但是……所以……”中关联词语的搭配有残缺。原因有三个：①说了三件事“她伤心，她明白，她同意”，这三件事的关联不是“因为她伤心，但是她明白，所以她同意”。②正确的搭配应当是“因为……所以……”和“虽然……但是……”句子中没有出现这样的搭配。③根据句子表达的意思应当有“因为”表达原因。

因此这样表达是不能接受的，正确的表达应当如下：

(44) 虽然她非常伤心也流下了眼泪，但是因为她明白我来中国要学习汉语，所以她同意我去中国学习。

(八) 虚词残缺

句子中应当出现的虚词没有出现，这使句子不能接受，如：

(45) *我刚到中上一班时没有信心，我怕这个班的水平比我高得多……

例(45)"我怕这个班的水平比我高得多"有虚词残缺。原因有三个：①华语比较句是相同的人、事、物比较，而句中"这个班的水平"与"我"不能直接比较。②句子比较的应当是"这个班的华文水平"与"我的华文水平"，但从句子的表达看不出来。③句中"我的水平"应当出现，即使"水平"不出现，虚词"的"也应当出现。

因此这样表达是不能接受的，正确的表达应当如下：

(46) ……我怕这个班的水平比我的高得多……

四、语序不当

语序不当指句子中的有些成分的顺序没有出现在应当出现的位置，这使得句子不能接受。

(一) 主语语序不当

句子中主语出现的位置不恰当，这使句子不能接受，如：

(47) * 去年报名我跟朋友要来广州幼儿师范学校求学，但是我来不了，因为学校没招收男生，只招收女生而已。

例(47)"去年报名我跟朋友要来广州幼儿师范学校求学"中有语序不当的问题。原因有两个：①"报名"是离合词不能带宾语。②"我跟朋友"是主语应当在句子的最前面。

因此这样表达是不能接受的，正确的表达应当是：

(48) 去年我跟朋友来广州幼儿师范学校报名读书……

(二) 谓语语序不当

句子中谓语出现的位置不恰当，这使句子不能接受，如：

(49) *爸爸还带领着全家人，一方面努力工作，经营有方，生意蒸蒸日上；另一方面又公益事业热情，并得到全家人的积极支持。

例(49)"又公益事业热情"语序不当。理由有两个：①"公益事业"是名词性短语，"热情"是名词兼形容词，二者不能构成陈述与被陈述关系，不是主谓结构。②"热情"要与"公益事业"构成主谓关系，必须将其换为"热心"。③调整语序构成主谓关系。

因此这样表达是不能接受的，正确的表达应当如下：

(50) ……另一方面又热心公益事业，服务社会……

(三) 宾语语序不当

句子中宾语出现的位置不恰当，这使句子不能接受，如：

(51) ＊今天我想讲我的狗的事情，有一只狗很难忘记；我读高中的时候，一只狗在我家住了5年多……

例(51)“一只狗在我家住了5年多”是语序不当。理由有三个：①在华语表达中“狗”与“人”应当用不同的词语来表达；“人”是住在家里，“狗”是人养在家里的。②“人住家里”是主谓结构，“养狗”则是述宾结构。③整个句子要表达的是“我家养了一只狗”，而不是“一只狗像客人一样住在我家里”。

因此这样表达是不能接受的，正确的表达应当如下：

(52) 我读高中的时候，家里养了一只狗，养了5年多。

(四) 定语语序不当

句子中定语出现的位置不恰当，这使句子错误不能接受。如：

(53) 有的我的打算好不容易做，但是我希望我能成功。

例(53)“有的我的打算好不容易做”主要的错误是定语语序不当。原因有三个：①整个文章是说“我的打算”，多个打算中的一个应当是“我的有的打算”。②“打算好不容易做”这种表达有多义，既可以理解为“打算好，但不容易实现”，也可以理解为“打算很不容易实现”。③根据表达主题应当明确所要表达的意思。

因此这样表达是不能接受的，正确的表达应当如下：

(54) 我的打算有的很不容易实现，但是我希望我能成功。

(五) 状语语序不当

句子中状语出现的位置不恰当，这使句子不能接受，如：

(55) ＊如果我不去工作，我想开业跟我的亲戚，可能来中国买东西去我的国家卖。

例(55)“开业跟我的亲戚”是典型的状语语序不当。原因有三个：①“开业”更准确的说法是“创业”，表达自己要跟亲戚一起创业，表达就需要用修饰语。②华语的语法规则是“修饰语＋中心语”、“中心语＋补充说明语”。③这句话没有分清修饰语跟补充说明之间的区别。

因此这样表达是不能接受的，正确的表达应当如下：

(56) 如果我不去工作，我想跟我的亲戚一起创业，可能会来中国买东西然后运到我的国家去卖。

(六) 补语语序不当

句子中补语出现的位置不恰当，这使句子不能接受，如：

(57) ＊每次当我从学校回家的时候，妈妈就查看我的课本，有没有作业做；有没有生词写。如果有作业，就让我做完，然后就让我读，读到懂为止，这样我才去玩，去看电视。如果没有作业，就让我朗读课文几遍才允许我去玩。

例（57）“让我朗读课文几遍”中补语语序不当。原因有三个：①华语中如果出现既有宾语，又有补语的结构，语序是“述语 + 补语 + 宾语”。②“朗读课文”是述宾结构，如果有补语应当在宾语的前面。③根据上下文，妈妈的要求应当是“朗读几遍课文”。

因此这种表达不能接受，正确的表达应当如下：

（58）如果没有，就让我朗读几遍课文，才允许我去玩。

（七）助词语序不当

句子中助词出现的位置不恰当，这使句子不能接受，如：

（59）＊一个星期后，我发现这位老师教学的方法非常有意思……所以我提前几分钟上课，但一进教室里我就看见老师已经在讲台上跟几位学生解释昨天讲的课文。

例（59）“老师教学的方法”中有虚词语序不当的问题。原因有三个：①“老师的教学方法”指“老师”在“教学”上所使用的方法；“老师教学的方法”指“老师教学”在“方法”上所使用的什么。后者一般不说。②根据后面的陈述“非常有意思”是限于课堂上的“教学方法”而不是教学的一切“方法”。③华语表达语法规则是“人 + ［行为 + （的 + 其他）］”。

因此这样表达是不能接受的，正确的表达应当如下：

（60）这位老师的教学方法非常有意思……

五、杂糅

杂糅指本来该由两句或多句来表达的内容，夹杂在一起来表达，这使句子不能接受。

（一）中途换向

句子表达的意思应当朝一个方向说下去，但还没有说完就换了方向使得句子不能接受，如：

（61）＊她成为我的女朋友了，那时我不知道我的朋友也认识她，我们三个人常常一起玩儿，后来我跟女朋友分手了。

例（61）“那时我不知道我的朋友也认识她，我们三个人常常一起玩儿”存在杂糅。原因有三个：①前一小句说的是“我”如何；后一小句在说“我们三个人”如何，跳跃太大。②“我不知道我的朋友也认识她”与“我们三个人常常一起玩儿”之间不知是如何联系的。③“我”与“我们三个”之间的转换缺乏交代。

因此这种表达是不能接受的，正确的表达应当如下：

（62）那时我不知道我的朋友也认识她，所以我把我的女朋友介绍给我的朋友，我们三个人就常常一起玩儿……

（二）两句或几句混淆

句子表达的意思需要用两句话才能说清楚，用一句话说出来则使句子不能接受，如：

（63）＊在期末考试后，我们班决定组织一个晚会，让大家最后一次一起聚合。晚会时，我们都一边吃一边聊。不知道谁有一个建议要求老师评价他们的学习过程和优缺点对每个学生。我们全都热烈欢迎。但是听到老师说到自己时感觉不好意思，脸都红了，还有谁都热泪盈眶，老师也一样，气氛非常感动。

例（63）的画线部分这句话本来应有三层意思：①晚会时有人提出一项建议，我不知道这人是谁。②这项建议的内容是请老师对每个学生进行评价。③评价学生这一学期在学习上的优点和缺点。但这句话把这几个意思纠缠在一起，没有表达清楚。因为“评价”是指“评定价值高低”，就包含了“优点、缺点”等。

因此这种表达不能接受，正确的表达应当如下：

（64）……晚会上不知道是谁提出一项建议，要老师对每个学生的学习进行评价，评价他们的学习方法、指出他们学习期间的优缺点……

六、指代不明

指代不明指句子中的成分所指称的对象不是唯一的，能作两种或多种理解，这使句子不能接受，如：

（65）＊她成为我的女朋友了，那时我不知道我的朋友也认识她，所以我把我的女朋友介绍给朋友。后来我跟那个女朋友分手了，过了大概一年一个朋友告诉我，在三年前我的朋友已经认识那个女生，他也喜欢那个女生。他为了我连一句话也不说，自己心里很痛。

例（65）“一个朋友告诉我，在三年前我的朋友已经认识那个女生，他也喜欢那个女生。他为了我连一句话也不说，自己心里很痛”中一共有三个人“一个朋友”、“我的朋友”、“他”，代词有四个：“他、他、我、自己”，但这些指称都是模糊不清的。

因此这些表达都是不能接受的，正确的表达应当如下：

（66）……过了大概一年一个朋友告诉我，在三年前我的这位好朋友已经认识那个女生，好朋友他也喜欢那个女生，但这位好朋友为了不伤我的心，就连一句话也不对那位女生说，所以我的好朋友自己心里很痛苦。

思考与练习

1. 华语句子常见错误类型有哪些？如何进行分析？

2. 根据修改病句知识分析判断，按要求对错误类型进行归类。

（1）“我们的学习环境非常感动。”错误类型是（　）。

A. 搭配不当　B. 成分多余　C. 成分残缺　D. 语序不当

（2）“在信里妈妈有说：要我好好学习在中国。”错误类型是（　）。

A. 搭配不当　B. 成分多余　C. 成分残缺　D. 语序不当

（3）“我大排档，在广州越来大排档越多。”错误类型是（　）。

A. 搭配不当　B. 成分多余　C. 成分残缺　D. 语序不当

（4）“小王的生意越来越好，他非常热情公益。”错误类型是（　）。

A. 搭配不当　B. 成分多余　C. 成分残缺　D. 语序不当

（5）“不知不觉我今年能够达到广州暨南大学华文学院来学习 4 年华文教育系。”错误类型是（　）。

A. 搭配不当　B. 成分多余　C. 成分残缺　D. 语序不当

3. 根据所学知识，分析判断下列句子，指出是否有错误，如果有，是什么类型。按要求回答。

（1）“印尼人是个很大的国家有 27 个省。”错误类型是（　）。

A. 搭配不当　B. 指代不明　C. 成分杂糅　D. 语序不当

（2）“我家在印尼爬当住很漂亮的地方是。”错误类型是（　）。

A. 搭配不当　B. 指代不明　C. 成分杂糅　D. 语序不当

（3）“从山上可以看到我的家乡的山水比较漂亮。”错误类型是（　）。

A. 成分杂糅　B. 指代不明　C. 成分残缺　D. 语序不当

（4）“我家乡也有很多河流和海滨很多人钓鱼，日光浴。”错误类型是（　）。

A. 搭配不当　B. 句式杂糅　C. 指代不明　D. 语序不当

（5）“我的狗很聪明，我教它们两三次什么都会做。”错误类型是（　）。

A. 搭配不当　B. 句式杂糅　C. 指代不明　D. 语序不当

4. 根据所学知识进行分析判断，按要求修改病句。

（1）“他不想给老板打工，想开业跟他的亲戚。”修改正确的是（　）。

A. 跟他的亲戚一起创业　B. 打工老板

C. 创业跟他的开业亲戚　D. 开业他想

（2）“他不想给老板合伙拿工资，想自己做。”修改正确的是（　）。

A. 给老板合作　B. 自己开公司　C. 合伙做　D. 给老板打工

(3)“菲律宾长滩岛是一个地方的很好玩。”修改正确的是（ ）。

A. 一个很好玩的地方　　B. 一个很好的地方玩

C. 一个长滩岛　　D. 一个很好的玩地方

(4)“在广州，我们上课在教室，睡觉在宿舍。”修改正确的是（ ）。

A. 在广州上课，在教室学　　B. 上课在教室，在宿舍睡觉

C. 在教室上课，在宿舍睡觉　　D. 在教学上学，在宿舍睡觉

(5)“老师让大家最后一次一起聚合。”修改正确的是（ ）。

A. 最后聚合　B. 最后一次聚会　C. 一次聚合　D. 一起聚合

5. **多余是不必要的成分，残缺是缺少必要的成分，这是相反的错误类型。根据所学知识，分析判断下列句子并按要求进行修改。**

(1)“这学期我在中上班，我在中上班没有信心。”修改正确的是（ ）。

A. 学习上没有信心　　B. 在中上班有信心

C. 在中上班没信心　　D. 没有信心在中上班

(2)“狗死了以后我的家人都心痛感觉很痛苦。”修改正确的是（ ）。

A. 感觉很痛苦　B. 都很痛苦　C. 都很心痛心　D. 家人都很多

(3)“几年我家人找到跟它一模一样的小狗。”修改正确的是（ ）。

A. 几年后　B. 后几年　C. 以后几年　D. 过后几年

(4)“我没有学语法，所以对我来说语法最难。”修改正确的是（ ）。

A. 学过语法　　B. 学语法最难

C. 因为学过少　　D. 学过语法，对我来说学语法最难

(5) “这些我觉得很好吃，因为我经常吃，这里很难买合适的。”修改正确的是（ ）。

A. 这里很难买到合适的东西　　B. 这里很难买东西合适

C. 这里买到合适东西　　D. 在这里很难买到我经常吃的那种东西

第六章　句型和句式

第一节　句型系统

现代华语的句型是成系统的，并且句型按照不同层次进行分类，可以分出不同的类别。根据句子结构的简单和繁复，首先可以分为单句和复句两大类。其次，单句可以根据整体结构是不是完整的主谓短语这一标准把句子分为主谓句和非主谓句两类。复句则可以进一步分为并列、递进、选择、转折、因果等类型。

一、非主谓句

非主谓句是由单个的词或主谓短语以外的其他短语构成的句子。非主谓句主要有名词句、动词句和形容词句三种。非主谓句不同于省略句。省略句由于语言环境的帮助省略了的成分是确定的，如果要补是可以准确地补出来的。而非主谓句本身是完整的，不必补上什么意思就很明白。

（一）名词句

由单个名词或名词性短语构成的句子，叫名词性非主谓句，简称名词句。这分为一般陈述和感叹句两类，如：

（1）星期天早上。　广州火车东站。

厂长王宗礼。　一排排木头桌子。

（2）多美丽的青春！　蛇！

例（1）是一般陈述，分别介绍说明时间、地点、人物、东西。例（2）是感叹句，一是赞叹，二是本能的反应和发出警告。

这些都是名词性非主谓句。

（二）动词句

动词句由述宾短语或其他动词性短语构成，单个动词用得比较少。这类句子也包括一些禁止语和祝福语，如：

（3）下雨了。　禁止抽烟！　祝你健康！

例（3）是一般陈述，分别陈述天气、制止特定行为、表示祝贺等。

这类动词句一般不能明确说出或说不出动作行为的发出者，只是隐隐约约觉得应当有一个施事，但这个施事不确定，也可能不存在。如果能明确补充出施事就不是非主谓句而是省略句，如：

（4）A：去哪儿？（＝你去哪儿）

B：跑跑。（＝我去跑跑步）

例（4）是一般的句子成分有省略的疑问句，属于对话省略。

（三）形容词句

形容词句由形容词或形容词性短语构成，往往用来表达说话人的态度和感情，如：

（5）漂亮！　太好了！　真奇怪！

非主谓句的结构一般来说比较简单，变化也没有主谓句多，往往有短小灵活的特点，所以在口语中或文艺作品中出现的频率较高。

二、主谓句

根据主谓句中谓语的性质和特点可以把主谓句分为四种，即名词谓语句、动词谓语句、形容词谓语句和主谓谓语句。

（一）名词谓语句

名词或名词性短语作谓语的句子称为名词谓语句。名词谓语句的作用是对主语进行说明和判断，如：

（6）今天星期天。　明天春节。

这孩子北京人。　王宗信黄头发。　小伙子青春阳光。

姑娘十八岁。

例（6）这类名词谓语句如果陈述的对象不是人，则限于表示时间、天气、节令等；如果陈述的是人则限于陈述人的籍贯、特征、年龄等。

（二）动词谓语句

动词或动词性短语作谓语的句子称为动词谓语句。大都由表示动作行为的动词充当，谓语的主要作用是叙述，如：

（7）他招了招手。　我们研究如何避免经济危机。

她爱大自然。　去非洲做志愿者他愿意。

世界正在飞速发展。　地球上有很多国家。

他是一名学生。

例（7）分别表示“动作”、“行为”、“心理活动”、“意愿”、“发展变化”、“存在”、“判断”等。

动词是充当谓语最多的词类。绝大部分人或自然的运动变化都能用动词来陈述。

（三）形容词谓语句

形容词或形容词性短语作谓语的句子称为形容词谓语句。主要作用是描写主语的性质状态。一般来说，“性质”指“一种事物区别于其他事物的根本属性”，“状态”指“人或事物表现出来的形态”，如：

（8）她聪明，他笨。　　　　　　她高高兴兴的。

这里的水苦，那里的水甜。　　天空碧蓝碧蓝的。

例（8）分别表示“性质”和“状态”。

（四）主谓谓语句

主谓谓语句的谓语是由主谓短语充当的。主谓谓语句的意义类型有以下四类：

1. 大主语是受事，小主语是施事

全句的结构形式是“受事 + 施事 + 动作”，如：

（9）这本书我们都看了三遍。　鱼他要买三十斤。

例（9）“这本书、鱼”是受事；“我们、他”是施事。整个句子的语义关系如下：受事　施事→动词。

2. 大主语是施事，小主语是受事

全句的结构形式是“施事 + 受事 + 动作”，如：

（10）我们这本书都看了三遍。

他鱼要买三十斤；肉要买五十斤。

例（10）“我们、他”是施事；“这本书，鱼、肉”是受事。整个句子的语义关系如下：施事 → 动词 → 受事。

3. 大主语和小主语既非受事也非施事

这又分为四种情况。

• 领属类

大主语和小主语之间有广义上的领属关系。全句的结构形式是“整体 + 部分 + 性状/行为”，如：

（11）王宗智||两眼通红。

五个职员||三个同意我们的结论。

例（11）“王宗智、五个职员”是话题，也是大主语；“两眼、三个”是小主语，也是大主语的一个部分。整个句子的语义关系是“整体 + 部分→性状/行为”。

• 复指类

大主语和谓语中的某一成分有复指关系。全句的结构形式是“受事［话题］ + 施事 + ［受事］行为 + ［受事］”，如：

（12）这孩子||我们都喜欢他。

王宗仁||小王把他叫走了。

例（12）大主语“这孩子、王宗仁”是受事，同时也是话题；“我们、小王”是小主语，同时也是施事。整个句子的语义关系是“受事［话题］ + 施事 → 介词［复指］/行为 → 受事［结果］”。

● 话题类

大主语和谓语是话题与陈述关系。这一类主谓谓语句中，大主语前暗含“对、对于、关于”或“无论”等。大主语与主谓短语中的成分没有关系，只是提出一个话题，而整个主谓短语对这个话题加以说明。全句的结构形式是“话题＋当事＋看法［行为］”，如：

（13）这事儿||我们也没有办法。

自己的身体||自己要多多爱惜。

例（13）大主语“这事儿、自己的身体”是受事，同时也是话题；“我们、自己”是小主语，同时也是当事。整个句子的语义关系是“话题＋当事 → 看法［行为］”。

● 行为评价类

小主语是述宾短语，与大主语存在施事和动作关系。这一类主谓谓语句中，大主语指人，小主语陈述人的动作行为或评价定性。全句的结构形式是“施事［话题］＋动作行为＋评价”，如：

（14）这个人||说话不留余地。

小王||待人有礼貌。

他||办事太认真，又不善应酬。

例（14）大主语“这个人、小王、他”是施事或当事，同时也是话题；“说话、待人、办事”是小主语，同时也是动作行为；“不留余地、有礼貌、太认真/不善应酬”是评价。整个句子的语义关系是“施事［话题］＋行为 → 评价”。

思考与练习

1. 句型划分的标准是什么？能分出多少种句型？

2. 句型是句子的结构类型，对于掌握语法体系很重要。根据所学的句型知识，分析判断句型，按要求回答。

（1）“小王卷头发。”的句型是（　）谓语句。

A. 主谓句名词　　B. 动词　　C. 形容词　　D. 主谓

（2）“小李书看完了。”的句型是（　）谓语句。

A. 主谓句名词　　B. 动词　　C. 形容词　　D. 主谓

（3）“桌子上有一本书。”的句型是（　）句。

A. 存在　　B. 动词谓语　　C. 形容词谓语　　D. 主谓谓语

（4）“爸爸没有去机场接我。”的句型是（　）谓语句。

A. 主谓句动词　　B. 名词　　C. 形容词　　D. 主谓

（5）“五个苹果被我把其中的三个吃掉了。”的句型是（　）句。

A. 把字　　B. 被字　　C. 被把合用　　D. 非主谓

3. **主谓宾定状补是构成句子的重要成分，根据所学知识进行分析判断，按要求回答问题。**

(1)“要说好才对。”的主语是（ ）。

A. 要说好　B. 要　C. 说　D. 说好

(2)“美丽是人们都喜欢的。”的主语是（ ）。

A. 人们　B. 美丽　C. 喜欢　D. 最喜欢

(3)“大家都去是不行的。”的主语是（ ）。

A. 大家　B. 都去　C. 大家都去　D. 大家都

(4)“你们都不去也不对。”的主语是（ ）。

A. 你们　B. 不去　C. 你们不去　D. 你们都不去

(5)“那本书被我弄破了。”的施事是（ ）。

A. 书　B. 那本书　C. 我　D. 弄破

4. **主谓句和非主谓句是单句的重要类型，根据所学知识进行分析判断，按要求回答问题。**

(1)“严禁吸烟!”是（ ）句。

A. 动词性主谓　B. 动词性非主谓C. 名词主谓　D. 形容词

(2)“太美啦!”是（ ）句。

A. 名词感叹　B. 形容词疑问　C. 形容词感叹　D. 主谓

(3)“哇！真好!”是（ ）句。

A. 叹词　B. 形容词　C. 副词　D. 主谓

(4)“飞机!”是（ ）句。

A. 名词感叹　B. 名词陈述　C. 名词谓语　D. 名词独立

(5)“不许动!”是（ ）句。

A. 动词祈使　B. 动词陈述　C. 动词疑问　D. 动词感叹

5. **主谓句中的施事、谓语是构成句子的重要语义成分和结构成分，根据所学知识进行分析判断，按要求回答问题。**

(1)“小王黑头发。”的谓语是（ ）。

A. 小王　B. 黑　C. 头发　D. 黑头发

(2)“今天星期一。”的谓语是（ ）。

A. 今天　B. 星期　C. 星期一　D. 今天星期

(3)“天亮了我知道。”是（ ）谓语句。

A. 名词　B. 动词　C. 形容词　D. 主谓

(4)“以前蛇这种动物我不喜欢。”是（ ）谓语句。

A. 名词　B. 动词　C. 形容词　D. 主谓

(5)“这条路我以前走过。”的施事是（ ）。

A. 这条路　B. 以前　C. 走　D. 我

第二节　几种常见的句式

一、双宾句

（一）双宾句的构成

有两个宾语的句子就是双宾句，一般把接近动词的宾语称为近宾语，近宾语后面的第二个宾语称为远宾语。一般结构为“施事＋动作＋近宾＋远宾”，如：

（1）他给我一本书。（“我”宾语1，“书”宾语2）

　　我问老师两个问题。（“老师”宾语1，“问题”宾语2）

例（1）“我”是近宾语，即离动词近的那个宾语；“书”是远宾语，即离动词远的那个宾语。“老师”是近宾语；“问题”是远宾语。

（二）双宾句的特点

双宾句的特点主要通过动词、近宾语以及双宾句变化来体现。

第一，动词的特点。要有“给予、接受、询问、称说”等意义，表示“谁给谁什么”等意义。

第二，近宾语的特点。近宾语主要指人、动物等，回答“谁”的问题，靠近动词，而远宾语多数指物，回答“什么”的问题。

第三，双宾句变化的特点。双宾句有的可以变换为非双宾语同义句，多数用介词把远宾语或近宾语提前，如：

（2）他把那本书给我。

　　我向老师请教两个问题。

例（2）是把字句，用介词“把”将远宾语提到主语“我”之后，动词“给”之前。用介词“向”将近宾语“老师”提到主语“我”之后，动词“请教”之前。

这类变化都可以通过去掉介词“把”或“向”还原为双宾句。

二、“把”字句

（一）“把”字句的构成

“把”字句是主谓句的一种，就是句子中有介词“把”的句子。其结构为“施事＋把＋受事＋动作＋结果”。华语中一般在句子中既有宾语又有补语的情况下，都倾向于用把字句，表示施事对受事的处置以及处置的结果、位置的移动、使人为难或使人着急等，如：

(3) 小王把作业做完了。　　　小李把书看了三遍。

我们把小张送到了医院。　洪水把船冲到了岸上。

这道题把我们难住了。　　这事把小洪他们急死了。

例（3）“做完”是处置结果、“看了三遍”是行为数量、“送到了医院”和“冲到了岸上”是位置移动、“难住了”是叫人为难、“急死了”是叫人着急。

（二）“把”字句的特点

第一，“把”字以表处置义为主，而表性质与状态的形容词不能用于“把”字句，如：

(4) *小王把他高高兴兴了。　*小郑把房子雪白雪白了。

*小贾把素质好了。　　*小杨把质量高了。

例（4）“高高兴兴、好”是人的状态，“雪白雪白、高”是事物状态，这些都是形容词，所以不能构成“把”字句。

第二，“把”字句中的动词应具有处置性意义，对受事有积极影响。而能愿、心理、判断、姓氏、存在、发展等动词没有处置性意义，一般不能用来做“把”字句的谓语动词，如：

(5) *王宗仁把这事儿愿意了。*我把大自然爱了。

*他把老师是了。　　　*小吕把吕姓了。

*教室里把学生有了。　　*世界把经济发展了。

第三，“把”字句中的动词前后一般要带上状语、宾语、补语、动态助词或使用动词的重叠形式，不能只是一个光杆动词，特别是单音节的动词，如：

(6) 我把事情办好了。

他把事情搞砸了。

*我把事情办。

第四，表示时间以及否定的副词、能愿动词要放在“把”字前面而不能在后面，如：

(7) 小郭没有把小李追回来。

*小郭把小李没有追回来。

他昨天把书弄丢了。

*他把书昨天弄丢了。

我愿永远把你留在身边。

*我把你永远留在身边。

第五，“把”字后的人或事物必须是确定的，如：

(8) 我把那本书买来了。

*我把一本书买来了。

三、“被”字句

（一）一般“被”字句

“被”字句是被动句，是主语接受动作的句子。被动句中的主语是受事者，由介词“被”引入主动者与“被”字构成的介宾短语在句中作状语，如：

（9）垃圾被我们运走了。　　小王被批评了。

例（9）“垃圾被我们运走了”中出现了施事“我们”，而“小王被批评了”中没有出现施事。没有出现施事有两种情况：一是不愿意说出来；二是不知道施事是谁。

一般在华语研究中有施事出现的“被”字句叫长“被”字句；没有出现施事的“被”字句叫短“被”字句。

（二）“被”字句的特点

第一，“被”字句以表被动义为主，而表性质与状态的形容词不能用于“被”字句，如：

（10）＊小王被他高高兴兴了。　＊房子被小郑雪白雪白了。
　　＊素质被小贾好了。　　＊质量被小杨高了。

例（10）表人、事物性质状态的形容词都不能构成“被”字句。

第二，“被”字句中的动词应具有被动性或遭受性，一般是消极的影响。而能愿、心理、判断、存在、发展等动词没有处置性意义，一般不能用作“被”字句的谓语动词，如：

（11）＊这事儿被王宗仁愿意了。　＊大自然被我爱了。
　　＊老师被他是了。　　＊吕被小吕姓了。
　　＊学生被教室里有了。　　＊经济被世界发展了。

第三，“被”字句中的动词前后一般要带上状语、宾语、补语、动态助词或使用动词的重叠形式，不能只是一个光杆动词，特别是单音节的动词。同时要是被动、消极的，积极的一般也不能用于“被”字句，如：

（12）这事被我办坏了。
　　＊这事儿被我办。
　　＊这事儿被我办好了。

第四，表示时间以及否定的副词、能愿动词要放在“被”字前面而不能在后面，如：

（13）小郭没有被小李追回来。
　　＊小郭被小李没有追回来。
　　书昨天被他弄丢了。
　　＊书被他昨天弄丢了。

我愿永远被你留在身边。

＊我被你愿永远留在身边。

第五，“被”字后的人或事物必须是确定的，如：

(14) 那本书被我送人了。

＊一本书被我送人了。

(三)“把”字句与“被”字句比较

1. 相同点

第一，结构相同。

“把”字句的结构是“施事＋把＋动作行为＋结果”。

“被”字句的结构是“受事＋被［＋施事］＋动作行为＋结果”。

共同点是结构形式基本相同。

第二，强调影响而不是动作。

“把”字句与“被”字句的共同点是都需要有结果，而不一定要有很强的动作性，如：

(15) 门槛把小王绊倒了。　小王被门槛绊倒了。

大楼把小王挡住了。　小王被大楼挡住了。

例(15)“门槛、大楼”是东西、建筑，并不会动，也不会攻击人，“倒了”是小王自己不小心被“绊倒”的；“挡住了”是小王自己的位置不好而被“挡住”的。

因此，有结果不一定有动作行为，只要符合“把”字句和“被”字句的其他条件，就可以用于“把”字句和“被”字句。

2. 不同点

第一，直接影响与间接影响的不同。

一是，直接影响结果的动词既能用于“把”字句也能用于“被”字句，如：

(16) 警察把小偷抓住了。　警察把那件事处理过了。

小偷被警察抓住了。　那件事被警察处理过了。

例(16)“抓住了、处理过了”是行为动词，要直接涉及和影响对象，“把”字句和“被”字句都能用。

二是，间接影响结果的动词不能用于“把”字句，只能用于“被”字句，如：

(17) ＊警察把小偷发现了。　＊警察把那件事知道了。

小偷被警察发现了。　那件事被警察知道了。

例(17)“发现、知道”是感知动词，不直接涉及和影响对象，“把”字句不能用而“被”字句能用。

因此，“把”字句是直接影响句，而“被”字句是间接影响句。

第二，直接原因与间接原因的不同。

事件的影响是间接原因，人或东西的影响是直接原因。

一是，属于事件间接原因的只能用于“把”字句不能用于“被”字句，如：

（18）警察吹口哨把小偷都吹跑了。

　　　＊小偷都被警察吹口哨吹跑了。

例（18）“警察吹口哨”是一件事情，只能用于“把”字句而不能用于“被”字句。

二是，属于东西或物体的直接原因既能用于“把”字句也能用于“被”字句，如：

（19）警察的口哨把小偷吹跑了。

　　　小偷被警察的口哨吹跑了。

例（19）“警察的口哨”是一件东西，是直接影响的原因。

因此“把”字句是间接影响原因句，“被”字句是直接影响原因句。

三是，口语中“把”字句也只能用介词“把”；而“被”字句中的“被”字常用“叫、教、让、给”来代替，如：

（20）我被他害苦了。　我叫他害苦了。　我教他害苦了。

　　　我让他害苦了。　我给他害苦了。

四、连谓句

（一）一般连谓句

连谓句是用连谓短语充当谓语的句子。连谓句的谓语就是两个动词短语，很少单个动词连用。两个动词短语互不作成分，而是共同作谓语，但在语义上有目的和方式、原因和结果、先和后的关系。因此短语的位置顺序不能相互颠倒，中间也没有语音停顿，如：

（21）他买了一包茶叶泡茶喝。（目的）

　　　他发短信告诉我明天不上课。（方式）

　　　他生病住院了。（因果）

（二）连谓句的特点

判断一个句子是不是连谓句主要有三点：

第一，必须有两个动词连用共同陈述同一个主语。

第二，两个动词短语互不作成分，而在意义上有目的和方式、原因和结果、时间先后等关系，位置不能互换。

第三，两个动词短语中间不能有语音停顿。

比较：

（22）我有条件学好华语语法。（＝我有条件＋我学好华语语法）（连谓句）

　　　我有一个哥哥在中国经商。（我有一个哥哥＋我哥哥在中国经商）（兼语句）

我上街买菜。(我上街+我买菜)(有目的关系)(连谓句)

议会辩论并表决了这项决议。(时间先后关系)(不是连谓句,是联合短语充当谓语)

五、兼语句

(一)一般兼语句

兼语句是用兼语短语充当谓语的句子,如:

(23)老板命令员工今晚加班。

经理叫我们全体员工明天加班一天。

(二)兼语句的特点

第一,兼语句的谓语是述宾结构,述宾结构的宾语同时还能与后面动词构成主谓结构的主语,如:

(24)老王叫小王坐下来。=老王||叫小王+小王坐下来

老张请你过去一下。=老张||请你+你过去一下

例(24)"小王"既作"叫"的宾语,又作"坐"的主语,"小王"因一身兼二任,所以叫做兼语。"你"是"老张"请的对象又是"过去"的发出者,兼宾语和主语。

第二,兼语句多有命令的意思,所以句中前一个谓语多由使令动词充当。常见的使令动词有"使、让、叫、派、命令、吩咐、禁止、请求、选举、教、劝、号召"等。此外前一个谓语也可以是"有"字,如:

(25)大家一致选小王做代表。

我有个弟弟今年考大学。

第三,兼语句中兼语的谓语,即第二个动词,是前边动作所要表达的目的或产生的结果。即兼语前后两个动词在语义上有一定联系,或是表示赞许或责怪的动词,而这种谓语动词表示喜欢、感激、厌恶、怨恨等感情,这种感情是由兼语后面的动词所表示的动作引起的;或是表示存在、领有的动词,如:

(26)这不由得使我们想起大海美丽的风光。(句中兼语的谓语"想起"是前一个动词"使"的结果。)

护士叫他快去请大夫。("去请大夫"是"叫他"的目的。)

我喜欢他诚实。("我喜欢他"的原因是"他诚实"。)

后面有一个人大笑起来("后面有人"是存在,"人大笑起来"是人的行为。)

(三)连谓句与兼语句的异同

第一,相同点。

一是,连谓句与兼语句的句法格式相同。都是"名词/代词+动词+名词/代词+动词"。

二是，都可以扩展，如：

(27) 我开门出去。→ 我开门出去看了看。→ 我开门出去看了看又退了回来。
护士叫他请大夫。→ 护士叫他请大夫来。→ 护士叫他请大夫来看看十床的病人。

第二，不同点。

一是，连谓句的动作行为都是由同一个施事发出来的而兼语则是由不同的施事发出来的，如：

(28) 我开门出去看了看又退回来。(=我开门+我出去+我看了看+又退了回来)
护士叫他请大夫来看看十床的病人。(=护士叫他+他请大夫+大夫来+大夫看看十床的病人)

二是，凡是能充当一般谓语的动词都能充当连谓句的动词，但兼语句中的第一个谓语动词要表示使令、赞许或责怪等意义，并能通过兼语引出表动作、存在或领有等的第二个谓语动词。

(四) 兼语句与主谓短语作宾语句子的区别

第一，从语音停顿来看，兼语句不能在兼语前停顿，只能在兼语后停顿。主谓短语作宾语的句子则既可以在第一个谓词后停顿，也可以在第二个谓词后停顿。

第二，从状语出现的位置看，兼语句第一个动词后不能加状语。主谓短语作宾语的句子状语可以加在第一个动词后面。

第三，从第一个动词的类型来看，兼语句的第一个动词多表示使令意义，它支配的对象是人。主谓短语作宾语的句子的第一个动词一般是表示心理活动或感知的，或是“证明、说明、表明、主张”一类的动词，它支配的对象是一件事，如：

(29) 我们禁止小学生上街做广告宣传。(兼语句)
我们主张小学生不能上街做广告宣传。(主谓短语充当宾语)

六、“是”字句

(一) 一般“是”字句

“是”字句专指由动词“是”构成的判断句。在“是”字句中，“是”的作用是判断主语和宾语的关系。主语和宾语有两种关系，一是同一关系，二是从属关系。同一关系就是对等关系，一般的定义就是这种关系，即“甲” = “乙”，如：

(30) 正方形是四条边等长、四个角相等的四边形。
小王是老王的儿子。
目前世界上最大的岛是格陵兰岛。

(二)“是”字句中主宾语的关系

第一，表示等同的语义关系。主语与宾语指称的对象和范围完全相同，两者可以互换，如：

(31) 目前中国经济发展最快的城市是上海。

目前世界上人口最多的国家是中国。

第二，表示归类的语义关系。主语所指称的对象归属于宾语所指称的对象，如：

(32) 李长江是中学校长。

张先生是律师。

第三，表示存在的语义关系。主语表示宾语存在的处所，如：

(33) 会场的入口处是两排椅子。

到处是庄稼，遍地是牛羊。

第四，宾语表示主语的特征、质料或情况，如：

(34) 老王的茶壶是银的，象棋子儿是铜的。

这三年的学费都是小王打工挣来的。

七、存现句

(一) 一般存现句

存现句指表示人、事物存在或出现、消失的句子，如：

(35) 门口站着一个人。(存在)

对面来了一群人。(显现)

隔壁店里走了一帮客人。(消失)

(二) 存现句的特点

存现句的特点主要有三个。

第一，主语常是处所词或时间词，如：

(36) 门口站着两个年老的战士。

台上坐着主席团。

第二，存现句的谓语多是表示存在、产生、消失的动词，即不表示动作，只表示动作产生状态的持续，如：

(37) 海上升起了一轮明月。(表示出现)

到处是欢乐的人群。(表示存在)

村子里又不见了几个人。(表示消失)

第三，存现句的宾语往往是动作的发出者。因此有的存现句可以转换为一般主谓句，如：

(38) 门口站着两个兵。──→两个兵在门口站着。

台上坐着主席团。──→主席团在台上坐着。

八、变式句

（一）一般变式句

违反华语固定语序的句子就是变式句。华语的语序一般是“定语＋主语中心语＋状语＋谓语中心语＋补语＋定语＋宾语中心语＋补语”排列，如：

（39）（她）的妈妈‖［刚才］拿〈出〉（一本）书〈来〉。

（我们）班‖［已经］做〈好〉了（去北京旅游）的准备。

如果违反这一语序就是变式句。

（二）一般变式句的主要类型

华语中变式句使用的情况比较复杂，主要有五种情况：

第一，谓语前置。谓语在主语前面，主语在谓语后面，如：

（40）出来吧，你们！

起来，不愿做奴隶的人们！

第二，宾语前置。宾语在动词前面，如：

（41）不会再地震了，估计。

他可能生病了，我觉得。

例（41）是宾语前置，理由：①“估计”、“觉得”都是必带宾语的动词，即必须带上宾语句子才能成立。②“不会再地震了”与“他可能生病了”在此句中不可能成为陈述对象，成为主语，因此是宾语提前。

在口语中宾语提前的标准有四个：

一是，提前的宾语与动词之间要有逗号隔开。

二是，宾语提前后整个句子不改变原意。

三是，提前的宾语能够还原而意义基本不变。

四是，在语言运用中确实存在，不能理论上有但实际的语言运用中没有。

区分宾语前置句与主谓谓语句，如：

（42）这本书我看过。（主谓谓语句）

这本书吧，我看过。（宾语前置句）

主谓谓语句与宾语前置句的区别就在于停顿与语气助词的有无，有就是宾语前置句，没有就是主谓谓语句。这种规定就是教学语法的武断性的体现。

第三，定语后置。修饰或限制语位于体词性中心语的后面，如：

（43）电灯忽然亮了，这屋的和那屋的。（定语后置）

她从曼谷飞到了广州，包里一本书，中文的。（谓语）

我还想学好繁体字，常用的，不常用的。（定语后置）

万隆的火山口，还冒着热气，雾蒙蒙的，很好看。（谓语）

定语后置的判断标准有五个：

一是，必带“的”，能无条件还原充当定语。

二是，变化前后句式语义关系基本不变，只是某些修辞风格色彩不同。

三是，“～＋的”必须是名词性成分而且不能直接充当谓语。

四是，有语气停顿，书面上有逗号隔开。

五是，另外定语不能跨越动词前置，如：

（44）他们圆圆地排成一个圈。（“圆圆地”是状语，因为在动词前面）
　　他们排成了一个圆圆的圈。（“圆圆的”是定语，因为在动词后面名词前面）

第四，状语后置。状语后置的条件有两个：

一是，能还原，还原后意义不变。

二是，不能构成分句或是充当谓语，如：

（45）现在很多人到广州暨南大学华文学院学汉语，从巴拿马，从巴西，从瑞典。
　　他们走了，都。

第五，补语前置。补语前置的条件有两个：

一是，能还原，还原后意义不变。

二是，谓语后面要有结构助词“得”，如：

（46）落花流水，我们把敌人打得。
　　手舞足蹈，他高兴得。

思考与练习

1. 句式是什么？为什么会有变式句？

2. 句式就是句子的结构形式，分析判断下列句子并按要求回答。

（1）“我把饭吃完了。”是（　）句。

A. 把字　　B. 被字　　C. 双宾　　D. 存在

（2）“饭被我吃完了。”是（　）句。

A. 把字　　B. 被字　　C. 双宾　　D. 存在

（3）“我送小王一本书。”是（　）句。

A. 把字　　B. 被字　　C. 双宾　　D. 存在

（4）“我叫小王去买书。”是（　）句。

A. 连谓　　B. 被字　　C. 双宾　　D. 兼语

（5）“我去图书馆看书。”是（　）句。

A. 连谓　　B. 被字　　C. 双宾　　D. 兼语

3. **华语变式句是比较特殊的一类句式，根据相关知识，分析判断并按要求回答。**

（1）“出来吧，你们！”是（　）提前句。

A. 主语　　B. 谓语　　C. 宾语　　D. 状语

（2）“我来了，从台山。”的句式是（　）后置句。

A. 主语　　B. 谓语　　C. 宾语　　D. 状语

（3）“啤酒，你喝点吧。”的句式是（　）提前句。

A. 主语　　B. 谓语　　C. 宾语　　D. 定语

（4）“人来了，税务局的。”的句式是（　）提前句。

A. 主语　　B. 谓语　　C. 宾语　　D. 定语

（5）“他去北京了，都。”的句式是（　）后置句。

A. 主语　　B. 谓语　　C. 宾语　　D. 状语

4. **句子的结构模式是构成句子的基础，根据句式知识分析判断同时按要求回答。**

（1）“门口有一些人。”是（　）句。

A. 把字　　B. 被字　　C. 双宾　　D. 存在

（2）“我比他高得多。”是（　）句。

A. 把字　　B. 被字　　C. 比字　　D. 连字

（3）“她连我都不认识。”是（　）句。

A. 把字　　B. 被字　　C. 比字　　D. 连字

（4）“我是去年毕业的。”是（　）句。

A. 是字　　B. 的字　　C. 比字　　D. 存在

（5）“我叫他去请个医生来给爷爷看病。”是（　）句。

A. 连谓　　B. 兼语　　C. 兼语兼连谓　　D. 双宾

5. **句型是句子的结构类型，按要求分析判断下列句子。**

（1）名词性非主谓句是（　）。

A. 飞机！　　B. 走吧！　　C. 太好啦！　　D. 哇！危险！

（2）主谓谓语句是（　）。

A. 看了书了。　　B. 书我看了。　　C. 书送人了。　　D. 书丢了。

（3）兼语谓语句是（　）。

A. 请进！　　B. 请坐！　　C. 请你来一下。　　D. 请里边走。

（4）形补谓语句是（　）。

A. 你说一下吧。　　B. 你说几句。　　C. 你说得好。　　D. 你说吧。

（5）名词性谓语句是（　）。

A. 小王走了。　　B. 小王懂了。　　C. 小王是学生。　　D. 小王中国人。

6. 根据主谓谓语句构成的相关原则进行分析判断，按要求把下面的一般主谓句变为主谓谓语句。

（1）“他看了一本书。”合乎要求的是（　）。

A. 他看了书。　B. 他看了书了。　C. 书他看了。　D. 书看过了。

（2）“她修好了汽车。”合乎要求的是（　）。

A. 车修好了。　B. 汽车她修好了。　C. 她修车了。　D. 她修了。

（3）“他很喜欢孩子。”合乎要求的是（　）。

A. 他对孩子很喜欢。　B. 孩子他很喜欢。

C. 他喜欢孩子得很。　D. 孩子也喜欢他。

（4）“我同意选他当班长。”合乎要求的是（　）。

A. 选他当班长我同意。　B. 我同意他当班长。

C. 我要把他选为班长。　D. 选他当班长是对的。

（5）“我们对这次表演很满意。”合乎要求的是（　）。

A. 这次表演我们很满意。　B. 我很满意他的这次表演。

C. 我把他的这次表演拷贝了。　D. 他的表演被我拷贝了。

第七章　复　句

第一节　复句的构成

一、复句

（一）一般复句

复句是由两个或两个以上的分句组成的句子，如：

（1）我有一个朋友，她的名字叫“王宗玉”。

（2）因为我班同学的华语都很棒，所以我必须努力学习才跟得上他们。

例（1）有两套互相不包含的主谓结构：①“我有一个朋友”；②“她的名字叫‘王宗玉’”。因此例（1）是复句。例（2）也有两套互相不包含的主谓结构：①“我班同学的华语都很棒”；②“我必须努力学习才跟得上他们”。因此例（2）也是复句。

（二）复句的特点

一个复句具有一个全句统一的语调，表达全句的统一的语气，句末有一个较大的语音停顿。作为复句的组成部分分句，已失去了单独成句的表达功能，分句与分句间的停顿是句内停顿。因此，在书面上，一个复句的句末用句号、问号或感叹号，而复句内部的分句之间用逗号、分号或冒号表示，如：

（3）她要我在中国好好学习，她也要在文莱好好学习。（小句都是主谓句）

（4）早来，才能学得好。（小句都是非主谓句）

（5）没有学不会的汉字，多听多说多写就可以学好汉字。（前一小句是非主谓句，后一小句是主谓句）

复句中分句之间的关系与单句中的成分之间的关系不同。例（3）是并列关系，例（4）是假设条件关系，例（5）是并列关系。这些都是分句之间的关系，而不是单句内的句法成分关系。充当分句的可以是主谓句，也可以是非主谓句。充当分句的非主谓句多半用在描写性的或抒情性的并列复句中。有些分句则根据前后文省略主语，仍是主谓句。

如果分句的主语相同，主语一般在第一分句出现，后边的主语承前省略，如：

（6）他长得很酷，有着一双大大的眼睛，也很爱说话。

前面分句的主语也可以蒙后省略，如：

（7）找到或找不到女朋友，下个学期，我打算回国。

分句有时主语相同但并不省略，往往有强调或对比等意味，如：

（8）王宗义刚刚来公司的时候，因为他不认识公司里的人，所以他很少跟公司里的人说话，后来他跟我们熟悉了，在休息的时候他就常常跟我们聊天。

（三）判断复句的标准

判断复句的标准主要有三个：

第一，停顿。

第二，要有两套或两套以上互不包容的主谓结构。

这两条密切相关，可以放在一起来把握。停顿在书面语表现为标点符号，主要是在某些句式中停顿有改变句子结构的作用，所以把它列为区分单复句的标准，如：

（9）我们爱自然爱正义爱和平。

（10）我们爱自然、爱正义、爱和平。

（11）我们爱自然，爱正义，爱和平。

这类由并列短语充当谓语的句子，无停顿或是由顿号构成停顿都是单句，而由逗号构成停顿就是复句。

（12）他有个哥哥在北京学习汉语。

（13）他有个哥哥，在北京学习汉语。

这类兼语句，无停顿时是单句，有停顿时是复句，因为兼语拆开后是宾语与主语，后一小句看作主语承前省略。

（14）他拉开门伸头出去看了看。

（15）他拉开门，伸头出去看了看。

这类由连谓短语构成的句子，如无停顿是单句，有停顿则是复句。停顿如能造成句子中互相独立的主谓结构增加就由单句变成复句，否则就不是。如下面的句子尽管有停顿但还是单句：

（16）他们家里的人都知道，当时他爸爸同意他去中国学习不是因为家里有钱，而是因为需要。

（17）他们家里的人，都反对他不顾爸爸妈妈的劝告一定要跟那个人结婚。

（18）[他们家里的人，在当时的条件下]，都反对他那样做。

（19）（他们家里）的人，听说，[当时都] 反对他跟那个人结婚。

第三，关联词语。关联词语在一定范围内能起到区分单复句的作用，但也不绝对。一般的情况是关联词语后的语词有陈述性则构成分句，如不是则构成状语，如：

（20）[因为他]，我才到了广州暨南大学学习汉语。

(21) 因为他不去北京，我才到了广州暨南大学学习汉语。

(22) [由于很棒的汉语]，王宗玉被派到北京工作。

(23) 由于汉语很棒，王宗玉被派到北京工作。

(24) 只有她，才能去北京工作。

(25) 只有这样，她才能去北京工作。

(26) 他的脸上，[即使在困难的时候]，也没有任何失望的表情。

(27) 即使他很困难，脸上也没有任何失望的表情。

例(20)、(22)、(24)、(26)都是单句而例(21)、(23)、(25)、(27)都是复句。"因为、由于"等，兼属介词和连词，当后面是名词性成分时，它们是介词，组成介宾短语作状语；当后面是谓词性成分时，它们是连词，与后面的语词构成分句。"只有……才……"、"无论……都……"、"即使……也……"等关联词语，既可以关联单句的主语、状语等成分，也可以关联复句的分句。特别是"这样"单独使用，有逗号时也能是一个分句。其标准就是当关联的语词具有陈述性时，构成复句，如果不是则构成单句。

二、分句间的关系

确定复句间的关系主要靠两个：一是看关联词语；二是看分句间的语义关系。

(一) 一般关系

观察复句当中的分句和分句间的关系，可以有不同的角度。如果强调客观事实，那么看到的就是事情之间的关系，如：

(28) 她叫王红，我叫刘丽。(两事并列)

(29) 她走到门外，把衣服晾在绳上。(两事前后连贯)

如果强调判断与判断之间的关系，或前提和结论之间的关系，那么看到的就是逻辑关系。如：

(30) 或者你去中国，或者我去中国。(全句是个复合判断，两个小句各代表一个判断，它们之间有选择关系)

(31) 如果学习只有模仿，那么我们就不会有科学。(全句是个复合判断，两个小句各代表一个判断，它们之间有假设条件关系)

如果强调说话人的主观意图，那么看到的就是某种心理关系，如：

(32) 她不但会说华语，而且会写汉字。

(33) 她不但会写汉字，而且会说华语。

(34) 她虽然会说华语会写汉字，但是花费了很多时间。

(35) 她虽然花费了很多时间，但是学会了华语和汉字。

例(32)至例(35)从事理角度看，反映的事实相同。从逻辑角度看，这里的复句都是断定两种情况同时存在的复合判断。从心理角度看，说话的重点并不一样。例（32）侧重的是会写汉字，例（33）侧重讲会说华语，通常称为递进关系的复句。例（34）侧重花费了很多时间，例（35）侧重讲学会了华语和汉字，通常称为转折关系的复句。

（二）显性关系和隐性关系

对同一复句可以从不同角度来观察，所以确定分句之间的关系有时不免有两可的情况。有时两个分句之间既有承接关系，又有递进关系。前者是从事理的角度观察的结果，后者是从心理的角度来观察的。当然，这个句子可以加上不同的关联词语，如：

(36) 她结了婚，生了孩子。

(37) 她先结了婚，然后生了孩子。

(38) 她不但结了婚，而且生了孩子。

例（36）由于没有显性的关联词语表示，把它归入连贯或递进都是可以的。例（37）加上“先……然后……”，着重表示承接关系。例（38）加上“不但……而且……”，着重表示递进关系。因此，我们把用关联词语表示的关系叫做显性关系，但并不排斥隐性关系。例（38）的显性关系是递进关系，隐含承接关系。因此在判断复句关系时，关联词语是最重要的标志之一。

思考与练习

1. 用哪些标准辨别单复句？

2. 根据区分单复句的标准分析判断，然后根据要求回答。

(1)（　）是单句；（　）是复句。

A. 因为他来了，所以我走了。　　B. 因为他，我走了。

C. 因为我不来，所以他也走了。　　D. 因为这个，他走了。

(2)（　）是单句；（　）是复句。

A. 由于他，我迟到了。　　B. 由于这个原因，我迟到了。

C. 由于没车，我迟到了。　　D. 由于这辆车，我迟到了。

(3)（　）是单句；（　）是复句。

A. 我们爱青山爱大海。　　B. 我们爱青山、爱大海。

C. 我们爱青山，爱大海。　　D. 我们爱青山；爱大海。

(4)（　）是单句；（　）是复句。

A. 他毕业后，到了银行工作。　　B. 他毕业后到了银行工作。

C. 他毕业后进了银行。　　D. 他在银行工作前是学生。

3. 根据所学的知识分析判断，然后按要求回答。

（1）因果复句是（　）。

A. 因为小李，他才学华语。

B. 他如要到中国，就要学华语。

C. 他之所以学华语，是因为爱好中华文化。

D. 爷爷不但要我学好华语，而且还要到中国去学。

（2）递进复句是（　）。

A. 他不但不去帮自己家里的人，反而去帮外面的人。

B. 他把事情说清楚以后，就走了。

C. 他没有复习好，就去参加 HSK 考试。

D. 他一直在家里待着，没有参加我们的活动。

（3）假设复句是（　）。

A. 我有时间，我到了广州学华语。

B. 因为我有时间，所以我到了广州学华语。

C. 虽然我有时间，但因走不开所以我没有到广州学华语。

D. 我有时间的话，我一定要到中国去学华语。

（4）条件复句是（　）。

A. 他们天天来吃饭，都要自己带筷子和碗。

B. 我要先到中国考察一下，然后再看开不开公司。

C. 只要有可能，我就一定来帮你。

D. 他来这里的目的，就是为了开一家商店。

（5）选择复句是（　）。

A. 这件事，他不但不后悔，反而还很自豪。

B. 这件事，他觉得有点玄。

C. 这件事，要么请小王去，要么请小李去。

D. 他们都不说话，这事很难办。

4. 根据复句类型的知识分析判断，按要求回答。

（1）他长得很酷，发型很时髦。（　）

A. 并列　　B. 递进　　C. 因果　　D. 转折

（2）因为不用工作，在这儿学习对我来说也算是放长假。（　）

A. 并列　　B. 递进　　C. 因果　　D. 转折

（3）虽然我现在的打算比以前的要实际了，但我还没有完全放弃小时候的计划。（　）

A. 并列　　B. 递进　　C. 因果　　D. 转折

(4) 我到中国学华语有幸遇到一位很好的老师，而且给我留下了最深刻的印象。(　)

A. 并列　　B. 递进　　C. 因果　　D. 转折

(5) 我喜欢的动物是熊猫，可是在我们国家却没有熊猫。(　)

A. 并列　　B. 递进　　C. 因果　　D. 转折

5. 根据复句的相关知识按要求造句。

(1)“如果……就……”正确的是（　）。

A. 如果你去，我就去。　　B. 如果天亮了，就我睡觉。

C. 如果学华语，去就中国。　　D. 如果不知道，就知道。

(2)“虽然……但是……”正确的是（　）。

A. 虽然是你，但是我。　　B. 虽然你不去，但是我要去。

C. 虽然你是，但是他。　　D. 虽然情况不好，但仍我去。

(3)“因为……所以……”正确的是（　）。

A. 因为爸爸，妈妈来到了广州。　　B. 因为他，我们都没去。

C. 因为做好了，所以赚了钱。　　D. 因为哥哥，我工作了。

(4)“不但……而且……”正确的是（　）。

A. 不但你，而且他都去了。　　B. 不但工作好，而且人好。

C. 不但人好，而且工作也好。　　D. 不但不行，而且行。

(5)“一方面……另一方面……”正确的是（　）。

A. 他一方面说，另一方面做。

B. 一方面他是老板，另一方面他也是股东。

C. 我们一方面学生，一方面打工。

D. 一方面你在现场，另一方面你不在现场。

(6)“或者……或者……”正确的是（　）。

A. 学华语，你或者去厦门，或者去广州。

B. 或者我，或者你去到上海。

C. 我或者不想去，或者想去，都不一定。

D. 或者我想去，或者你想去，或者不确定。

第二节 常见的复句类型

一、并列复句

由两个或两个以上的分句组合而成，这些分句叙述相关的几件事情，或说明相关的几种情况，它们之间没有主次之分，如：

（1）那时候，我妈妈有一间商店，平时我的狗就坐在妈妈的旁边。

（2）我爱她不是因为她漂亮，而是因为她心很好。

表并列关系的关联词语如表 7 – 1：

表 7 – 1 表并列关系的关联词

平列	单用	也 又 还 同时 同样
	合用	既 A，也（又）B；也 A，也 B；又 A，又 B；有时 A，有时 B；一方面 A，（另、又）一方面 B；一会儿 A，一会儿 B；一边 A，一边 B
对立	单用	而 而是
	合用	不是（是）A，而是（不是）B

二、承接复句

承接复句也叫顺承复句。前后分句按时间、空间或逻辑事理上的顺序说出连续的动作或相关的情况，分句间有先后相承的关系，也叫顺承关系。有的不用关联词语，称意合法，有的用，如：

（3）我每天在学校学习，很晚才回家，我每次回家都看见我的狗在外面等我，我看它听到我的脚步声，就马上来迎接我，所以我每天晚上回家一点也不害怕。

（4）小狗是聪明、可爱的，它像人一样聪明，它还比人多了最重要的一点“忠诚”，它让人喜欢。

常用表承接关系的关联词语如表 7 – 2：

表 7－2　表承接关系的关联词

单用	就　便　才　于是　然后　后来　接着　跟着　继而　终于
合用	首先（起先）A，然后（后来）B

三、递进复句

由两个或两个以上有递进关系的分句组成，后一个分句表示的意思比前一个分句进一层，如：

（5）成为超人并不是那么容易的，况且做这样的人好像没有什么收入。

（6）万隆的小吃不但种类繁多，而且味道非常好。

表递进关系的关联词语主要如表 7－3：

表 7－3　表递进关系的关联词

一般	单用	而且　并且　何况　况且　甚至　更　还
	合用	不但（不仅、不只、不光）A，而且（还、也、又、反而）B；不但不，而且/还
衬托	合用	尚且 A，何况（更不用说、还）B；别说（慢说、不要说）A，连（就是）B

四、选择复句

由两个或两个以上有选择关系的分句组成。选择复句可以根据不同的选择情况分为两种类型：商量性的选择句、决断性的选择句和取舍性的选择句，如：

（7）你喜欢我们国家的旱季，还是喜欢雨季？（商量性）

（8）在我们国家，很多像我这么大的女生或者找到了一份工作，或者已经结婚了。

（9）我妈妈宁可自己一个人照顾商店，也要送我到中国学华语。（取舍性）

表选择关系的关联词语如表 7－4：

表 7－4　表选择关系的关联词语

未选定	多选	单用	还是　或者　或　或是
		合用	或者（或）A，或者（或）B；是 A，还是 B；可以，也可以
	选一	不是 A，就是 B；要么（要就是）A，要么（要就是）B	
已选定	先舍后取	单用	还不如　倒不如
		合用	与其 A，不如（宁肯、还不如、倒不如）B
	先取后舍	宁可（宁、宁肯、宁愿）A，也不（决不、不）B	

五、转折复句

由两个有转折关系的分句组成。后一个分句的意思不是顺着前一个分句的意思说下来，而是转到相反的意思上去，如：

（10）她劝我“不要哭！”可是她也哭起来了。

（11）她的样子看起来很文静，在班里平时很少说话，但是老师问问题的时候她常常回答得很快。

这类常用的关联词语如表7－5：

表7－5　表转折关系的关联词语

重转	合用	虽然（尽管）A，但是（可是、却、而）B
轻转	单用	但是　但　然而　可是　可　却
弱转	单用	只是　不过　倒

六、因果复句

一般由两个有因果关系的分句组成。这类复句两个分句间的关系有两种：说明因果关系和推论因果关系。

说明因果关系复句是一个分句说明原因，另一个分句说明由这个原因产生的结果，因和果都是客观存在的，如：

（12）因为我溺爱它，所以我每次给它很多食物。

（13）因为这些本来就是女生应该要会做的，所以很多我不会做的事我都要学。

推论因果关系复句是前一个分句提出一个依据或前提，后一个分句表示由这个依据或前提推出的结论。这种结论带有主观性，可能是事实，也可能不是事实，如：

（14）既然她生病了，那我们可能就不能去北京了。

也有一种叫倒因果，即先说结果后说原因，如：

（15）他之所以没有来，是因为你没有去。

因果关系复句常用的关联词语如表7－6：

表7－6　表因果关系的关联词语

说明	单用	由于　所以　因此　因而
	合用	因为（由于）A，所以（就、因而、以致）B
推论	单用	既然　就　可见　从而
	合用	既然A，那么（就、又、便）B

七、假设复句

一般由两个有假设关系的分句组成，前一分句假设存在或出现了某种情况，后一分句说明由这种假设的情况产生的结果，如：

（16）你一定要好好学习汉语。如果会说汉语，找工作一定很容易。

（17）自己也必须照顾自己的健康，若生病就麻烦了。

另一种假设复句，前一句假设存在或出现某种情况，并先退让一步，承认它为事实，后一分句说出一个跟假设的情况不相应的结果，如：

（18）即使工作任务再重，也还是要按时完成。

“即使工作任务再重”这是先退一步说，“也还是要按时完成”是跟“任务再重”相反的结果。因为按常理“任务重”就应该“不能完成”，但“也还是要按时完成”跟假设相反。这就是退让假设。

常用的关联词语如表7－7：

表7－7　表假设关系的关联词语

一致	单	就　便　那　那么
	合	如果（假如、倘若、若、要是）A，就（那么、那、便）B
相背	单	也　还
	合	即使（就是、就算、纵然、哪怕）A，也（还）B；再A，也B

八、条件复句

一般由两个有条件关系的分句组成，前一分句提出一个条件，后一分句说明在这种条件下产生的结果，如：

（19）我们这儿只有这几个人，他们才会干这个活儿。

（20）除非是实在没有办法，他们才会不来中国学习。

还有一种条件复句，结果是不以条件为转移的，不论在什么条件下，都会产生相同的结果，如：

（21）无论我怎么责备它，它都不停地摇尾巴，显得很高兴。

（22）不管怎么样，我都爱上了我的狗。

常用关联词语如表7－8：

表 7-8　表条件关系的关联词语

有条件	充足条件	合	只要A，就（都、便、总）B
	必要条件	合	只有（唯有、除非）A，才（否则）B；如果A，就B；如果A，那么B
无条件		合用	无论（不论、不管、任、任凭）A，都（总、总是、也、还）B

九、目的复句

由两个或两个以上有行为与目的关系的分句组成。目的复句的关联词语基本上是单用，如：

(23) 我的一个哥哥来到广州学习汉语，为的是今后要在中国开公司并且跟中国做生意。

(24) 我把做好的题再看了一遍，以免出现上学期的错误——会做的题没有得分。

这种目的关系复句的一个重要标志是行为与目的之间一定要用达到目的或以避免什么等相呼应。

常用关联词语如表 7-9：

表 7-9　表目的关系的关联词语

达到目的	A，为的是　以便　以求得　用以　借以　好让B
避免	A，以避免　省得　以防B

十、解说复句

由两个或两个以上有解释或说明、总分关系的分句组成。解说关系不用关联词语。有的是后面解释前面，有的是先分后总，有的是先总后分，如：

(25) 我的一个哥哥在北京学习汉语，我的一个姐姐在上海工作，他们两个都在中国。

(26) 从巴拿马到中国有两条路，一条是从巴拿马乘飞机到纽约，然后到香港，再到北京；一条是从巴拿马乘飞机到阿姆斯特丹，然后到东京，再到北京。

这种解说关系复句的一个重要标志是不用关联词语，多用数量短语“一种、一个、一类”等来分项说明。

思考与练习

1. 复句有哪些类型？它们是如何划分出来的？

2. 复句类型跟逻辑、语义有关，根据所学的复句知识分析判断，然后按要求回答。

（1）“枯陆马（Kuruman）是我的家乡，我在那里住了差不多十五年了。”是（　）复句。

A. 顺承　　B. 并列　　C. 解说　　D. 转折

（2）“很多人来我的家乡玩儿，有的从中国来，有的从美国来，有的从瑞典来……”是（　）复句。

A. 顺承　　B. 并列　　C. 解说　　D. 转折

（3）“我上大学的时候很喜欢上网，因为上网很有意思。”是（　）复句。

A. 顺承　　B. 并列　　C. 因果　　D. 转折

（4）“我爸爸刚刚跟妈妈结婚的时候，什么都没有非常穷，但他工作很认真又努力不久就成功了。”是（　）复句。

A. 顺承　　B. 并列　　C. 目的　　D. 转折

（5）“工作不要太累了，以免生病。”的句式是（　）复句。

A. 顺承　　B. 并列　　C. 目的　　D. 转折

3. 复句是有两个或两个以上的互不关联的主谓结构，根据相关知识和造句规则造句。

（1）“不管……总……”正确的是（　）。

A. 不管怎样，我总得把话说完。

B. 不管他，我总结一下。

C. 不管这事，我总想说清楚。

D. 不管如何，我总在家。

（2）“……以免……”正确的是（　）。

A. 一到秋天我就回到印尼，以免在中国过冬。

B. 一定要努力工作，以免总结一下。

C. 努力学习是对的，以免这事我总想说清楚。

D. 好好工作，以免总在家里。

（3）“哪怕……也……”正确的是（　）。

A. 哪个怕你，你也要给我们讲一下。

B. 哪个不怕你，哪个怕你，你也要全部讲。

C. 哪怕天下雨，我们也要把工作完成。

D. 哪怕今天就要考试，但是我们也要打球。

（4）“之所以……是因为……”不正确的是（　）。

A. 之所以这样他，是因为他们都在上班。

B. 情况之所以很糟糕，是因为他们不认真。

C. 他们之所以不理解，是因为他们不了解情况。

D. 今天之所以没有成功，是因为他们做得不好。

（5）“不但不……反而……”不正确的是（ ）。

A. 他们不但不管，反而支持别人这样做。

B. 这篇课文他不但不会读，反而还不知道已经学过。

C. 他们不但不管，反而使劲管。

D. 他们不但不认为严重，反而认为没有关系。

4. 选出联结两个分句最恰当的关联词语。

（1）他华语很好，（ ）汉字也写得非常好。

A. 并且 B. 尚且 C. 姑且 D. 暂且

（2）这次台风来袭，他不但不在家帮着家人加固房屋、堵好门窗防止水浸，（ ）去帮邻居张大爷家做防台风的事情。

A. 或者 B. 反而 C. 那么 D. 因为

（3）这件事我提议叫小王去，（ ）小张去也行。

A. 多么 B. 怎么 C. 要么 D. 什么

（4）开会的人来了，主持人（ ）没有来。

A. 无论 B. 却 C. 只要 D. 就

（5）这次台风之所以没有给我们造成什么损失，是（ ）我们早已有所准备。

A. 由于 B. 不然 C. 为了 D. 以便

5. 复句是由两个或以上分句构成的，关联词语是非常重要的部分。根据相关知识进行分析判断，按要求完成句子。

（1）去中国开公司这件事肯定办不成的，（ ）没有他们大力支持的话。

A. 如果 B. 虽然 C. 尽管 D. 所以

（2）你肯定能学好华语的，（ ）你到广州去多练多说，认真努力。

A. 不但 B. 只要 C. 或者 D. 并且

（3）自己在家里请客，首先要确定来客的人数、身份，（ ）到菜市场买好菜、作料等……

A. 不但 B. 或者 C. 因为 D. 然后

（4）到广州旅游要做的事情：（ ）要事先在网上订好住的旅馆，第二要参加声誉好的旅游公司组成的旅游团，第三要买保险。

A. 无论 B. 第一 C. 以免 D. 所以

（5）你们明天去吧，（ ）去晚了拿不到批文。

A. 或者 B. 以免 C. 而且 D. 所以

第三节　复句中的关联词语

一、关联词语的定义

复句中各分句之间可以有各种不同的关系。这种关系通常需要用关联词语表示。关联词语通常是一些能连接分句的连词，具有关联作用的副词和短语。关联词语不是一个词类，而是在复句中起关联作用的成分，例如：

（1）因为下雨了，所以车没开。（连词）

（2）她像坐在一片洁白的沙滩上，也像坐在一片洁白的云彩上。（副词）

（3）在中国开公司一方面有相关部门的优惠政策，另一方面竞争也比较激烈。（短语）

二、关联词语的作用

关联词语是复句中分句关系的语法标志。因此，用不用关联词语，用不同的关联词语，可以表示不同复句的分句关系，如：

（4）你不去，她去。（并列）

（5）因为你不去，所以她去。（因果）

（6）要是你不去，她就去。（假设条件）

（7）即使你不去，她也去。（让步）

（8）虽然你不去，但是她去。（转折）

从例（4）到例（8）可以看出，同样的两个分句，因关联词语不同而构成不同类型的复句。因此关联词语可按分句之间的不同关系放在前边或后边的分句里，有的在主语前边，有的在主语后边，如：

（9）他们不仅不讨厌，反而热情欢迎他。

（10）只有校长来了，他们才肯离开。

同样的关联词语，如果分句的主语相同，关联词语放在主语之后；如果分句的主语不同，应放在主语的前面，如：

（11）她不但会唱歌，而且会跳舞。

（12）不但她会唱歌，而且我也会唱歌。

三、关联词语的搭配

关联词语经常配对使用，可以是连词和连词的配对使用，连词和副词的配对使用，也可以是副词和副词的配对使用。例如：

（13）这里的条件，虽然（连词）比上海差点儿，然而（连词）靠近香港，有自己的优势和长处。

（14）小王不但（连词）考了 HSK，还（副词）考过了八级。

（15）老师一（副词）来，我们就（副词）可以考试了。

分句间不同的关系需要不同的关联词语配合使用。

（一）并列复句和关联词语

1. 并列关系

这是用在一般并列句中的关联词语。

第一，"又……又……"常前后配合使用，表示几种情况、性质、动作同时存在。

（16）他又是忙着看孩子，又是忙着招待客人。

第二，"一边……一边……"、"一面……一面……"总是配合使用，表示两个或两个以上的动作同时进行。

（17）他一面写作业，一面听音乐。

2. 承接关系

这是用在承接并列句中的关联词语。

第一，"先……然后……"、"先……再……"、"先……接着……"表示第二件事发生在第一件事之后。

（18）他先去了王宗仁家，然后才来我家的。

第二，"……就……"、"一……就……"，表示前后两件事发生的时间接得很紧。

（19）他一到中国，就和他的姑妈联系。

3. 递进关系

这是用在递进并列句中的关联词语。

第一，"还"，常用在第二个分句里，表示进一层的意思。

第二，"不但……而且……"、"不但……还……"、"不但……也……"等，表示在第一个分句所说的前提情况下，重点提出第二层意思。分句的主语相同时，"不但"要放在主语后面；分句的主语不同时，"不但"要放在主语前边，如：

（20）星期天他到老师家，还带来了另一个班的同学。

（21）你不但不通知我，而且还故意瞒着我。

（22）不但你不赞成，我也不赞成。

4. 选择关系

这是用在选择并列句中的关联词语。

第一，“（还是）……还是……”可以构成表示一般选择的疑问复句，如：

(23) 你去广州，还是去北京？

第二，“或者……或者……”用于表示一般选择的陈述句，如：

(24) 我或者去云南，或者去广西。

第三，“不是……就是……”用于有限选择的陈述句，表示前后两者必居其一，如：

(25) 星期六晚上，他不是去唱歌，就是去喝咖啡。

（二）偏正复句和关联词语

1. 因果关系

这是表示因果关系的关联词语。

第一，“因为……所以……”常配合使用，表示原因和结果。“所以”可以单独用在正句的句首。

(26) 因为路上堵车，所以王宗信迟到了。

第二，“由于”一般用于前一个分句，表示原因。“由于”也可以跟“因此”、“所以”配合使用。

(27) 由于从小没有学华语，因此王宗信不会说中国话。

第三，“既然……就……”表示根据前提得出某种结论。

(28) 既然你知道了开头，我就全部给你讲了吧。

2. 转折关系

这是表示转折关系的关联词语。

第一，“虽然……但是……”常配合使用，表示先承认某事实，然后转入主要意思。

(29) 他虽然学习努力，但是学习成绩不太好。

分句的主语相同时，“虽然”放在主语后边；分句的主语不同时，“虽然”放在主语的前边。另外，正句中也可以用表示转折的“可是”、“不过”等。

第二，“却”，总是用在后边的分句里表示转折。“却”要用在表示转折的正句中的主语后边和谓语前边。

(30) 这声音虽然很低，却很耳熟。

3. 假设关系

这是表示假设关系的关联词语。

最典型的是“要是（如果）……就……”。“要是（如果）”表示假设，用在前边的分句里；“就”说明由假设情况产生的结果，用在后边的分句里，如：

(31) 要是天下雨了，我就不去你家了。

“要是（如果）”可以单独用在前边的分句里，后边的分句不用“就”。另外，要表示在某种假设的情况下会产生某种结果时，也可以只在后边小句里用“就”，如：

（32）天晴的话，我就去找你。

4. 条件关系

这是表示条件关系的关联词语。

“只要……就……”表示在某种条件（不是唯一的条件）下产生某种结果。“只要”还可以跟“一定”等配合使用。“只有……才……”，表示没有前边的条件（唯一的条件），就不能实现后边的结果，如：

（33）你只要说王宗仁生病了，王宗义就会很快过来的。

（34）只要班长带头，我们一定来助威。

（35）只有考到60分，考试才算及格。

5. 目的关系

这是表示目的关系的关联词语。

主要有“为的是”、“以便”、“以求得”、“用以”、“借以”、“好让”；“以避免”、“省得”、“以防”。

表目的的关联词语一般是单用，前一句说一个目的，后一句说要达到目的必须做的事情或努力的方向，如：

（36）我们这样努力地工作，为的是有一天能自己开公司。

（37）你们一定要仔细检查，发现问题及时解决，以防到了海上出现问题。

例（36）前一分句说要怎样地工作，后一分句指明这样做的目的，这是达到目的句。例（37）前一分句说明要怎样做，后一分句说明要避免什么，这是避免失误句。

6. 解说关系

这是表示解说关系的词语。

解说关系一般不需要关联词语，但有一些固定的模式。如“总—分”模式的基本形式为“有X，一是……二是……”；“分—总”模式的基本形式是“一是……二是……都是……”；“总—分—总”模式的基本形式是“有X，一是……二是……最后是……总之……”。如：

（38）学习古代汉语有两种方法：一种是从简单到复杂，一种是从复杂到简单。

（39）王宗礼的一个哥哥在菲律宾开饭店，另一个哥哥在印尼开纺织公司，两个哥哥都是自己创业的。

（40）他家一共七口人：爸爸妈妈在印尼开水泥厂和办华文学校，大哥在新加坡当律师，大姐在澳大利亚当老师，二哥在中国广州做保险代理，三哥在菲律宾当海员，他在广州华文学院学华语，一家人都在努力工作和学习。

例（38）是总分解说形式，先总说“两种方法”，然后再分开说“一种是……一种是……”。例（39）是分总解说形式，先分开说“一个哥哥在……另一个哥哥在……”，然后总说“两个哥哥……”。例（40）是复杂的总分总解说形式，先总说“他家一共七口人……”，然后分开说“爸爸妈妈……大哥……大姐……二哥……三哥……他……”。这三个例子都是解说复句。

四、关联词语的省略

复句有不需用关联词语的，有必须用关联词语的。前者如某些并列关系的复句，虽然不用关联词语，分句间的关系十分明确。后者如常见的转折复句、让步复句，如不用关联词语，分句之间的关系就不明确。还有一种情况是，在表达时省略了关联词语，而在理解的时候要添上关联词语，如：

（41）天下雨，比赛不进行了。

（42）因为天下雨，所以比赛不进行了。

说话的时候，如果天正在下雨，就应该加上“因为……所以……”去理解。如果说话的时候没有下雨，只是一种预测的话，那么就加上“如果……就……”来理解。这里之所以能够省略，是因为说话的时候有语境的帮助。有少数个别的句子，不需要语言环境的帮助也可以省略，如：

（43）好（虽）是好，就是钱不够。

这种句子形成了固定的格式，“是”的两头用的词相同，省略了“虽”，听话的人不会误解。这种表达法慢慢形成了固定的格式，于是就不需要显示关联词语了。

思考与练习

1. 关联词语在复句类型区分中有什么作用？

2. 复句的关联主要依靠关联词语，因此关联词语能决定复句的类型。根据所学知识分析判断，然后按要求回答。

（1）并列复句的关联词语是（ ）。

A. 并且　　B. 尚且　　C. 而且　　D. 暂且

（2）递进复句的关联词语是（ ）。

A. 或者　　B. 以免　　C. 而且　　D. 所以

（3）选择复句的关联词语是（ ）。

A. 多么　　B. 怎么　　C. 要么　　D. 什么

（4）转折复句的关联词语是（ ）。

A. 无论　　B. 却　　C. 只要　　D. 就

（5）因果复句的关联词语是（ ）。

A. 由于　　B. 不然　　C. 为了　　D. 以便

3. **复句类型取决于关联词语，根据所学知识按要求回答问题。**

（1）假设复句的关联词语是（　）。

A. 如果　　B. 虽然　　C. 尽管　　D. 所以

（2）条件复句的关联词语是（　）。

A. 不但　　B. 只要　　C. 或者　　D. 并且

（3）承接复句的关联词语是（　）。

A. 不但　　B. 或者　　C. 因为　　D. 然后

（4）目的复句的关联词语是（　）。

A. 无论　　B. 虽然　　C. 以免　　D. 所以

（5）解说复句的关联词语是（　）。

A. 或者　　B. 反而　　C. 那么　　D. 因为

4. **根据实际句子进行分析判断，按要求回答问题。**

（1）递进复句是（　），这表明在递进复句中，关联词语（　）。

A. 小王去了，小李也去了。

B. 不但小王去了，而且小李也去了。

C. 虽然小王去了，但是小李没有去。

D. 因为小王去了，所以小李也去了。

E. 不重要

F. 比较重要

G. 很重要

（2）承接复句是（　），这表明在解说复句中，关联词语（　）。

A. 一些乘客上车，一些乘客下车。

B. 不但司机下了车，而且乘客也下了车。

C. 虽然司机下了车，但乘客没有下车。

D. 司机下了车，乘客也跟着下去。

E. 不重要

F. 比较重要

G. 很重要

（3）解说复句是（　），这表明在解说复句中，关联词语（　）。

A. 因为生活很重要，所以人们都在追求好的生活：身体健康、工作顺利、家庭幸福。

B. 一般认为人对生活的要求有三种不同层次：一是生存，二是享受，三是发展。

C. 欧洲各国的广场，一直是各种活动的重要场所：有的是商业中心，有的是会场，有的是军队操练场。

D. 如果需要建设美好的生活，那么有一个健康的身体、一个幸福的家庭、一个满意的工作就可以了。

E. 不重要

F. 比较重要

G. 很重要

（4）假设复句是（ ），这表明在假设复句中，关联词语（ ）。

A. 如果我不来广州暨南大学华文学院学习华语，我就不会认识你。

B. 我不来广州暨南大学华文学院学习华语，我不会认识你。

C. 因为我来广州暨南大学华文学院学习华语，所以我认识了你。

D. 只要我来广州暨南大学华文学院学习华语，我就会认识你。

E. 不重要

F. 比较重要

G. 很重要

（5）目的复句是（ ），这表明在目的复句中，关联词语（ ）。

A. 我要搬到乡下去住，以便欣赏那里的美丽风景，享受那里的新鲜空气和绿色食品。

B. 因为要欣赏那里的美丽风景，享受那里的新鲜空气和绿色食品，所以我要搬到乡下去住。

C. 如果要欣赏那里的美丽风景，享受那里的新鲜空气和绿色食品，那么我就要搬到乡下去住。

D. 只要我搬到乡下去住，我就会欣赏那里的美丽风景，享受那里的新鲜空气和绿色食品。

E. 不重要

F. 比较重要

G. 很重要

5. 复句的错误常常不是分句本身的错误，而是关联词语用错了。根据所学的知识进行分析判断，按要求回答问题。

（1）我常常对爸爸说工作不用太累，太累对身体会有影响，或者他总不听。（ ）

A. 只要　　B. 所以　　C. 但是　　D. 反而

（2）过去老挝公路不健全，反而水运成了全国的主要运输方式。（ ）

A. 只要　　B. 所以　　C. 但是　　D. 反而

（3）因为她告诉我以前的事情，对我表白心意，并且跟我一起来广州，我就会原谅她。（ ）

A. 只要　　B. 所以　　C. 但是　　D. 反而

（4）我给他讲印尼只有两个季节，从十月到三月是雨季，从四月到九月是旱季，他不但不认为这是东南亚国家的气候特点，但是说我讲得不对。（　）

A. 只要　　B. 所以　　C. 但是　　D. 反而

（5）早市上非常热闹，有卖菜的，有理发的，有卖早点的，还有卖服装的，反而你早上十点以前去，就会找到你想要的东西。（　）

A. 如果　　B. 或者　　C. 并且　　D. 只要

第四节　多重复句与紧缩复句

一、多重复句

（一）一般多重复句

多重复句的“重”，指的是“层次”。分句之间有两个或两个以上的结构层次的复句，称为多重复句。其实多重复句是由一重复句扩展而来的。

分析多重复句的层次和关系，可以利用画线加注法。单竖线表示第一层次，双竖线表示第二层次，以此类推；同时在竖线后用括号、文字注上分句之间的关系，如：

（1）小王来了，|（并列）小张也来了。

（2）因为小王来了，||（并列）小张也来了，|（因果）所以小李来了。

（3）虽然因为小王来了，|||（并列）小张也来了，||（因果）所以小李来了，|（转折）但是小王的爸爸妈妈没有来。

（4）虽然因为小王来了，||||（并列）小张也来了，|||（因果）所以小李来了，||（转折）但是小王的爸爸妈妈没有来，|（因果）所以这次协商没有成功。

例（1）有两个分句，关联词语是“也”，是并列复句。例（2）有三个分句，第一层的关联词语是“因为……所以……”；第二层的关联词语是“也”，有两个层次，是二重复句。例（3）有四个分句，第一层的关联词语是“虽然……但是……”；第二层的关联词语是“因为……所以……”；第三层的关联词语是“也”，一共有三个层次，是三重复句。例（4）有五个分句，第一层的关联词语是“……所以……”；第二层的关联词语是“虽然……但是……”；第三层的关联词语是“因为……所以……”；第四层的关联词语是“也”，一共有四个层次，是四重复句。

这些分析可以简化为：

（5）A 来 | B 也来。

（6）因为 A 来 || B 也来 | 所以 C 来。

（7）虽然因为 A 来 ||| B 也来 || 所以 C 来 | 但是 D 没来。

（8）虽然因为 A 来 |||| B 也来 ||| 所以 C 来 || 但是 D 没来 | 所以没成功。

因此，也可以说多重复句大都是从一重复句逐渐扩展而来的，而一重复句一般都可以扩展成多重复句，又如：

（9）有一些人怀念他们的过去，|（转折）但是过去的东西永远不会再来。

（10）有一些人怀念他们的过去，||（并列）并且从不把希望寄托在将来，|（转折）但是过去的东西永远不会再来。

(11) 有一些人怀念他们的过去，||| （并列）并且从不把希望寄托在将来，|| （转折）但是过去的东西永远不会再来，| （因果）因此他们感到将来的渺茫。

例（9）到例（11）也是由一重复句逐渐扩展为三重复句的。例（9）有两个分句是一重复句，例（10）有三个分句是二重复句，例（11）有四个分句是三重复句。

（二）多重复句的分析

既然多重复句是由一重复句扩展而来的，那么对多重复句进行分析也就是将它还原为一重复句，如：

(12) 观念比知识更重要，| （因果）因为知识是有限的，|| （转折）而观念支配着人的行动，|||| （并列）还可以促使能力提高，||| （递进）并且是知识增加的源泉。

要分析例（12）首先要理清它的层次和关系，也就是说倒过来层层削减多重复句，也同样利用上面用过的画线加注法。单竖线表示第一层次，双竖线表示第二层次，同时用括号标明分句之间的关系，如：

(13) 观念比知识更重要，| （因果）因为知识是有限的，|| （转折）而观念支配着人的行动，|||| （并列）还可以促使能力提高，||| （递进）并且是知识增加的源泉。

(14) 观念比知识更重要，| （因果）因为知识是有限的，|| （转折）而观念支配着人的行动，||| （递进）并且是知识增加的源泉。

(15) 观念比知识更重要，| （因果）因为知识是有限的，|| （递进）并且是知识增加的源泉。

(16) 观念比知识更重要，| （因果）因为观念是知识增加的源泉。

从例（13）到例（16）就将原来的四重复句还原为一重复句，即：

(17) A 更重要，| 因为 B，|| 而 B_1 支配，|||| B_2 还，||| 并且 B_3。

(18) A 更重要，| 因为 B，|| 而 B_1 支配，||| 并且 B_3。

(19) A 更重要，| 因为 B，|| 并且 B_3。

(20) A 更重要，| 因为 B。

就这样，通过层层削减，复杂的四重复句就逐步减成了一重复句。这类句子还比较多，如：

(21) 如果你不去，|| （假设）请你尽快告诉我们，||| （承接）告诉我们具体分管这件事的经理，| （目的）以便我们另作安排，|| （承接）在规定时间内重新选好人。

例（21）进行削减，就需要将第三层紧缩掉，只保留第二层。然后削减第二层，只保留第一层。这样就可以还原为一重复句了，如：

(22) 1 如果你不去，|| （假设）2 请你尽快告诉我们，||| （承接）3 告诉我

们具体分管这件事的经理，|（目的）4 以便我们另作安排，||（承接）5 在规定时间内重新选好人。

(23) 1 如果你不去，||（假设）2 请你尽快告诉我们，|（目的）3 以便我们另作安排，||（承接）4 在规定时间内重新选好人。

(24) 1 如果你不去，||（假设）2 请你尽快告诉我们，|（目的）3 以便我们另作安排。

(25) 1 如果你不去，|（假设）2 我们就另作安排。

例（22）五个小句说了五件事：1“你不去”、2“告诉我们”、3“告诉分管经理”、4“我们另作安排”、5“我们在规定时间内选好人”，这是一个典型的四重复句。经过由例（22）到例（25）的层层削减，最后成为一重复句，即：

(26) 1 如果 A，|| 2 请 B，||| 3 告诉 B_1，| 4 以便我们 B_2，|| 5 B_3。

(27) 1 如果 A，|| 2 请 B，| 4 以便我们 D，|| 5 B_3。

(28) 1 如果 A，|| 2B，| 4 以便我们 B_2。

(29) 1 如果 A，| 4 我们 B。

层层削减是我们分析多重复句的最佳方法之一。

（三）分析多重复句应注意的问题

分析多重复句，必须注意两点：一是关联词语，二是分句间的关系。关联词语是复句内部关系的标志，分句数量与复句的层次有关但不绝对。

一般来讲，分句数目减一就是多重复句的层次数目。如三个分句可能有两个层次，四个分句可能有三个层次，如此类推。但这在并列、承接、解说关系中就不一定成立。如：

(30) 1 我喜欢这绚丽灿烂的秋色，||（并列）2 也喜欢这秋色的沉稳，|（因果）3 因为它表示着成熟和繁荣，||（并列）4 也意味着愉快和欢乐。

例（30）有四个分句，但只有两个层次。这是因为并列关系是在同一个层次上的，并列关系无论多少都在一个层次上。此外承接关系、解说关系也一样，如：

(31) 1 她先开了柜子上的锁，|（承接）2 拿出了衣服，|（承接）3 又开了首饰匣子上的锁，|（承接）4 取出了项链戴好。

例（31）四个分句说了四个意思，但每个意思的地位都是相同的，因此只有一个层次。

因此多重复句的层次主要是由分句间的关系决定的，而不是由分句多少决定的。当然分句数量太少时也不能构成多重复句，如：

(32) 1 虽然世界上有思想的人应先想到事情的结局，|||（承接）2 随后着手去做，||（转折）3 但是很多人是想得到做不到，|||（并列）4 也有一些人是做得到想不到，|（因果）5 所以既能想得到又能做得到的人是很优秀的。

例（32）有五个分句，三个层次，构成三重复句。

这表明多重复句的层次跟分句的数量没有必然联系，如：

(33) 1 他有三个哥哥，| （解说）2 一个在广州的大学当老师，|| （并列）3 一个在菲律宾开公司，|| （并列）4 一个在印尼办华校。

例（33）四个分句四个意思，但只有两个层次，这是因为解说后面的分句都是并列关系，只有一个层次。

此外，承接关系常用意合法而不用关联词语，如：

(34) 1 愿为事业献青春，|（承接）2 献了青春献终身，|（承接）3 献了终身献儿孙。

二、复句的紧缩

（一）一般的紧缩

紧缩句是由原有复句变化而来的。它往往是比较短的复句在口语中出现紧缩的形式。紧是指复句内的语音停顿被紧掉了，分句间的联系更紧密了；缩是指有些成分给缩掉了，形成了一些固定的格式，结果就产生了一种既不同于复句，又不同于单句的特殊的句子，通常称为紧缩句，如：

(35) 她无论有多么累，(条件) | 她都要去游泳。→她再累也要去游泳。

例（35）说了两件事“她很累”、“她还要游泳”。把这两件事压缩到一句话中也就成了“她再累也要去游泳”。

(36) 她唱歌唱得很多，(条件) | 她唱歌也就唱得好。→她的歌越唱越好了。

例（36）说了两件事“她唱歌唱得很多”、“她唱歌唱得好”。把这两件事压缩到一句话也就成了“她歌越唱越好”。

(37) 她即使不说，(假设) | 我也知道。→她不说我也知道。

例（37）也说了两件事“她不说”、“我也知道”。把这两件事压缩到一句话中也就成了“她不说我也知道”。这就是紧缩复句，紧掉了关联词语，缩掉了标点符号。

有时候同一个紧缩句式可以表达两种关系，如：

(38) 她如果一回到家里，(假设) | 她就一定会打开电视机。→她一回家就开电视。

(39) 她只要一回到家里，（条件） | 她就一定会打开电视机。→她一回家就开电视。

例（38）、例（39）都说了两件事“她回家”、“她开电视机”。把这两件事压缩到一句话中也就成了“她一回家就开电视”。但在例（38）中是假设关系“如果一回家就打开电视机”，例（39）是条件关系“只要一回家就打开电视机”。

（二）紧缩复句的特点

第一，紧缩句各个部分之间不是句子成分的关系，而是分句间的关系，也常常用关联词语来连接，构成了一些固定的格式。这些表达都紧缩成了固定的句式“再……

也……”、“越……越……”，这些句式也表达了一定的关系，如“再累也要游泳”、“她越唱越好”是条件关系。“不说也知道”是假设关系，可紧缩成为“不……也……”句式。这些都是由关联词语构成的固定格式。而“一进门就坐下”复杂一点，要看语境，既是假设关系，也可能是条件关系。至于到底是什么关系则要看语境。

第二，紧缩句中各个部分之间没有语音停顿，有些成分还有缩略。这些特点又使它与复句区别开来，如：

（40）她无论有多么累，她都要去游泳。——→她再累也要去游泳。

（41）她不说，我也知道。——→她不说我也知道。

两两相比，紧缩前的复句表达要复杂一些，显得不怎么简洁。而紧缩后的表达形式“再……也……”、“不……也……”明显要简洁得多。

在表达上，人们都喜欢用简单、省力的形式来取代不简单、不省力的形式。因此在一般情况下，简单省力的紧缩复句就取代了不简单、不省力的一般表达形式。

这就是紧缩复句使用越来越多的原因之一。在紧缩复句使用的同时，一大批长期固定搭配的形式因为使用频率高，配合紧密，最终成了固定的紧缩构式，用来简洁明快地表达通常需要用复句关联词语才能表达的意思，如：

（42）他不笑不说。（＝如果小王不笑就不说）

（43）小王非去北京不可。（＝小王不去北京不行）

（44）你再劝也没有用。（＝即使你劝也没有用）

（45）你不说我也知道。（＝即使你不说我也知道）

（46）你一来她就走了。（＝只要你来她就走/如果你来她就走）

（47）她越说越激动。（＝她越说得多越激动/如果她越说她就越激动）

构成紧缩句的关联词语如表 7－10：

表 7－10　构成紧缩句的关联词语

格式		关系
1	不……不……	假设：不来不说（＝如果不来，就不说） 非来不可（＝如果不来，就不可以） 不来也知道（＝即使不来，也知道） 再来也不行（＝即使再来，也不行）
2	非……不……	
3	不……也……	
4	再……也……	
5	一……就……	顺承：一来就说（＝来了说） 条件：一来就说（＝只要来，就要说） 假设：一来就说（＝如果来，就要说）
6	越……越……	条件：越说越高兴（如果说就激动） 假设：越说越激动（只要说就激动）

因此紧缩复句就成为复句中的一个比较特殊的类别。

思考与练习

1. 一般复句、多重复句与紧缩复句是什么关系？

2. 多重复句表达的意义比较复杂，根据多重复句的组合规则进行分析判断，按要求回答。

（1）三重复句有（　），这个复句的第一层次是（　）。

A. 我爱热闹，也爱冷静；爱群居，也爱独处。

B. 虽然不知道他要来，也没有去接他，所以他有点儿不高兴，但是我不讨厌他。

C. 山不太高，水不太深，白天阳光明媚，晚上星星闪亮。

D. 这一周在广州，下一周在上海，再下一周在北京，最后一周在成都，这就是我们的行程安排。

E. 并列

F. 转折

G. 解说

（2）二重复句有（　），这个复句的第一层次是（　）。

A. 居住在这些城堡中的有工人和农民；但这些工人和农民是依靠军队生活的。

B. 居住在这些城堡中的主要是军队，也有工人和农民；但这些工人和农民是依靠军队生活的。

C. 虽然司机下了车，但乘客没有下车，所以车上有很多不满的嘘声，但我没有理睬。

D. 虽然司机下了车，乘客也跟着下去了，所以车上空空的，但我仍然在睡觉没有下车。

E. 转折

F. 因果

G. 并列

（3）四重复句有（　），这个复句的第二层次是（　）。

A. 1 因为生命很重要，2 而且身体健康更重要，3 因此人人都在追求好的生活，4 又因为工作满意成为衡量美好生活的标准，5 所以家庭幸福成为身体、生活、工作之后最重要的衡量幸福的指标。

B. 1 有人认为人对生活的要求有三种不同层次：2 一是生存，3 二是享受，4 三是发展，5 因此首先要提高生存质量，6 其次要提高享受的级别，7 最后要有发展空间。

C. 1 天安门广场是世界上最大的广场，2 她一直是各种活动的重要场所，3 特别是每到节假日这一广场往往是人们聚会的中心，4 所以天安门广场在中国有着特殊的地位：5 成为反映中国社会的一个重要窗口。

D. 1 没有人类存在，2 就没有石油的开采；3 没有石油的开采，4 就没有汽油柴油的提炼；5 没有汽油柴油的提炼，6 就没有二氧化碳的大量排放；7 没有二氧化碳的大量排放，8 就不会有地球的温室效应。

E. 假设

F. 并列

G. 承接

（4）一重复句是（　），这个复句的第一层次是（　）。

A. 我来广州暨南大学华文学院学习华语，我认识了很多同学，我吃到了很多广东菜，我看了很多广州的风景。

B. 如果我不来广州暨南大学华文学院学习华语，我就不会认识你，也不会跟你到香港去旅游。

C. 如果我不来广州学习华语，我就不会明白暨南大学华文学院原来是在广州东站，而不在暨南大学本部。

D. 只要我来广州暨南大学华文学院学习华语，我就会认识你，我就会在这个班当班长，我还会参加 HSK 考试。

E. 并列

F. 假设

G. 条件

（5）有假设关系的紧缩复句是（　），关联词语的作用（　）。

A. 他越说越高兴。

B. 我越看越失望。

C. 他一来就批评我们。

D. 他不看不知道。

E. 不重要

F. 比较重要

G. 很重要

3. **紧缩复句就是由一般的复句紧掉了关联词语，缩掉了标点符号构成的。根据紧缩复句的组合规则进行分析判断，按要求回答。**

（1）“只要他来，就一定会同意。”的紧缩复句是（　）。

A. 他越来越同意。　　B. 他不来不同意。

C. 他一来就同意。　　D. 他一说就同意。

（2）“如果他不来，事情就办不成。”的紧缩复句是（　）。

A. 他不来事不成。　　B. 他不来就不成。

C. 他不来事就办不成。　　D. 他一来就办成。

（3）“只要你同意，我马上去买票。”的紧缩复句是（ ）。

A. 你一同意我也同意。 B. 你一同意就买票。

C. 他不同意不买票。 D. 你越同意越买票。

（4）“即使你不来，我也知道。”的紧缩复句是（ ）。

A. 你越不来我越知道。 B. 你越来我越知道。

C. 你一来我就知道。 D. 你不来我也知道。

（5）“你如果不来，就不行。”的紧缩复句是（ ）。

A. 你越不来就越不行。 B. 你非来不可。

C. 你一来就行。 D. 你一来就不行。

4. **复句是由分句构成的，分句与分句之间有逻辑与语义关系，这些关系就是复句的类型。根据相关知识进行分析判断，按要求标出下面复句的层次和分句间的关系。**

（1）我喜欢这绚丽灿烂的秋色，因为它表示着成熟和繁荣，也意味着愉快和欢乐。

（2）她的医术好，和农民的关系好，所以张宏每次见到她也都礼貌地招呼一番。

（3）我们不但要看到近期的需要，而且必须预见到远期的需要；不但要依据生产建设发展的要求，而且必须充分估计到现代科学技术的发展趋势。

（4）孩子是要别人教的，毛病是要别人医的，即使自己是教员或医生。

（5）她像坐在一片洁白的雪地上，也像坐在一片洁白的云彩上；我看见她这个美丽的样子很高兴，接着便微笑地跟她打招呼。

5. **分句间的关系是由关联词语体现的，所以关联词语也是复句的类型标记。但有时候分句的意思与关联词语并不一致，这就是关联词语错误。根据相关知识分析判断，按要求指出哪些下画线的词是用错的，并找出合适的词替换。**

（1）那些不了解他的人，要么对他产生误解，<u>所以</u>被他的才华所震惊。（ ）

A. 要么 B. 因为 C. 并且 D. 只要

（2）因为不怕有多远的路，只要努力都能走得到，所以人们不仅不厌烦她，<u>并且</u>热情欢迎她。（ ）

A. 所以 B. 因为 C. 反而 D. 只要

（3）由于受到视野和视敏度的限制，在高空飞行的飞行员，单凭肉眼很难发现和识别地面目标，<u>然而</u>需要高倍望远镜。（ ）

A. 所以 B. 因为 C. 反而 D. 也

（4）一个公司即使很大，也应该保持谦逊谨慎的作风；也应该满足消费者的需要，<u>但是</u>应该跟供货商保持良好的关系。（ ）

A. 所以 B. 因为 C. 反而 D. 也

（5）一个人只要努力，就能够发挥自己的能力，只要能够发挥自己的能力，<u>才</u>会做出一些对社会有益的事，有了这些就可以说没有虚度人生。（ ）

A. 只要 B. 也 C. 就 D. 反而

第五节 句 群

一、句群

句群是20世纪80年代才在华语母语教学语法中明确提出来的。句群，又叫句组或语段，是几个在意义和结构上有密切联系的各自独立的句子组成的言语交际单位，即由前后连贯共同表示一个中心意思的几个句子组成。

（一）一般句群

句群一般由两个或两个以上独立的句子组成。句群的结构跟复句与多重复句的结构相似，复句有并列、承接、递进、选择、转折、因果、假设、条件、目的、解说十类关系，句群也基本上有这十类，只是出现频率不是那么均衡，如：

（1）一切都像刚睡醒的样子，欣欣然张开了眼。山朗润起来了，水涨起来了，太阳的脸红起来了。

（2）春天像刚落地的娃娃，从头到脚都是新的，它生长着。春天像小姑娘，花枝招展的，笑着走着。春天像健壮的青年，有铁一般的胳膊和腰脚，领着我们向前去。

例（1）是由两个句子构成的句群。第一句“一切”说的是总体感受。第二句“山、水、太阳”是具体描述。这个句群是承接句群，表达春天来临在大自然中的感受。例（2）是由三个句子构成的句群。第一句“春天像娃娃”比喻春天的生命力。第二句“像小姑娘”比喻春天的美丽。第三句“像青年”比喻春天的力量。这个句群是并列句群，从三个方面比喻春天给人的感受：有生命力，美丽，充满力量。

（二）句群的组成

组成句群的句子之间具有语法、语义、逻辑等方面的属性。这就是句群能“表达一个明晰的中心意思”，有的句群还有中心句，其余句子围绕中心句来论证、叙述、描写、说明。

根据句子在句群内的地位和作用，可以把句群内的句子分为总领句、延伸句、归纳句、游离句和过渡句五种。

第一，总领句。

总领句多出现于句群开头。它是概括句群的中心意思或规定句群内容所及范围的句子。总领句或是一个判断，或是一个设问。它是全句群话题的统摄、总领或启迪。

（3）1. 我介绍一下我的家。2. 我家里有四口人，爸爸、妈妈、哥哥和我。3. 爸爸在雅加达开了一家建筑公司，妈妈在万隆办了一所华文学校。4. 其他人都在帮爸爸和妈妈做事情。

例（3）1“我介绍一下我的家”就是总领句；2 总情况；3 爸爸和妈妈；4 其他人。

从结构上讲，这是一个解说句群，是在介绍“我”的家庭情况。

（4）1. 下面，我想谈一下我的打算。2. 第一打算是学好华语，争取过 HSK 新五级。3. 第二打算是找个工作，如果能在广州找到每月 10 000 元人民币薪水的工作就不回国了，如果找不到就回国。4. 力争我的打算能在三年内实现。

例（4）1“下面，我想谈一下我的打算”是总领句，引出要介绍的对象“打算”；2 第一打算；3 第二打算；4 实现打算。

从结构上讲，这是一个解说句群，是在介绍“我”的打算。

第二，延伸句。

延伸句是句群语义中心阐发、引申、繁衍产生出的句子。它是构成句群的主体。

（5）1. 到中国留学要做的事情。2. 首先，联系中国大使馆或领事馆或招生点，咨询。3. 其次，联系你所选择的大学。4. 再次，联系上招生办的老师。5. 最后，办理相关手续前往中国。6. 以上是申请到中国留学的途径之一。

例（5）1“到中国留学要做的事情”是总领句。2、3、4、5 是延伸句：2 首先做第一件事；3 其次做第二件事；4 再次做第三件事；5 最后办入学手续。6 结尾句。

从结构上看，这是一个解说句群。它在介绍办事流程。

（6）1. 谈谈我印象最深的老师。2. 从小学到大学，还没有对哪位老师有深刻的印象，但在广州对一位老师印象很深。3. 因为由中班转到快班，就遇到这位老师。4. 一次在这个班上课，因为我害怕跟不上快班，所以心情紧张。5. 老师三十来岁，穿着一条粉红色的裙子，个子不太高，在鼻梁上戴着一副眼镜。6. 见我进来，她抬起头看着我跟我开玩笑：“噢，我们班来了一位帅哥了，你是不是许进荣？”7. 这就是我对她的第一印象。

例（6）1“谈谈我印象最深的老师”是总领句。2 到 6 都是延伸句，7 是总括句。

从结构上看，这是一个解说句群。它在描述“我”印象最深的中国老师。

第三，归纳句。

句群的最后一句往往是归纳句。它是出现于句群结尾处，对句群中心进行概括、归纳或引申的句子。它可以是判断性的陈述句，也可以是包含句群中心的或者是意义扩展的反问句。如：

（7）1. 新年的钟声就要响起，回顾过去的一年我们心潮起伏，感慨万千。2. 过去的一年，我们有各种困难：缺少资金、缺少人员、经济危机。3. 过去的一年，我们公司有过挫折，有过失败，有过不幸，有很大压力。4. 过去的一年，也是我们公司战胜危机，求生存，顽强拼搏的一年。5. 在春节前夕回顾过去的一年，我们在全体员工共同奋斗，大力拼搏，尽一切努力之下，最终战胜了困难，走出了危机获得了成功！6. 在此我对大家表示感谢！

例（7）1“心潮起伏，感慨万千”是总领句。2、3、4都由“过去的一年”开头，是延伸句：2概括全球经济形势；3总提公司的遭遇；4指出公司的奋斗；5是总括句。6是感谢。

从结构上看，这是解说句群，是年终的回顾总结。

（8）1. 我来介绍一下曾英俊，1990年生，华人，很帅，我的同乡。2. 我很喜欢他，他是学华文毕业的，有中国的教师证，条件挺不错的。3. 我承诺帮他找一个中国女友，可是我认识的人不多，这事一直没有办成。4. 今天在网上看到这么多条件好的女生。5. 我希望他过得好，想替他介绍一个善良、有孝心、漂亮、专情不花心的，最好是能说闽南话的中国女生谈恋爱。

例（8）1是总领句；2、3、4是延伸句，具体介绍经过。5是归纳句“我希望他过得好，想替他介绍一个……中国女生谈恋爱”。

从结构上看，这个句群是承接关系句群。它在陈述事件。

第四，游离句。

游离句是句群中相对独立于句群语义中心之外，但又与句群有一定联系的句子。它往往是为表达的某种需要，临时将句群的语脉切断，插入与句群内某处某一意义有关的补充、说明、注释、追述的语句。这种游离于句群中心之外而又与句群有这样那样联系的句子叫游离句，如：

（9）1. 我的中学同学陈珍妮，女，1991年生，华人，家在印尼的万隆。2. 她是印尼大学经济专业毕业，现在中国学华语，目前HSK新四级水平。3. 放心，她本人绝对不差，上中学时那可是班花啊！4. 她害羞说话轻，有气质。5. 可能是她专业的原因，也可能是她从小就胆小害羞，不多跟人接触的原因，至今没有男朋友。6. 她想找一个在中国广州的，有上进心、有事业、孝敬父母、为人正派、忠于感情的男生为结婚对象。7. 我感觉可以的话会把她的msn、qq或电话告诉你的。非诚勿扰啊！

例（9）1是总领句。2是延伸句。3“放心，她本人绝对不差，上中学时那可是班花啊”就是游离句，是在陈述陈珍妮专业、华语水平、性格特点等时突然对相貌的评价，这是游离于整个叙述的。4、5、6是中心句，7是补充。

从结构上讲，这是一个解说句群，是在介绍说明“我”的同学。

（10）1. 我最喜欢吃“优之良品”牌的板栗了。2. 经常托一个朋友从香港给我带，一包20元，100元5包。3. 最近另外一位朋友也去香港，我又请这位朋友帮我带。4. 不料这位朋友100元带了10包回来，规格跟20元的一样。5. 我很奇怪，怎么会是这样，难道不同商店有不同的价格？6. 一问才知道，原来价钱是20元一包不错，但人家是买一送一，之前的那个朋友100元5包，把送的5包扣下了。7. 我认识到我被我认为是朋友的人骗了，我也不想进一步追究了，就权当是认清一个人真面目的代价好了。

例（10）1是总领句。2、3、4、6是延伸句，具体说明事情的来龙去脉。5是游离句，陈述自己的疑惑。7 是归纳句。

从结构上看，这个句群是因果关系，在陈述事件。

第五，过渡句。

一个意义表达完了以后，要进行意义转换，一般是从一个句群进入下一个句群时就需要过渡，起过渡作用的句子就叫过渡句。它可能出现在句群的结尾，也可能出现在开头，总之，有承上启下的作用，用以沟通句群与句群之间的语义联系，如：

（11）1. 我的学校在菲律宾的密三密斯市（Ozamis），这座城市在菲律宾南部，是一个有近三十万人的美丽宁静的城市。2. 我们的光华中学（MUHS）就坐落在这座城市的东北部。3. 这所学校已经有 75 周年历史了，在这里培养出了很多人才，有的还是比较知名的人才，如林启贤、钟介石、吕云云等。4. 下面我就来详细介绍一下这所具有 75 周年光荣历史的学校。

例（11）1、2、3 句总体介绍了密三密斯市、光华中学的情况后转入具体说明的句子。4“下面我就来详细介绍一下这所具有 75 周年光荣历史的学校”就是过渡句，起着承上启下的作用。

从结构上讲，这个句群是承接关系，用于介绍说明事物。

（12）1. 这回暑假到汕头看小阿公，就是爷爷最小的弟弟，路过潮州，因妈妈的一个亲戚在那里，我们住了三天。2. 每天都很忙，看很多不认识但又有亲戚关系的人，每天都这样。3. 潮州真的很不错，特别是菜很好吃，比广州的潮州菜好吃。4. 这可能都是这样，哪个地方的菜在哪个地方就要地道一些。5. 因为主要是去看小阿公就只待了三天，下面就说在汕头小阿公家看到的事情和听到的故事。

例（12）5 就是过渡句，是由介绍潮州到介绍汕头的过渡。1 是交代原因，2 是说经过，3 说潮州菜，4 比较广州与潮州的菜。

从结构上讲，这是解说关系。其作用是描述回乡探亲的插曲。

总之，句群中的总领句、归纳句分别出现在句首、句尾。当然如果有过渡句，句首和句尾的位置就由过渡句占据，有时候二者同时出现在句群里，但未必每一句群必有总领句和归纳句。延伸句则每一句群必有，而且多在两句以上。游离句和过渡句出现的频率不高。

（三）句群的分析

句群跟多重复句一样也有一个结构层次。分析的步骤和方法跟分析多重复句基本相同，如：

（13）1. 我介绍一下我的家。|（解说）2. 我家里有六口人，爸爸、妈妈、哥哥、姐姐、弟弟和我。||（解说）3. 爸爸在万隆和雅加达分别开了一家建筑公司，妈妈在万隆办了一所华文学校和两个华文补习班。|||（并列）4. 哥哥从美国留学回来以后，在万隆开了一家超市和一家餐馆。|||（并列）5. 姐姐结婚后跟姐夫一起在泗水做一个中国品牌的冰箱代理。|||（并列）6. 弟弟今年 20 岁，去年考上南

洋理工大学，在新加坡学习。||| （并列）7. 我在暨南大学华文学院读硕士研究生。

例（13）1“我介绍一下我的家”就是总领句，2 介绍总的情况：3 爸爸和妈妈、4 哥哥、5 姐姐、6 弟弟、7 我自己。

这是一个典型的解说句群，分别解说家里人的情况。可进行简化分析，如：

（14）介绍家 A | B 六口人 || C12 爸妈 ||| C3 哥 ||| C4 姐 ||| C5 弟 ||| C6 我。

（15）介绍家 A | B 六口人 || C123456。

（16）介绍家 A | B 六口人。

比较复杂一点的句群是在解说关系、承接关系中还插入其他关系的句群，如：

（17）1. 谈谈我印象最深的老师。|（解说）2. 从小学到大学，在我心中好像还没有哪位老师给我留下深刻的印象，但到广州学习华文，有一位老师给我留下了深刻的印象。|||（承接）3. 虽然我是第一次来中国，也能听和说一点儿华语，但我还是希望我能快点儿学好华语，所以我要求进入快班学习。||||（因果）4. 两个星期后我就换到了快班，但第一次上课时，我心里还是有点害怕：怕我赶不上这个班的进度；怕回答问题时闹笑话；怕作业太难。||||（因果）5. 所以第一次上这个班的课时，我就提前几分钟到了教室，但一进教室我就看见老师在讲台上给几位学生讲解昨天讲过的课文。|||||（承接）6. 老师三十来岁，穿着一条粉红色的裙子，个子不太高，在鼻梁上戴着一副眼镜。|||||（承接）7. 我一进来，她抬起头来看着我还跟我开玩笑说：“噢，我们班来了一位帅哥了，你是不是许进荣？”||（因果）8. 我一下子感觉到，这样的老师是能真正教好我的老师。

例（17）1“谈谈我印象最深的老师”是总领句。后面从 2 到 7 都是延伸句：2 陈述印象最深的老师来自哪里；3 说明遇到这位老师的原因；4 陈述自己刚到新班时的一些担心；5 是第一眼见到老师时的情景；6 是老师的外貌；7 是老师对我说的话。8 是我的感觉。

从结构上看，这个句群第一层是解说关系；第二层是因果关系；第三层是承接关系；第四层是因果关系；第五层是承接关系。从总体看，这个句群是解说句群，陈述自己在中国遇到的印象最深的老师，可进行简化分析，如：

（18）老师 A | 有一位 B ||| 进快班 C |||| 怕 D |||| 看到老师 E ||||| 外貌 F ||||| 行为 G || 我的感觉 H。

（19）老师 A | 有一位 B ||| 进快班 C |||| 怕 D || 我的感觉 H。

（20）老师 A | 有一位 B ||| 进快班 C || 我的感觉 H。

（21）老师 A | 有一位 B || 我的感觉 H。

（22）老师 A | 有一位 B。

二、学习句群的意义

（一）形式与意义结合

人们以前讲语法只管到句子，有很多大于句子的成分是不管的。现在把语法的范围扩大到句子以外的句群上，是把语法控制的范围加大了。

这种加大是针对华文语法教学的实际作出的，即教学语法既要“管用、精要、好懂”，又要弥补句子和篇章之间的空白。过去语法只管到句子，篇章只管谋篇布局、审题立意，这样华文教学与华语的学习和理解教学就有脱钩的地方。现在增加句群这一语法单位，就是在把语法与意义结合起来，补充了篇章与句子之间的空当，如《匆匆》：

燕子去了，有再来的时候；杨柳枯了，有再青的时候；桃花谢了，有再开的时候。但是，聪明的，你告诉我，我们的日子为什么一去不复返呢？——是有人偷了他们罢：那是谁？又藏在何处呢？是他们自己逃走了罢：现在又到了哪里呢？(87 字)

我不知道他们给了我多少日子；但我的手确乎是渐渐空虚了。在默默里算着，八千多日子已经从我手中溜去；像针尖上一滴水滴在大海里，我的日子滴在时间的流里，没有声音，也没有影子。我不禁汗涔涔而泪潸潸了。(87 字)

去的尽管去了，来的尽管来着；去来的中间，又怎样地匆匆呢？早上我起来的时候，小屋里射进两三方斜斜的太阳。太阳他有脚啊，轻轻悄悄地挪移了；我也茫茫然跟着旋转。于是，洗手的时候，日子从水盆里过去；吃饭的时候，日子从饭碗里过去；默默时，便从凝然的双眼前过去。我觉察她去的匆匆了，伸出手遮挽时，她又从遮挽着的手边过去，天黑时，我躺在床上，她便伶伶俐俐地从我身上跨过，从我脚边飞去了。等我睁开眼和太阳再见，这算又溜走了一日。我掩着面叹息。但是新来的日子的影儿又开始在叹息里闪过了。(207 字)

在逃去如飞的日子里，在千门万户的世界里的我能做些什么呢？只有徘徊罢了，只有匆匆罢了；在八千多日的匆匆里，除徘徊外，又剩些什么呢？过去的日子如轻烟，被微风吹散了，如薄雾，被初阳蒸融了；我留着些什么痕迹呢？我何曾留着像游丝样的痕迹呢？我赤裸裸来到这世界，转眼间也将赤裸裸的回去罢？但不能平的，为什么偏要白白走这一遭啊？(140 字)

你聪明的，告诉我，我们的日子为什么一去不复返呢？(21 字)

共 542 字，5 个自然段，23 句。最短的句子 6 个字“我掩着面叹息。”最长的句子有 54 字“我觉察她去的匆匆了，伸出手遮挽时，她又从遮挽着的手边过去，天黑时，我躺在床上，她便伶伶俐俐地从我身上跨过，从我脚边飞去了。”

如果运用句群的概念，就能按意义标准。通过句群来把握作者的构思和进行阅读，比传统的讲作者介绍、写作背景、划分段落、总结大意、归纳中心思想要容易理解和接受一些。不仅如此，这比只作语素、词、短语、句子等一些语法单位的统计而不联系意义分析要好。这也不同于传统的语言教学方法，注重语法与篇章的结合。

（二）句群与逻辑思维能力

在一般情况下，逻辑和语言是一表一里的关系，是形式与内容的关系。逻辑思维能力强，语言表达能力也强，反之则差。在教学中常常碰到这种情况：一句一句地说话是很清楚的，用词造句也是合格的，但是在把两个或是两个以上的句子组合成句群的时候，就容易犯这样或是那样的错误。这在学生身上表现为说起话来词不达意，语无伦次，漏洞百出。更有甚者，有的学生朗读课文也是支离破碎，使得原文意义严重失真。

这在老师身上表现为说的话条理性很强，每句话本身也不难懂，可是有的学生竟听不出重点，听不出条理，弄不懂前言和后语之间的关系。

追究起来，这是把视觉或听觉感知到的信息转化为语言的能力差。这无疑是缺乏句群训练，缺少逻辑思维训练的结果，也就是思维能力弱导致语言能力差。

如果在教学中重视了句群教学，在进行逻辑思维能力培养的同时，联系实际地指导学生进行听说读写训练，学生的听说读写水平便会得到相应的提高。

所谓思维能力即掌握运用思维形式和思维规律的能力。思维形式、思维规律是抽象的。在教学中，它必定要通过具体的语言材料表现出来。句群内便集中表现出各种思维形式和思维规律来。

现在的对外汉语教学教材都注意培养学生的逻辑思维能力。这实际上就是练习说完整的句群，几个句群再联结起来就是一篇口头作文了。

学生有了这样的训练，思维和逻辑能力都会增强。特别是在书面语的运用中，学生就能在学习语言和语文的同时，更好、更准确地使用语言，表达思想。

（三）全面训练提高能力

句群是语言链上的一个个大于句子的相对独立的环节，从意义上讲它有一个意义中心；从结构上说，它的各句之间有着语法结构和语气上的联系；从逻辑上说，它反映了一个相对完整的思维过程。

1. 强化短时记忆训练

注意把逻辑思维活动由一个句子延伸到多个句群。因为着眼于句群，语言单位的长度和复杂性就大大增加，这会把学生的短时记忆接通为超短时记忆，记忆的容量也就增加了。这就要注意思维训练特别是短时记忆的延长。

2. 把知识转化为能力

要学会判断、鉴别句群。这种判断也是对综合能力的检验，在这个过程中要求学生的大脑协调各种机能和运用所储存的知识来进行比较、类推、归纳和分析。这也是各种逻辑手段综合运用的过程，这个过程越长，难度就越大，受到的训练也就越多。

3. 便于听说读写的分项训练

要自觉地通过多种形式的训练，如运用扩句、连句、顶针、对偶、排比、层递等手段展开丰富的联想，把句群知识转化为能力。

4. 便于提高阅读能力

要提高辨别能力。明白怎样用，如何用，怎样是用得好，怎样是用得不好，避免出现错误。

思考与练习

1. 什么是句群？学好句群与提高华文水平有何关系？

2. 句群由句子构成，进行句群训练尤其能发现语篇阅读理解中的薄弱环节，特别是对纠正作文中常常出现的“句句都对，合句成篇却不对”的现象有帮助。根据句群知识进行训练，用下列题目写三到五个句子组成一个句群。

（1）进大学了，请你自选或自拟一则座右铭，并在班上相互交流。

（2）说说你看到的有意思的广告、标语、海报等。

（3）介绍自己：一是向新班主任介绍自己；二是向新同学介绍自己。

（4）你会用华语给朋友打电话吗？请模拟一下。

（5）向新朋友说一说你的学校或补习班的情况，并介绍一下你学习华语的情况。

3. 句群的训练要结合日常生活，根据要求用四到七个句子写出一个能用于日常生活的句群。

（1）自己生病了，怎样用华语向医生说明病情？写出要说的话。

（2）星期天，你去找朋友，很不巧他不在，给你的朋友写一张便条，交给他的邻居。

（3）同学或亲友生病住院，你去探望该说些什么呢？请写下来。

（4）你认为班上还有哪些事需要专人负责，你最适宜负责什么事？写下来交给老师和班委会。

（5）在新学校或新的班集体，你又结识了许多新朋友，以“我的一位新朋友”为题作演讲，写出演讲提纲。

4. 根据句群知识，用下面的题目，写一个由五到七个句子组成的句群。

（1）介绍一本你看过的关于中国的书。

（2）如果你用华文写日记，请告诉大家，你在日记中写了些什么？

（3）介绍一下你学过的，印象最深的一篇华文课文，说说为什么印象最深。

（4）读书得学会做读书卡片。你将如何制作读书卡片？

（5）你会做课堂笔记吗？请整理一堂精读课的课堂笔记，并告诉大家。

5. 按题目要求，用三到十个句子组成一个句群，要求能够在实际生活中用来祝福或问候。

（1）圣诞节来临，写一些祝福同学和朋友的话。

（2）春节来临，写一些祝福家人和亲戚的话。

（3）国庆节来临，写一些纪念建国英雄的话。

（4）教师节来临，写一些问候老师的话。

（5）爸爸妈妈生日来临，写一些祝福爸爸妈妈的话。

6. 根据句群知识和将复杂句群简化的步骤与方法，分析下列句群。

（1）①新年的钟声就要响起，回顾过去的一年我们心潮起伏，感慨万千。|（解说）②过去的一年，面对全球的金融风暴，美元大幅度贬值，各行各业都受到了极大的影响，有很多新公司、小公司纷纷倒闭，老板逃跑，员工受损。||||（并列）③过去的一年，我们公司有过挫折，有过失败，有过不幸，承受着前所未有的压力。||||（并列）④过去的一年，是我们公司战胜危机、求生存，顽强拼搏的一年。|||（因果）⑤在春节前夕回顾过去一年的风风雨雨，公司在全体员工同舟共济，大力拼搏，尽一切努力的情况之下，最终战胜了困难，走出危机获得了成功！||（因果）⑥在此，我对大家表示感谢！

（2）①我最喜欢吃“优之良品”板栗了。②我经常托一个朋友从香港给我带，一包20元，100元5包。③最近另外一位朋友也去香港，我又请这位朋友帮我带优之良品板栗回来。④不料这位朋友100元带了10包回来，规格跟20元的一样，我很奇怪怎么会便宜那么多，朋友说没有啊，香港一直都是20元一包，不过一般都是买一送一，摊分下来就是10元一包而不是我以前认为的直接卖20元。⑤之前我托的那个朋友100元5包，原来是把送的5包扣下了。⑥虽然钱不多，但是我真的没有想到会被我认为是朋友的人骗了，我也不想进一步追究了，就权当是认清一个人真面目的代价好了。

（3）①我来介绍一下：曾英俊，男，1989年生，华裔，很帅，我的同乡。②我很喜欢他，我也是男生，我们曾是同学，也是朋友，他是学华语毕业的，刚刚领到了HSK八级证书，还有菲律宾的教师证，同时还与朋友在宿务（CEBU）合办了一个贸易公司，条件挺不错的。③我承诺帮他找一个中国的女友，可是我的圈子窄，认识的人不多，这事一直没有办成，惭愧啊惭愧！④难得今天在网上看到晒工作的帖子，原来网上条件好的女生也不少嘛，我能选几个合适的对象让他自己选择。⑤我希望他过得好，所以想替他介绍一个善良、有孝心、漂亮、专情不花心的，最好是能懂闽南话的中国女生。

第八章　语气和口气

第一节　语气和口气

一、语气

语气是按句子的用途来分的：说事情是陈述；提问题是疑问；叫人做事是祈使；发感叹是抒发强烈的情感。

语气最终表现为句子的作用，通过语气体现出来的作用，也就是句子的语气类别，即陈述句、疑问句、祈使句和感叹句，如：

（1）他是我们学校的保安。（陈述语气）
　　她是谁？（疑问语气）
　　请进。（祈使语气）
　　太好了！（感叹语气）

语气的表达可以用不同的手段。首先是语调，这是每句话都必须具有的，在书面语中用句末点号表示。其次是语气词，某些词语和结构格式也常常用来表示语气。这些手段在具体运用时常常互相配合来表达思想感情的细微变化，如：

（2）她是老师吧？

这里用了疑问语气表示疑问，但是后面用了语气词“吧”，又有了一定的猜测义，表义更加丰富。

二、语气与强调

为了突出句子中所表达的某部分内容，在口语里往往用重音或语音停顿来表示。在书面语里，经常是在需要强调的前面加副词“是”（重读）来表示，例如：

副词“是”经常和语气词“的”组成“是……的”的格式表示强调，如：

（3）她这样做是有道理的。

是谁告诉她的？
这件外套是纯毛的。
书是从书城买来的。
学校是会表扬你们的。
同学们学习华语的热情是很高的。

有“是……的”的句子，不一定都是表示强调，要把表示强调的句子和述宾短语充当谓语的句子（“是”是述语、“……的”是的字短语作宾语）区分开来。

这里的“是……的”都是表强调的。只是有的“是……的”中间是名词，有的是动词、形容词，有的是动词、形容词词组。

三、口气

“口气”在现代汉语中有三个含义：一是指说话的气势，如“他的口气真不小”。二是指言外之意，即口气中透露出别的信息，如“听他的口气，好像对这项任务满有把握”。三是指说话时流露出来的感情色彩，如“严肃的口气”、“诙谐的口气”、“埋怨的口气”。

“口气”除一般指说话的气势、言外之意、感情色彩等，在语法上则多专指肯定与否定，一般与强调。这些与陈述、疑问、祈使、感叹等结合起来形成了汉语丰富的口气。但用得最多的则是陈述句中的肯定和否定口气、一般和强调口气。因为除陈述句之外，其他语气的句子也有肯定或否定的说法，不过和陈述句略有不同，如：

（4）你们给我听着！这事儿绝对没问题！

（5）要是办不成这事儿，那这几十年白混了。

（6）办这事儿又不是新媳妇上轿头一回。

例（4）口气很大，不容置疑。例（5）口气中流露出一定能成的把握。例（6）口气风趣幽默。

四、肯定和否定

肯定指对事物持确认的或赞成的态度，与“否定”相对，具体来说有以下几类：

第一，承认事物的存在或事物的真实性，如“地球绕着太阳转”。

第二，表示承认的、正面的，如“我已经答应他们了”。

第三，一定，毫无疑问。如“他肯定要去”。

第四，确定，明确，如“他来中国后华语水平提高了”。

否定指不承认事实的成立、存在或真实性，与“肯定”相对，如“地球不是绕着月亮转”、“我没有答应他们”、“他肯定不去”、“他来中国后华语水平没有提高”。

肯定和否定一般是就陈述句说的。除陈述句之外，其他语气的句子也有肯定或否定的说法，不过和陈述句略有不同。

陈述句的肯定形式一般都可以变为否定形式，通常用否定词"不"、"没（没有）"来表示。

"不"和"没（没有）"。"不"是副词，用在动词或形容词前边对动作、意愿、事物的性状加以否定，例如"他不去"是对"他去"的否定。

"没有"作为动词，用在体词性成分前边，是"不存在"或"不具有"的意思，如"教室里没有学生"。"没"作为副词，用在谓词性成分前边是否定行为动作或事情的发生，如"他没去"是对"他去了"的否定。

"不"和"没"都能修饰行为动作动词，但有区别。"不"否定某种意愿，"没"只是客观地否定事实，如：

（7）我这次不参加外语考试。

　　我这次没参加外语考试。

否定常常用"一点不、毫不、丝毫不、决不"等表示强调，用"不大、不太、不怎么"等表示减弱口气，如：

（8）a. 她一定会锻炼身体。

　　b. 她会锻炼身体。

　　c. 她可能会锻炼身体。

　　d. 她不大会锻炼身体。

　　e. 她不会锻炼身体。

　　f. 她不锻炼身体。

　　g. 她决不锻炼身体。

句子从肯定逐渐过渡到否定：a > b > c > d > e > f > g。

表示肯定的意思有时还可以用双重否定的形式，如：

（9）大家没有不来的。（都来）

（10）她不得不说出这样绝情的话。（必须）

一般来讲，用双重否定的形式来表达肯定，要比直接肯定的口气更坚决、更着重、更强调。但"不能不"、"不可不"、"不会不"有些不同，它们不表示强调，而是表示委婉。

值得注意的是，双重否定并非完全等于单纯肯定的意思，例如"不能不说话"是"应该说话"，"不可不去"是"必须去"的意思。

陈述句所表达的肯定和否定，往往由于增添了某些词语，在口气上也有程度的差别。比如疑问句也有肯定形式和否定形式，但没有对事物加以肯定或否定，如"他上大学了吗？""他没上大学吗？"两句都是是非问，都要求作肯定或否定的回答。

祈使句也有肯定和否定两种形式。

感叹句表达强烈的感情。如果是由名词和叹词构成的非主谓句，感叹句就无所谓肯定和否定的区别，如“火!”“上帝呀!”如果是形容词性非主谓句的感叹句，多数是肯定形式，如“太棒了!”

思考与练习

1. 什么是肯定与否定？肯定和否定之间存在什么关系？

2. 语气在华语中很重要，语气可以由语气词来表达，不同的语气词所表达的语气不同。根据所学知识分析判断，按要求指出句末语气词的作用。

（1）她不走的。（ ）

A. 否定 B. 确定 C. 明确 D. 特别强调

（2）她要走了。（ ）

A. 否定 B. 肯定 C. 强调 D. 特别强调

（3）她是走了。（ ）

A. 否定 B. 肯定 C. 强调 D. 特别强调

（4）她肯定走了。（ ）

A. 陈述 B. 肯定 C. 强调 D. 特别强调

（5）她肯定是走了的。（ ）

A. 陈述 B. 肯定 C. 强调 D. 特别强调

3. 语气词不仅单独使用，也与能愿动词等配合使用，根据所学知识分析判断，按要求指出语气词的作用。

（1）她一定会乘车来的。（ ）

A. 否定 B. 肯定 C. 进一步肯定 D. 特别肯定

（2）她会乘车来的。（ ）

A. 否定 B. 肯定 C. 进一步肯定 D. 特别肯定

（3）她会乘车来。（ ）

A. 否定 B. 肯定 C. 比较肯定 D. 进一步肯定

（4）她可能会乘车来。（ ）

A. 否定 B. 不确定 C. 肯定 D. 比较肯定

（5）她不会来。

A. 否定 B. 不确定 C. 肯定 D. 比较肯定

4. 对句子成分进行强调，既可以用语气词，也可以用强调表达形式。根据所学知识分析判断，指出句子中强调的成分。

（1）“小王是昨天在学校买的书。”强调的是（ ）。

A. 时间 B. 人 C. 地点 D. 动作 E. 对象

（2）“小王昨天是在学校买的书。”强调的是（　）。

A. 时间　B. 人　C. 地点　D. 动作　E. 对象

（3）“小王昨天在学校买的是书。”强调的是（　）。

A. 时间　B. 人　C. 地点　D. 动作　E. 对象

（4）“昨天在学校买书的是小王。”强调的是（　）。

A. 时间　B. 人　C. 地点　D. 动作　E. 对象

（5）“昨天在学校小王的这本书是买的。”强调的是（　）。

A. 时间　B. 人　C. 地点　D. 动作　E. 对象

5. 可能、肯定、不确定、强调等都能用语气来表达，根据所学知识进行分析判断，按题目要求回答。

（1）表肯定的有（　）。

A. 他不去　B. 他没去　C. 他难道要去吗　D. 他不会不去

（2）表否定的有（　）。

A. 我会去　B. 我要去　C. 我难道应该去吗　D. 我想去

（3）表可能的有（　）。

A. 我会去　B. 我要去　C. 我难道应该去吗　D. 我可能去

（4）表强调的有（　）。

A. 我会去的　B. 我要去　C. 我可能去　D. 我也许要去吧

（5）表不确定的有（　）。

A. 我会去　B. 我要去　C. 我难道应该去吗　D. 我想去

第二节　语气和口气的应用

语气与口气在实际应用中非常重要，从表达效果上看，语气是思想感情运动状态支配下语句的声音形式。语气由两个方面构成：一方面是一定的思想感情，一方面是一定的具体声音形式。这一概念包含三点：

第一，语气以内心感情的色彩和分量为内在精神。

第二，语气以具体的声音、升降调为外在形式。

第三，语气存在于一个个有具体语境的语句当中。

语气的内在精神是感情色彩和分量。受具体的思想感情支配的语句才是有生命的、可感的。语气的感情色彩，主要指它透露出来的“喜爱、快乐、满意、轻松、平实、幽默、自嘲、调侃、忧虑、不满、讽刺、愤怒、悲哀、厌恶、恐惧”等人类丰富多彩的情感，以及这些感情所带有的种种不同色彩，因而体现出语言表达的丰富性。总之，内在精神是感情色彩和分量。受具体的思想感情支配的语句才具备有生命的语气和分量，能在把握语气感情色彩的基础上，区别是非、爱憎、浓淡不同的分寸尺度，强调语言传播表达的分寸感。

语气的精神除了包含形象感受唤起的感情色彩的内涵之外，还包含着语言链条中反映出来的“并列、承接、递进、选择、转折、因果、假设、条件、目的、解说”等逻辑感受，也包含着语言传播过程中与受众的交流、呼应，这三方面的感受交织在一起成为语气的精神，如：

（1）燕子去了，有再来的时候；杨柳枯了，有再青的时候；桃花谢了，有再开的时候。

例（1）描述客观世界的时间流逝、冬去春来，要表现出对自然现象季节更替、时间流逝轻松、平淡的客观描述。用平实的语气来表述，语气自然不快不慢。

在语气链条中要反映出“并列”的逻辑感受。因为“燕子”、“杨柳”、“桃花”都是春天来临必现的客观事物。

（2）但是，聪明的，你告诉我，我们的日子为什么一去不复返呢？

例（2）要表现对自然现象季节更替、时间流逝而造成的个人年龄增长、青春不复返的疑问。这要用疑惑不解的语气，是向没有疑问的对象发问。表达自己的不解、寻求解答的语气，宜用句末的高升调表达，语气适中。

在语气链条中要反映出“转折”的逻辑感受。因为“年年岁岁花相似，岁岁年年人不同”，冬去春来，周而复始，但人一天天长大，一年年衰老，再也回不去了，强调的是转折。

（3）是有人偷了他们罢：那是谁？又藏在何处呢？是他们自己逃走了罢：现在又

到了哪里呢?

例(3)是表现自己对时间流逝的主观猜测判断，把时间描述为跟人一样有四肢，能动能走能跑的对象。这是一连串的自问自答，是先肯定，既而又否定，猜测一个接一个:“偷—谁偷?藏—藏何处?逃—何处?”这宜用对比度强的“低—高、低—高、低—高”的升降对比语调。这表现了一种对自然现象季节更替、时间流逝而造成的个人年龄增长、青春不复返的疑问。它要用疑惑不解的语气，是向没有疑问的对象发问，既像是真问求答，又像是试探猜测的口气，表现一种既严肃认真又轻松幽默的态度。这宜用低调与高调相互对应的语气来表达，以引起注意。

在语气链条中也需要反映出紧逼“并列”的逻辑感受，因为一连三个问题“是谁”、“何处”、“哪里”都是作者关心的事，一层一层紧逼着问以增强气势，引起读者的注意。

(4)我不知道他们给了我多少日子;但我的手确乎是渐渐空虚了。

例(4)是用虚拟的手法表现自己对操控时间的人的真实想法。不知命运如何，但生活很实在，不知道未来，但明白过去:时间一去不复返。这表现了一种既不可知又不想知道的心情，宜用轻重相间的语气表达:“不知道”要轻说，但“渐渐空虚”要重说。轻重相宜表达对未知的不确定，对已经历的有确确实实的感受。

在语气链条中要反映出“转折”的逻辑感受，因为涉及神秘的命运安排，我能有多长的生命不知道;但经历了多少岁月是知道的，且是亲身经历的。因此转折要实在，要强调，要有逻辑重音。

(5)在默默里算着，八千多日子已经从我手中溜去;像针尖上一滴水滴在大海里，我的日子滴在时间的流里，没有声音，也没有影子。我不禁汗涔涔而泪潸潸了。

例(5)是用写实的手法表现自己对时间流逝的真实感受。无论别人怎么做，命运如何安排，生命有多长，我的生命、我的日子都一天一天过去，生活一天一天都在继续。这些在我看来，都是水滴与大海的关系，如庄子早就说过的“吾生也有涯，而知无涯，以有涯而随无涯，殆矣”。想起来还真的是非常害怕，不仅惊出一身冷汗而且还流出了伤感的眼泪。这宜用舒缓的语气跟沉重的语气相间来表达。

在语气链条中要反映出“承接”的逻辑感受，因为是自己的想法、计算、感受、真实状况的描写。一步步写来，一步步比较，算算想想，生命有限，时间无限，便体会到岁月如梭，感受深刻，触动极大。

语气的形式，即语势。丰富的思想感情只有通过变化多样的声音形式，即语势的变化才能让人毫不费力地直接感觉到。相反，刻板、单调、以不变应万变的声音形式只会使本来要表达的思想感情显得平淡，甚至变味。所以说，语气是语句精神与形式的结合体。语势，包含着气息、声音、口腔状态三方面，它多层次、多侧面的立体变化和多重组合，具有很强的技巧性。这些方面的变化，既是语言发出时能够驾驭的，又是语言发出后可以从听感上辨别出来的。

语势的变化，在气息方面，可有气息位置深浅的不同，气息量多少的差别，送气速度快慢的区分；在声音方面，有高低、强弱、快慢及音色的精细变化；在口腔状态方面，在每一个特定的音位里，都可以有口腔开度大小、控制松紧、舌位前后、高低的变化。这些变化因素在一句话的句头、句腰、句尾显露出变化的趋向。一句话，在表达具体的思想感情时应有不同的语势，只有曲折多样的语势才能成为丰富的思想感情的载体。

思考与练习

1. 华语有哪几种语气？为什么语气跟句子的用途有关？

2. 语气在华语表达中有很重要的作用，根据相关知识分析判断，按要求改变句子的语气。

（1）改“你去吧！”为陈述语气。（　）

A. 我希望你去。　　B. 你是不是去一下？

C. 我很想他去。　　D. 我认为你去最合适。

（2）改“他们去了。”为祈使语气。（　）

A. 你们去吧！　　B. 他们去吧！

C. 你们是不是去一下？　　D. 我认为他们去最合适。

（3）改“小王去了北京。”为疑问语气。（　）

A. 小王你去北京吧！　　B. 小王是不是要去北京？

C. 我建议小王去北京。　　D. 小王去北京最合适。

（4）用“来、教室”构成一个疑问语气。（　）

A. 来教室？　B. 教室来？　C. 教室，来？　D. 来教室了？

（5）用“去、中国”构成一个祈使语气。（　）

A. 去中国？　B. 中国去。　C. 去中国吧！　D. 去，中国。

3. 口气在华语表达中也有重要的地位，根据口气的相关知识，分析判断下面句子的口气。

（1）托尼去了中国了。（　）

A. 肯定　B. 否定　C. 委婉　D. 强调

（2）托尼没去中国。（　）

A. 肯定　B. 否定　C. 委婉　D. 强调

（3）托尼去年这个时候已经在中国了，今年恐怕也是这样吧。（　）

A. 肯定　B. 活泼　C. 委婉　D. 强调

（4）托尼已经来了，绝对来了！绝对！（　）

A. 肯定　B. 否定　C. 委婉　D. 强调

（5）我告诉你吧！托尼已经来了，来啦，真的来啦！（　）

A. 肯定　　B. 活泼　　C. 委婉　　D. 强调

4. 口气与语气既体现在表达中，也体现在理解中，用何种口气与语气取决于人、语境与表达需要，根据相关知识分析判断，回答句子的语气和口气。

（1）去的尽管去了，来的尽管来着；去来的中间，又怎样地匆匆呢？（　）

A. 疑惑　　B. 活泼　　C. 委婉　　D. 平实

（2）早上我起来的时候，小屋里射进两三方斜斜的太阳。太阳他有脚啊，轻轻悄悄地挪移了；我也茫茫然跟着旋转。（　）

A. 疑惑　　B. 活泼　　C. 委婉　　D. 平实

（3）于是，洗手的时候，日子从水盆里过去；吃饭的时候，日子从饭碗里过去；默默时，便从凝然的双眼前过去。（　）

A. 疑惑　　B. 活泼　　C. 委婉　　D. 平实

（4）我觉察她去的匆匆了，伸出手遮挽时，她又从遮挽着的手边过去，天黑时，我躺在床上，她便伶伶俐俐地从我身上跨过，从我脚边飞去了。（　）

A. 沉重　　B. 活泼　　C. 轻松　　D. 平实

（5）等我睁开眼和太阳再见，这算又溜走了一日。我掩着面叹息。但是新来的日子的影儿又开始在叹息里闪过了。（　）

A. 沉重　　B. 活泼　　C. 轻松　　D. 平实

5. 语气是一个链条，其中反映出逻辑义，理解语气把握住逻辑感受是非常重要的。根据相关知识，分析判断下列句子中的逻辑感受。

（1）盼望着，盼望着，东风来了，春天的脚步近了。一切都像刚睡醒的样子，欣欣然张开了眼。（　）

A. 并列　　B. 承接　　C. 解说　　D. 目的

（2）山朗润起来了，水涨起来了，太阳的脸红起来了。小草偷偷地从土地里钻出来，嫩嫩的，绿绿的。园子里，田野里，瞧去，一大片一大片满是的。（　）

A. 转折　　B. 选择　　C. 解说　　D. 并列

（3）坐着，躺着，打两个滚，踢几脚球，赛几趟跑，捉几回迷藏。风轻悄悄的，草软绵绵的。（　）

A. 假设　　B. 递进　　C. 解说　　D. 因果

（4）桃树，杏树，梨树，你不让我，我不让你，都开满了花赶趟儿。红的像火，粉的像霞，白的像雪。花里带着甜味；闭了眼，树上仿佛已经满是桃儿，杏儿，梨儿。花下成千成百的蜜蜂嗡嗡地闹着，大小的蝴蝶飞来飞去。野花遍地是：杂样儿，有名字的，没名字的，散在草丛里像眼睛像星星，还眨呀眨的。（　）

A. 选择　　B. 承接　　C. 目的　　D. 解说

（5）“吹面不寒杨柳风”，不错的，像母亲的手抚摸着你，风里带着些新翻的泥土的气息，混着青草味儿，还有各种花的香，都在微微润湿的空气里酝酿。鸟儿将巢安在繁花嫩叶当中，高兴起来了，呼朋引伴地卖弄清脆的歌喉，唱出婉转的曲子，跟清风流水应和着。牛背上牧童的短笛，这时候也成天嘹亮地响着。(　)

A. 解说　B. 承接　C. 递进　D. 转折

第三节　语气词

一、语气词

（一）一般语气词

语气词是附着在句子的末尾或某些词语后面表示一定语气的词。语气词主要有六个："了"、"的"、"吗"、"呢"、"吧"、"啊"。与印欧语相比，语气词是汉语特有的一类词。

（二）语气词的特点

语气词既然是说话人表语气的，那么就一定要考虑说话的环境，其中包括将听话人的背景结合起来看语气词的特点。

第一，语气词一般位于句末（包括小句末）。如果是两个语气词连用，就会合成一个音节，如：

（1）我走啦！＝（我走了啊）
　　快来看哪！＝（快来看呢啊）
　　开船喽！＝（开船了欧）

例（1）"我走啦！"是明确的告知，语气主要针对特定的人，要他们明白。"快来看哪！"是呼唤，语气主要是引起大家的注意并得到响应。"开船喽！"是招呼船上的乘客坐稳扶好，以免摔倒。

第二，语气词一般都读轻声，句子语调的高低升降变化主要体现在语气词之前的音节上，语气词本身的音高也会受一些影响，如：

（2）你要吗？（"要"相对高些）
　　你要吧？（"要"相对低些）

例（2）"你要吗？"是不带任何主观色彩的疑问，是百分之百的疑问。"你要吧？"是带有主观色彩的疑问，是事先有倾向性的疑问，含有征询对方意见，补述自己判断的疑问。

第三，语气是一种抽象复杂的现象，语气词只是表达语气的手段之一。一般来说，同一种语气可以用不同的语气词来表示，一个语气词也可以表示不同的语气。当然，同一个语气词在表达语气的功能上也总是具有内在的一致性的。

二、常见的语气词

我们对常见的几个语气词“了”、“的”、“吗”、“吧”、“呢”、“啊”进行分析。

1. 了

语气助词“了”表示事态发生变化或新情况的出现。作为语气词“了”可以在声高的时候写作“啦”，如：

(3) 他找到满意的工作了。

他学会开汽车了。

语气词“了”也可以位于停顿后，用于随意列举的句子，这类“了”多写成“啦”，如：

(4) 小王很喜欢吃中国菜，什么川菜啦，湘菜啦，粤菜啦，他都爱吃。

这类句子中包含语气词“了”的成分多为并列的词语。这种句子的“了”也可以不用，但会大大失去随意列举的意味。

2. 的

“的”用于陈述句末，可以加强肯定语气，表示确实如此，谓语前往往还用“是”，如：

(5) 老师会去上课的。

(6) 老师去上课的。

(7) 老师是去上课的。

例（5）句末用“的”加强了确信的语气。例（6）句末用“的”表示事实确实如此。例（7）“的”与“是”配合使用，构成“是……的”结构表示强调。

3. 吗

“吗”用于陈述句句末可以表示疑问（书面上有时也写作“么”），可以构成是非问句。是非问句句末语调一般是高扬的。这种是非问句可以是肯定形式的也可以是否定形式的，如：

(8) 你去过中国吗？

(9) 你没去过中国吗？

例（8）含义是“我想知道你去没去过中国”；例（9）含义是“我还以为你去过中国呢”。如果是否定形式发问，问话者原多以为答案是肯定的，例如：

(10) 你不认识校长吗？

意思是“我原来以为你认识校长呢”。

“吗”还可以用于反问句。这种反问句有时有质问、责备的意味，有时有分辩的意味。这种句子往往有语气副词“难道、岂”等配合使用，语气往往也更重。用“吗”的反问句，肯定句表示否定的意思，否定句表示肯定的意思，例如：

（11）你这是承认错误吗？（责备）

（12）难道你这是承认错误吗？（反问）

（13）你岂能不认错吗？（质问）

“吗”可以用于句中的停顿后，有时为了唤起听者的注意，有时说话者为了考虑下面该怎么说，语调低而缓，在复句中多用于假设小句，例如：

（14）你问我的意见吗，我是不赞成的。

4. 吧

语气词“吧”的作用是舒缓语气。

用于疑问句中，如在是非问句末尾，句末语调高扬，疑问功能主要由语调承担，“吧”减弱了句子的疑问程度，如：

（15）你是老师吧？

用于陈述句表示同意某种意见，如：

（16）你就去他家吧。

用于祈使句表示请求、命令、劝告或催促等语气的缓和，如：

（17）你就帮他问一下吧。

（18）这件事情你负责吧。

（19）老师，让他回答吧。

用“吧”的句子表示请求，句末语调较低，句中有时还有“请”、“让”、“叫”一类词。

“吧”还常常用来表示测度，例如：

（20）老师已经走了吧？

（21）你的钱用完了吧？

5. 呢

“呢”用于陈述句指明某种事实，带有夸张意味或表提醒，如：

（22）他到过美国呢。

（23）他唱歌得过一等奖呢。

“呢”也可用于疑问句，带有深究的意味，例如：

（24）这是怎么回事呢？

（25）他怎么没告诉我一声呢？

6. 啊

“啊”表示多种语气。用于陈述句句末，表示解释或提醒，如：

（26）他打不通啊。

（27）他不来啊。

“啊”用于祈使句句末，表示催促、嘱咐、提醒或警告，如：

（28）快走啊！

（29）作业交上来啊！

“啊”用于疑问句，语气显得缓和，例如：

（30）谁去啊？

（31）他什么时候来啊？

“啊”用于感叹句句末，表示赞美和感叹，例如：

（32）好高啊！

（33）好漂亮的衣服啊！

思考与练习

1. 语气词有哪些作用？

2. 语气词的作用是表语气，华语有丰富的语气。根据所学知识进行分析判断并按要求回答。

（1）表提醒的是（ ）。

A. 快走啊 B. 快走呢 C. 快走吧 D. 快走吗

（2）表赞美的是（ ）。

A. 拉快点 B. 拖快点 C. 好快啊 D. 太快了

（3）有夸张意味的是。（ ）。

A. 他早就去过了 B. 他早就去过的

C. 他早就去过呢 D. 他早就去过吗

（4）表测度的是（ ）。

A. 是她呢 B. 是她啊 C. 是她吧 D. 是她的

（5）有责备意味的是（ ）。

A. 难道不是他呢 B. 难道不是他啊

C. 难道不是他吗 D. 难道就是他哇

3. 语气词有丰富的表情达意的作用，不同的语气词表达不同的语气。根据所学知识分析判断，按要求回答。

（1）“事情怎么会是这样呢？”“呢”的作用是（ ）。

A. 夸张 B. 深究 C. 不满 D. 提醒

（2）“你去学校能不能快一点啊！”“啊”的作用是（ ）。

A. 夸张 B. 深究 C. 不满 D. 提醒

（3）“他们终于同意了。”“了”的作用是（ ）。

A. 提醒夸张 B. 强调变化 C. 强调不满 D. 肯定强调

（4）“他们是一定会来的。”“的”的作用是（ ）。

A. 提醒夸张 B. 强调变化 C. 强调不满 D. 肯定强调

(5)“他们会来吧。”“吧”的作用是（　）。

A. 缓和语气　B. 语气变化　C. 强调不满　D. 肯定强调

4. 语气的作用是帮助更好地表达与理解，根据所学知识分析判断，并按要求指出下列语气词所表达的意义。

(1) 可能是他吧。(　)

(2) 你没看见过他吗？(　)

(3) 他确实来过了。(　)

(4) 我没什么，你才辛苦呢。(　)

(5) 这孩子多聪明啊！(　)

5. 语气变化是丰富多彩的，特别是在不同的语境中。根据所学知识进行分析判断，然后按要求回答。

(1) 语气变化最明显的是（　）。

A. 你去吗？　你去吧？

B. 我不去了。　你我不去的。

C. 你才傻了。　你才傻呢。

D. 他们都不去了。　他们都不去吗？

(2) 你放心吧，我一定会来（　）！

A. 呢　B. 啦　C. 了　D. 的

(3) 我们明天一定要去（　）！

A. 呀　B. 啦　C. 了　D. 的

(4) 我赤裸裸来到这世界，转眼间也将赤裸裸的回去罢？但不能平的，为什么偏要白白走这一遭（　）？

A. 吗　B. 吧　C. 啊　D. 哇

(5) 他们是一定会来这儿（　）！

A. 呀　B. 啦　C. 了　D. 的

(6) 只有徘徊罢了，只有匆匆罢了；在八千多日的匆匆里，除徘徊外，又剩些什么（　）？

A. 呢　B. 啦　C. 了　D. 的

第四节　疑问句

一、什么是疑问句

用疑问语气的句子是疑问句。疑问句并非都要求对方回答。它主要出现于对话中。疑问句一般都较短，句子结构一般也不太复杂。

二、疑问句的类型

对疑问句分类可以根据不同的标准进行。根据结构的特点分出来的类别是结构类型，根据交际功能分出来的类别叫交际类型。

（一）疑问句的结构类型

根据结构的特点，疑问句可以分为是非问、特指问、选择问和正反问四种类型。

1. 是非问

是非问的结构形式和陈述句完全相同。陈述句变为疑问句可以有三种情况：一是只要句尾语调升高都可以变为是非问。二是把“吗”加在陈述句的末尾，就可以构成疑问句。三是用“好吗?”“对吗?”“行吗?”“可以吗?”等构成是非问。例如：

（1）她去北京。—— 她去北京吗?

（2）他喜欢打篮球。—— 他喜欢打篮球?

（3）你是美国人。—— 你是美国人，对吗?

是非问可以用“嗯”、“是的”或“没”、“没有”来回答，是非问的句末常用语气词是“吗”，不能用“呢”。句中可以用“的确”、“真的”等副词，但不能用“究竟”、“到底”之类。

是非问一般要求对整个命题作肯定或否定的回答。如果有特定的语言环境，疑问点可能落在某个词语上，如：

（4）她找到了满意的工作?

如果是问“谁找到了满意的工作”，那么疑问点在“她”，如果问“她找到了什么工作”，那么疑问点应该在“满意的”。在这种情况下，要求肯定或否定的不在整个命题，而在疑问点上。

是非问要突出疑问点，可以在句中用上重音，比如：

（5）她去年找到了满意的工作?（不是她吗?）

她去年找到了满意的工作?（不是今年找到的吗?）

她去年找到了满意的工作？（不是推荐的吗？）

她去年找到了满意的工作？（不是一般的工作吗？）

例（5）句子所在的重音就是句子的疑问点，疑问点不同，句子的意思也不一样，如上面的例子，重音落在哪里，重点就在哪里。重音分别在“她”、“去年”、“找到”、“满意的”等不同的句子成分上，表示说话人所强调的重点不同。所以对于是非问的回答要对准疑问点。

2. 特指问

特指问用疑问代词表示疑问点。这种问句的顺序和陈述句一样，提问句子中的哪个成分就把疑问代词放在哪个成分的位置上。如果把特指问中的疑问代词换成相应的词语就成为陈述答句。特指问的疑问点可以不止一个。语气词一般用“呢”，不用“吗”，如：

（6）谁给你买的项链？

我姐姐给我买的项链。

（7）你明天什么时候的飞机？

我明天早上八点的飞机。

问人物时用“谁、哪一位”，问时间用“什么时候”，问处所用“哪儿”，问动作时用“怎么，怎么样”，问原因时用“为什么，怎么”等。回答时要针对这些词语，其余词语可以省去。

如果有特定的语言环境，在表示疑问时，疑问代词也可以省略，可以用语气词“呢”进行特指问，即只要在一个词、短语或句子后面用上语气助词“呢”就可以构成这种特指问了，如：

（8）我的书呢？（＝我的书在哪儿？）

她不去呢？（＝她不去怎么办？）

3. 选择问

选择问有两个或两个以上供选择的部分，中间用“……（是）……还是……”或“……（是）……还是……还是……”连接，构成“（是）A 还是 B”的选择形式。A 和 B 是两个是非问，选择问是 AB 合并以后的形式。选择问句末有时用语气词“呢”，不用“吗”，如：

	是非问（A）	是非问（B）	选择问（A 还是 B）
（9）	你是老师？	他是学生？	你是老师还是学生？
（10）	你去北京？	你去深圳？	你去北京还是深圳？

选择问的疑问点往往是 A 或 B 中的不同成分。例（9）的疑问点是“你”或“他”；例（10）的疑问点是“北京”或“深圳”。

选择问的回答形式比较多，可以选择疑问项中的一项，可以全部否定，也可以在疑问项之外另选一项回答，例如：

(11) 你去山东还是山西?

去山东。

去山西。

去广东。

例(11)选择问的回答可以有两种情况;一是针对提问的回答，这只能在“山东”或“山西”选择一个来回答;二是针对选择以外的回答，如“去广东”就是一种选择。

4. 正反问

正反问中的谓语是正反并列，构成“×不×”的格式。正反问也是由两个是非问合并成的。正反问有时用语气词“呢”，不用“吗”，如:

(12) 你去不去?

(13) 她知道不知道这件事情呢?

(14) 你知道这件事不知道这件事?

(15) *你知道这件事不知道?

(16) 你知道不知道这件事?

(17) 你知道这件事不?

(18) 你知道不?

例(12)的谓语是动词的肯定和否定形式。例(13)的谓语是由述宾短语构成的，这种结构的正反问可以有几种省略的变化形式。例(14)往往显得比较烦琐，用得比较少。例(15)比较拗口，一般不说。例(16)比较管用，使用频率也高。例(17)、例(18)两种问法往往在口语里用得比较多。

如果动词或形容词后带“了”，否定形式只用“没有”。动词后有宾语时，“了”在宾语之后，例如:

(19) 你们看了没有?

(20) 他们看没看?

例(19)因有“了”，是问动作行为完成与否。例(20)因有“×没×”，是二取其一的选择问，问是或不是。

(二) 疑问句的交际类型

疑问句在实际的语言交际中，其使用频率仅次于陈述句。疑问句在语言交际过程中，还有一些特殊功能的用法。主要有反问句、设问句、附加问、回声问等四种。

1. 反问句

反问句又叫反诘疑问句，它是“无疑而问”，即发问人心目中并没有真正的疑问，只是在用疑问句的形式曲折地表达自己对事情的看法，在语气上有不满、反驳的意味。通常用肯定形式表示否定的意思，用否定形式表示肯定的意思，如:

(21) 她能亏待你吗?(意思是不会亏待你)

（22）难道她会亏待你吗？（意思是不会亏待你）

陈述句和各种疑问句都可以加上反问语气构成反问句。

是非问和特指问经常用作反问，句中常常有“难道”、“岂”之类的副词。而用选择问或正反问来进行反问的情况比较少，因为到底是表示肯定还是否定的意义，要根据语境作具体的分析。

反问句后可以用问号，也可以用感叹号。反问的语气重时多用问号，包含感叹的意味时多用感叹号。

反问是一种修辞手段，在一定的语言环境中，用反问句来表述有时要比用陈述句表述有力得多。因此，正确理解和学会运用反问句，对提高汉语表达能力是有重要作用的。

2. 设问句

设问句又叫自问自答，属于交际功能的类型。发问人心目中实际上已经有了明确的意见，但并不直接把自己的看法说出来，而是先用一个问句引起对方的注意，然后顺势引出自己的看法。最常用的是特指问句，正反问、选择问和是非问也可以，如：

（23）为什么大陆架会蕴藏着这么丰富的石油呢？这是因为大陆架环境对于石油的生成和保存有着得天独厚的条件。

（24）对于失足青年考虑不考虑？当然考虑。

3. 附加问

先说出一个陈述句，再提出问题，这是附加问，例如：

（25）你想去泰国，是吗？

（26）你想去泰国，不是吗？

（27）你想去泰国，是不是？

例（25）“你想去泰国，是吗”是肯定附加问，一般情况是本来已经有了消息，但不确定，就用这类附加问来核实。例（26）是已经有较为确切的消息，从否定角度进行询问，有反问的味道。例（27）也是听到消息，但不是很确定，核实情况用“是不是”来问。

4. 回声问

交际双方在对话时，发话人提出一个问题，听话的人由于种种原因对发话人所提出的问题重复发问，这种问句就是回声问，目的在于进一步明确疑问点，如：

（28）她昨天去找你了吗？

　　她吗？（＝你问的是她吗？）

　　找我？（＝你说的是找我吗？）

回答的问句叫回声问。回声问在交际中的主要功能是表示听话人对说话人的问题不清楚、不相信、不理解或不同意，因而重复发问。在听话人重复发问时，往往带有一定的感情色彩，如惊奇、怀疑、不满等，如：

（29）A：你为什么没把妹妹带回来？

B：你说，我为什么没把妹妹带回来？你还好意思问我！（表示不同意，不满）

思考与练习

1. 疑问句可分为哪三类，分别有什么特点？

2. 疑问句一般可分为四种结构类型，每种类型有自身的特点。根据所学知识分析判断，然后针对题目按要求回答。

（1）是非问是（　）。

A. 你应不应该去？　　B. 难道你应该去吗？

C. 你去吗？　　D. 你怎么会不去呢？

（2）正反问是（　）。

A. 你应不应该去？　　B. 难道你应该去吗？

C. 你去吗？　　D. 你怎么会不去呢？

（3）选择问是（　）。

A. 你去还是不去？　　B. 难道你应该去吗？

C. 你去吗？　　D. 你怎么会去那儿呢？

（4）特指问是（　）。

A. 你应不应该去？　　B. 难道你应该去吗？

C. 你想去，是吗？　　D. 你怎么会去那儿呢？

3. 疑问除人们公认的四种类型外，还有按交际功能分出来的类别，每种类型有自身的特点。根据所学知识分析判断，然后针对题目按要求回答。

（1）回声问是（　）。

A. 师范是什么？学高为师，身正为范。

B. 难道不是他吗？你说说！

C. 你昨天找他了吗？他吗？

D. 你想去，是吗？

（2）设问是（　）。

A. 师范是什么？学高为师，身正为范。

B. 难道不是他吗？你说说！

C. 你昨天找他了吗？他吗？

D. 你想去，是吗？

（3）感情最强烈的问句是（　）。

A. 师范是什么？学高为师，身正为范。

B. 难道不是他吗？你说说！

C. 你昨天找他了吗？他吗？
D. 你想去，是吗？
（4）附加问是（　）。
A. 师范是什么？学高为师，身正为范。
B. 难道不是他吗？你说说！
C. 你昨天找他了吗？他吗？
D. 你想去，是吗？
（5）否定问是（　）。
A. 师范是什么？学高为师，身正为范。
B. 难道不是他吗？你说说！
C. 你昨天没找他吗？是不是？
D. 你想去，是吗？

4. 需要回答的疑问有（　）。

（1）在逃去如飞的日子里，在千门万户的世界里的我能做些什么呢？
（2）只有徘徊罢了，只有匆匆罢了；在八千多日的匆匆里，除徘徊外，又剩些什么呢？
（3）过去的日子如轻烟，被微风吹散了，如薄雾，被初阳蒸融了；我留着些什么痕迹呢？
（4）我何曾留着像游丝样的痕迹呢？
（5）我赤裸裸来到这世界，转眼间也将赤裸裸的回去罢？

5. 不需要回答的疑问有（　）。

（1）但不能平的，为什么偏要白白走这一遭啊？
（2）你聪明的，告诉我，我们的日子为什么一去不复返呢？
（3）但是，聪明的你，告诉我，我们的日子为什么一去不复返呢？
（4）——是有人偷了他们罢：那是谁？
（5）又藏在何处呢？
（6）是他们自己逃走了罢：现在又到了哪里呢？

参考文献

1. 《中国语文》杂志社. 汉语析句方法讨论集［C］. 上海：上海教育出版社，1984.

2. 北京大学“《现代汉语》编写组”. 现代汉语［M］. 北京：商务印书馆，1995.

3. 陈建民. 北京口语［M］. 北京：北京出版社，1984.

4. 陈建民. 现代汉语句型论［M］. 北京：语文出版社，1986.

5. 陈重瑜. 新加坡华语语法特征［J］. 语言研究，1986（1）.

6. 程美珍，李德津. 外国人实用汉语语法［M］. 北京：华文出版社，1988.

7. 范晓. 三个平面的语法观［M］. 北京：北京语言学院出版社，1991.

8. 高更生，王红旗. 汉语教学语法研究［M］. 北京：语文出版社，1996.

9. 郭熙. 论“华语”［J］. 暨南大学华文学院学报，2004（2）.

10. 郭熙. 论华语研究［J］. 语言文字应用，2006（2）.

11. 贺阳. 试论汉语书面语的语气系统［J］. 中国人民大学学报，1992（5）.

12. 胡明扬. 词类问题考察［M］. 北京：北京语言学院出版社，1996.

13. 黄伯荣，廖序东. 现代汉语［M］. 北京：高等教育出版社，1997.

14. 黄伯荣. 12 年来汉语析句法的发展变化［J］. 语文建设，1990（6）.

15. 黄伯荣. 现代汉语［M］. 北京：高等教育出版社，2003.

16. 贾益民，许迎春. 新加坡华语特有词语补例及其与普通话词语差异分析［J］. 暨南大学华文学院学报，2005（4）.

17. 李敏. “十五”以来汉语复句研究的新进展［J］. 鲁东大学学报，2008（3）.

18. 李泉. 对外汉语教学语法研究述评［J］. 世界汉语教学，2006（2）.

19. 李芳杰. 小句中枢说与句型研究和教学［J］. 世界汉语教学，2001（3）.

20. 李晋霞，刘云. 复句类型的转变［J］. 汉语学习，2007（2）.

21. 李临定，周清海. 新加坡华语词汇和中国普通话词汇比较［A］. 周清海. 新加坡华语词汇与语法［C］. 新加坡：玲子传媒私人有限公司，2002.

22. 李临定. 现代汉语句型［M］. 北京：商务印书馆，1986.

23. 李英哲. 华语语法规范的考虑因素［A］. 第三届国际汉语教学讨论会论文选［C］. 北京：北京语言学院出版社，1991.

24. 刘月华，潘文娱等. 实用现代汉语语法（修订本）［M］. 北京：商务印书馆，2003.

25. 陆俭明，马真. 现代汉语虚词散论（修订本）[M]. 北京：语文出版社，2003.

26. 陆俭明. 词语句法、语义的多功能性：对“构式语法”理论的解释 [J]. 外国语，2004（2）.

27. 陆俭明. 现代汉语语法研究教程 [M]. 北京：北京大学出版社，2003.

28. 吕叔湘. 汉语语法分析问题 [M]. 北京：商务印书馆，1979.

29. 吕叔湘. 现代汉语八百词 [M]. 北京：商务印书馆，1980.

30. 吕文华. 对外汉语教材语法项目排序的原则及策略 [J]. 世界汉语教学，2002（4）.

31. 吕文华等. 对外汉语教学语法探索 [M]. 北京：语文出版社，1994.

32. 马庆株. 语法研究入门 [M]. 北京：商务印书馆，1999.

33. 邵敬敏. 现代汉语通论 [M]. 上海：上海教育出版社，2003.

34. 邵敬敏. 现代汉语通论（修订本）[M]. 上海：上海教育出版社，2007.

35. 汤志祥. 论华语区特有词语 [J]. 语言文字应用，2005（5）.

36. 汤志祥. 中国大陆、台湾、香港、新加坡汉语词汇方面若干差异举例 [J]. 徐州师范学院学报（哲学社会科学版），1995（1）.

37. 田鑫，陈绂. 汉语动量词及动量短语研究 [J]. 语言文字应用，2010（2）.

38. 汪惠迪. 从“窝心”说开去 [J]. 语文建设，2000（11）.

39. 汪惠迪. 华语特有词语：新加坡社会写真 [J]. 扬州大学学报（人文社会科学版），1999（4）.

40. 汪惠迪. 时代新加坡特有词语词典 [M]. 新加坡：联邦出版社，1999.

41. 汪惠迪. 新加坡华语特有词语探微 [A]. 周清海. 新加坡华语词汇与语法 [C]. 新加坡：玲子传媒私人有限公司，2002.

42. 汪惠迪. 选用什么“套”[J]. 语文建设，2000（3）.

43. 王还. 对外汉语教学语法大纲 [M]. 北京：北京语言学院出版社，1986.

44. 温云水. 现代汉语句型与对外汉语句型教学 [J]. 世界汉语教学，1999（3）.

45. 吴竞存，侯学超. 现代汉语句法分析 [M]. 北京：北京大学出版社，1982.

46. 吴英成. 关于华语语法教学问题 [J]. 语言教学与研究，1988（3）.

47. 吴英成. 新加坡华语语法研究 [D]. 台湾大学硕士学位论文，1985.

48. 萧国政. 新加坡华语虚词使用说异 [A]. 陈恩泉. 双语双方言（六）[C]. 香港：汉学出版社，1999.

49. 邢福义. 词类辨难 [M]. 北京：商务印书馆，2003.

50. 邢福义. 关于现代汉语句型 [A]. 邢福义自选集 [C]. 长春：东北师范大学出版社，2001.

51. 邢福义. 汉语复句研究 [M]. 北京：商务印书馆，2001.

52. 邢福义. 汉语语法学 [M]. 长春：东北师范大学出版社，1997.

53. 徐萍. 从系统功能语言观看汉语语气研究 [J]. 内蒙古电大学刊，2006 (8).

54. 徐艳华. 现代汉语实词语法功能考察及词类体系重构 [D]. 南京师范大学博士学位论文，2006.

55. 徐艳华. 基于语料库的基本名词短语研究 [J]. 语言文字应用，2008 (1).

56. [美] 布莱尔. 外语教学新方法 [M]. 许毅译. 北京：北京语言学院出版社，1987.

57. 杨海明，周静. 汉语语法的动态研究 [M]. 北京：北京大学出版社，2006.

58. 杨海明. 汉语语法分析与语言教学 [M]. 昆明：云南人民出版社，2002.

59. 杨海明. 语言·口才·能力 [M]. 重庆：重庆出版社，2002.

60. 袁毓林. 词类范畴的家族相似性 [J]. 中国社会科学，1995 (1).

61. 张斌，胡裕树. 汉语语法研究 [M]. 北京：商务印书馆，1989.

62. 张静. 析句方法研讨 [J]. 云梦学刊，1980 (4).

63. 张伯江. 被字句和把字句的对称与不对称 [J]. 中国语文，2001 (6).

64. 张松林等. 新语法概说及范文分析 [M]. 成都：电子科技大学出版社，1993.

65. 张小克. 现代汉语缩略语新论 [J]. 广西民族学院学报，2004 (3).

66. 赵金铭. 教外国人汉语语法的一些原则问题 [M]. 北京：北京语言学院出版社，1988.

67. 赵新. 动词重叠在使用中的制约因素 [J]. 语言教学与研究，1994 (3).

68. 赵元任. 汉语口语语法 [M]. 北京：商务印书馆，1979.

69. 周静. 现代汉语递进范畴研究 [M]. 北京：中国传媒大学出版社，2007.

70. 周烈婷. 从几个例子看新加坡华语和普通话的词义差别 [J]. 语言文字应用，1999 (1).

71. 周清海. 多语环境里语言规划所思考的重点与面对的难题——兼论新港的双语优势 [N]. 华语桥 (http://www.huayuqiao.cn)，2005.

72. 周小兵. 新加坡华语小说的语法特点 [A]. 双语双方言 [C]. 广州：中山大学出版社，1989.

73. 朱德熙. 现代汉语语法研究 [M]. 北京：商务印书馆，1980.

74. 朱德熙. 语法答问 [M]. 北京：商务印书馆，1985.

75. 祝晓宏. 新加坡华语语法变异研究 [D]. 暨南大学硕士学位论文，2008.

76. 邹嘉彦，游汝杰. 汉语与华人社会 [M]. 上海：复旦大学出版社，香港：香港城市大学出版社，2001.

后　记

《华语语法》终于完稿和读者正式见面了，我们由衷地感到高兴。自2003年到印尼开始进行本科函授使用本教材以来，距今已经九年了，期间又有多届海外华文教育专业的本科学员使用了该教材，近十年来我们也在不断地修改、完善着该教材。

近十年来华语教学在世界各地的发展，可以说是“越来越普及”，华文教育事业也在蓬勃发展，对海外华文教育教材的需求也一直存在着。教材问题始终是困扰着海外华文教育本科函授事业的大问题，这既不同于中国本土的本科教学，也不同于所在国中文本科的教学。从学员的实际、所在国的实际、教学实际出发编写一套海外华文教育本科学员适用的教材是非常困难的事情。我们也一直被很多问题所困扰，只能在不断的摸索中慢慢前行，由当初的《现代汉语语法》讲义到《华语语法教程》初稿，再到现在的《华语语法》定稿，可以说是步履维艰。

在这一过程中，我们要感谢主编贾益民教授，他有眼光、有魄力地主张编写这套教材。感谢唐燕儿教授、曾毅平教授为此书的出版作出的不懈努力。感谢使用过本教材并在海外不辞辛劳、兢兢业业、无私奉献进行过函授的各位老师，感谢他们在试用中提出了许多宝贵的意见和建议。感谢使用了本教材的各届海外函授本科的学员，感谢他们对海外华文教育事业的那份热爱和执著以及孜孜以求的精神。感谢邵敬敏教授和周国光教授在百忙之中抽出大量的时间审阅书稿，提出了许多中肯、独到的修改意见和建议，解决了我们许多的疑惑。

我们还要感谢暨南大学华文学院的领导与同仁，为本书的出版提供了大力支持和帮助。

最后，要感谢暨南大学出版社的领导和编辑，感谢他们为本书的出版提供了极大的支持。

本书虽然花费了我们大量的心血，我们也付出了极大的努力，但由于水平和能力有限，错误和疏漏之处在所难免，希望方家批评指正。

周静　杨海明

2012年端午节于广州侨源山庄